# LEÇONS

## DE

# MÉCANIQUE ÉLÉMENTAIRE

ENTIÈREMENT CONFORMES

### AUX NOUVEAUX PROGRAMMES DE L'ENSEIGNEMENT DES LYCÉES,

CONTENANT

**TOUTES LES CONNAISSANCES NÉCESSAIRES**

À CEUX QUI SE DESTINENT

AU BACCALAURÉAT ÈS SCIENCES, AUX ÉCOLES SPÉCIALES DU GOUVERNEMENT,

à l'École centrale des Arts et Manufactures,

ET A CEUX QUI SUIVENT

LES COURS DES ÉCOLES PROFESSIONNELLES ET DES NOUVELLES FACULTÉS

DES SCIENCES APPLIQUÉES,

PAR MM.

## HENRI HARANT, ET PIERRE LAFFITTE,

Licencié ès Sciences,            Professeur de Mathématiques.

Avec 195 figures intercalées dans le texte,
et une planche.

## PARIS

### VICTOR DALMONT, ÉDITEUR,

Successeur de Carilian-Gœury et V<sup>ve</sup> Dalmont,

LIBRAIRE DES CORPS IMPÉRIAUX DES PONTS ET CHAUSSÉES ET DES MINES,

**Quai des Augustins, 49.**

## 1858

# LEÇONS



# MÉCANIQUE ÉLÉMENTAIRE

TYP. HENNUYER, RUE DU BOULEVARD, 7. BATIGNOLLES.
Boulevard extérieur de Paris.

# LEÇONS

## DE

# MÉCANIQUE ÉLÉMENTAIRE

ENTIÈREMENT CONFORMES

## AUX NOUVEAUX PROGRAMMES DE L'ENSEIGNEMENT DES LYCÉES,

CONTENANT

**TOUTES LES CONNAISSANCES NÉCESSAIRES**

A CEUX QUI SE DESTINENT

AU BACCALAURÉAT ÈS SCIENCES, AUX ÉCOLES SPÉCIALES DU GOUVERNEMENT,

à l'École centrale des Arts et Manufactures,

ET A CEUX QUI SUIVENT

LES COURS DES ÉCOLES PROFESSIONNELLES ET DES NOUVELLES FACULTÉS
DES SCIENCES APPLIQUÉES,

**PAR MM.**

## HENRI HARANT, ET PIERRE LAFFITTE,

Licencié ès Sciences,  Professeur de Mathématiques.

Avec 195 figures intercalées dans le texte,
et une planche.

# PARIS

## VICTOR DALMONT, ÉDITEUR,

Successeur de Carilian-Gœury et Vᵉ Dalmont,

LIBRAIRE DES CORPS IMPÉRIAUX DES PONTS ET CHAUSSÉES ET DES MINES,
**Quai des Augustins, 49.**

## 1858

# PRÉFACE.

---

L'enseignement de la mécanique, d'après les nouveaux programmes, étant conçu sous un point de vue fort différent, à beaucoup d'égards, de ce que l'on admettait généralement jusqu'ici, nous croyons devoir donner quelques rapides explications sur l'esprit dans lequel a été composé ce petit traité.

En premier lieu, nous avons cherché à faire ressortir les bases expérimentales de la mécanique (¹). Depuis le dix–huitième siècle, la prépondérance croissante de l'analyse avait peu à peu éloigné les géomètres du véritable esprit de la mécanique, si

(¹) Auguste Comte, *Cours de philosophie positive*, t. 1ᵉʳ. — Carnot, *Principes de l'équilibre et du mouvement*. — Poncelet, *Introduction à la mécanique industrielle*.

bien compris par leurs prédécesseurs du dix-septième. On en était venu, en effet, à concevoir la mécanique comme une science purement rationnelle, c'est-à-dire consistant en une suite de combinaisons intellectuelles, indépendantes de toutes bases d'observations. Convaincus du danger et de l'irrationnalité de pareilles dispositions, et adoptant, à cet égard, pleinement l'esprit du nouveau programme, nous avons cherché à faire ressortir que la mécanique est une science directement expérimentale, dans laquelle seulement les principes d'observation sont peu nombreux, et les conséquences rationnelles très-multipliées, excepté dans les applications industrielles, où prévaut un esprit contraire. Nous avons plutôt cherché à multiplier les principes purement d'expérience au delà de ce qui était strictement nécessaire. On en peut voir un exemple dans la théorie de la chute des corps. Nous estimons que, dans ce moment, cet inconvénient est moindre que celui qui tend à exagérer le caractère rationnel de la mécanique.

En appréciant l'ensemble du programme, nous allons avoir l'occasion d'indiquer les idées principales qui nous ont guidés dans ce traité.

Le programme étudie, en effet, successivement trois idées générales : la notion de mouvement, celle de force, et enfin celle de travail mécanique. Les principes généraux établis sur ces trois sujets sont ensuite appliqués à un certain nombre de machines.

Ces trois idées sont rangées dans un ordre rationnel ; il faut, en effet, apprécier l'idée de mouvement,
puis lui faire succéder la conception de force, et faire
succéder à cette double étude celle du *travail mécanique*. Tout autre ordre présenterait de graves inconvénients, comme nous allons le voir.

**Conception du mouvement.** — La conception de
*force* prévaut tellement aujourd'hui, qu'elle sert de
point de départ à la mécanique. Il en résulte de
graves inconvénients.

En premier lieu, cette notion de *force* est entourée
de nuages métaphysiques. Elle doit être regardée
comme une construction de l'esprit pour représenter
tous les mouvements, en les assimilant à des mouvements communiqués. Par conséquent, en étudiant,
comme on le fait ordinairement, *les forces* avant une
appréciation générale du mouvement, on laisse à cette
notion un caractère arbitraire, puisqu'elle précède
au lieu de suivre le phénomène qu'elle doit représenter.

Toute exposition convenable de la mécanique doit
donc débuter par une étude générale du mouvement
considéré en lui-même, dans les circonstances principales qui le caractérisent, et dans les propriétés
les plus générales que l'expérience a révélées à ce
sujet. On doit surtout essentiellement insister sur la

notion de mouvement uniforme et sur celle de mouvement uniformément varié. Cela est d'autant plus
nécessaire, qu'au fond tout mouvement quelconque
peut être conçu comme formé à chaque instant d'une
combinaison de ces deux-là. On remarquera surtout,
dans l'exposition des travaux de Galilée sur le mouvement uniformément varié que présente la chute
des graves, comment il est possible d'aborder l'étude
du mouvement, indépendamment de toute notion
quelconque des forces.

**Conception des forces.** — A la notion de mouvement doit donc succéder celle de *force*, au moyen
de laquelle nous pourrons nous représenter tous les
mouvements par une convenable assimilation aux
mouvements communiqués.

Nous avons établi d'abord l'hypothèse générale de
l'*inertie* des corps. On fait ainsi abstraction de l'activité
spontanée de la matière ; dès lors, tout mouvement
peut être regardé comme un mouvement communiqué. La loi de Kepler pose la base expérimentale de
l'étude des mouvements communiqués aux corps,
indépendamment de l'activité propre de ces corps.
Dès lors, un mouvement quelconque étant observé
dans un corps, que ce mouvement soit communiqué
ou qu'il résulte de l'activité du corps, il faudra toujours construire la *force* ou les *forces* qui auraient pu

produire dans ce corps un tel mouvement, si ce corps eût été réellement inerte. L'activité propre du corps se trouve ainsi remplacée par des *forces extérieures* que nous concevons ou imaginons, de manière à produire le mouvement observé. La notion de *force* nous apparaît ainsi ce qu'elle est réellement, une *construction* de l'esprit pour se représenter un mouvement quelconque par l'action de forces extérieures au corps. — Ce qui donne les bases expérimentales d'une pareille construction, c'est qu'il y a des mouvements communiqués par des forces externes à des corps dont l'activité propre peut être essentiellement négligée. On conçoit dès lors la possibilité d'assimiler tous les mouvements à ceux-là.

On voit, d'après cela, l'irrationnalité de s'occuper des *forces* avant de s'occuper du mouvement. On ne peut alors que s'illusionner sur le caractère de cette notion, puisqu'on en parle avant de parler du phénomène qu'elle doit représenter.

**Notion du travail mécanique.** — La notion de travail mécanique a été essentiellement introduite dans la science par Carnot, sous le nom de *moment d'activité*.

Les géomètres s'étaient, depuis le dix-septième siècle, préoccupés de la question d'apprécier la vé-

ritable efficacité d'une machine. La notion de *force
vive* leur avait surtout servi pour atteindre ce but.
Carnot y tendit plus directement, en introduisant
la notion de *travail mécanique*. Cette notion a reçu
d'importantes applications, surtout par les travaux
de M. Poncelet. Nous lui avons donné des déve-
loppements assez étendus, mais en cherchant à
restreindre, à quelques égards, son emploi, plutôt
qu'à l'étendre ; car, nous l'avons fait remarquer, il
est des cas où il y a un effet réellement utile produit,
sans que la notion de travail mécanique le représente.
C'est une inévitable imperfection, dans une question
aussi difficile que celle qui consiste à indiquer une
méthode générale pour apprécier l'efficacité d'une
machine quelconque.

En résumé, nous concevons donc la mécanique
comme ayant des bases expérimentales ; nous admettons ensuite la nécessité de séparer profondément
la notion de *mouvement* de celle de *force*, la seconde
devant reposer sur la première, et, par suite, lui succéder.

Nous avons fait à l'ouvrage de M. Poncelet (*Introduction à la mécanique industrielle*) et à ses cours de
nombreux emprunts ; nous en avertissons une fois
pour toutes, pour ne pas faire des répétitions qui deviendraient trop nombreuses.

Ces leçons, restreintes au programme du baccalauréat, offriront une préparation indispensable au cours de mécanique que suivront plus tard les élèves des classes de mathématiques spéciales, ainsi que ceux qui se destinent à l'École centrale des arts et manufactures.

# MÉCANIQUE

## PREMIÈRE PARTIE.

### DU MOUVEMENT.

### QUESTION 1 DU PROGRAMME.

Du temps et de sa mesure.— Unités adoptées.— Du pendule, résultat des observations de Galilée. — Du mouvement. — Il est absolu ou relatif. — Du mouvement uniforme. — Vitesse. — Du mouvement varié, en général. — Mouvement accéléré, retardé, périodique. — Vitesse.

**But de la mécanique.** — La mécanique étudie les lois générales du mouvement.

Le mouvement est le déplacement d'un corps dans l'espace.

Il y a trois choses à étudier dans le mouvement : 1° la courbe parcourue par le mobile, considérée dans sa nature et dans sa grandeur ; 2° la vitesse du mobile ou la rapidité plus ou moins grande avec laquelle il décrit la courbe ; 3° le temps pendant lequel s'effectue une portion du parcours.

Rechercher les relations qui existent entre ces trois éléments de tout mouvement, indiquer les procédés généraux d'observation propres à nous les faire connaître, tel est le but de la mécanique.

Mais, outre le mouvement considéré en lui-même, il est nécessaire de connaître les circonstances dans lesquelles il peut se produire ; chaque phénomène de la nature peut,

en réalité, donner lieu à un mouvement : les phénomènes
de pesanteur, de chaleur, d'électricité, de magnétisme et
même de lumière ; les phénomènes chimiques, ceux de la
vie, déterminent des mouvements. Les conditions d'où
dépend le mouvement varient donc à l'infini ; mais on a
dû se proposer d'étudier d'une manière générale et abstraite toute circonstance propre à produire un mouvement ; c'est l'étude de ces causes qu'on distingue en mécanique sous le nom d'étude des forces.

Il y a donc deux parties qui constituent essentiellement
la mécanique : l'étude du mouvement, celle des forces. Ces
deux études ont un caractère réellement distinct, et on les
a jusqu'ici mal à propos et trop souvent confondues, de
telle sorte que l'étude du mouvement disparaissait, voilée
par celle des forces, et par suite le caractère purement ex-
périmental des bases de la mécanique était totalement
méconnu.

Ainsi donc la mécanique, en étudiant le mouvement, le
considère soit en lui-même, soit dans les circonstances qui
le produisent ; en d'autres termes, la mécanique étudie le
mouvement et les forces qui le produisent.

Nous commencerons par l'étude du mouvement.

**Du temps et de sa mesure. — Unités adoptées. —**
*Mesure du temps.* — Des trois éléments à considérer dans
le mouvement, la détermination du premier, c'est-à-dire
l'espace parcouru par le mobile, considéré en grandeur et
en direction, dépend de procédés géométriques étudiés dans
d'autres parties de la science. La mesure du temps va donc
nous occuper exclusivement, attendu que la mesure de la
vitesse dépendra de celle de l'espace et de celle du temps.

Tout phénomène mettant un certain temps à s'accomplir, on conçoit d'une manière générale que la durée d'un phénomène quelconque pourra servir à mesurer le temps.

Ainsi, les phénomènes de la vie peuvent fournir des moyens de mesure : les pulsations du pouls, par exemple. On détermine le temps écoulé en comptant le nombre de pulsations. Ce procédé suffisant et souvent utile lorsqu'on veut comparer presque immédiatement l'un après l'autre deux temps écoulés, est complétement insuffisant considéré d'une manière générale, puisqu'il ne donne pas des résultats comparables entre eux ; la durée d'une pulsation variant, non-seulement entre deux individus, mais encore très-fréquemment dans le même individu.

Le nombre de pas que fait une personne peut servir à mesurer le temps ; dans certains pays, on emploie un procédé qui peut être fort utile en voyage, et qui consiste à mesurer le temps écoulé par le nombre de pas d'un mulet.

Les phénomènes chimiques, quoique moins fréquemment employés que ceux qui précèdent, peuvent aussi fournir une mesure du temps. Ainsi, par exemple, la durée de la combustion d'un corps, d'une bougie, pourra servir d'unité ; ce procédé pourra surtout être employé pour partager le temps en parties égales, en faisant brûler successivement des bougies identiques.

Mais ce sont les phénomènes astronomiques et physiques qui nous ont enfin fourni une mesure convenable du temps, c'est-à-dire propre à nous donner des résultats véritablement comparables entre eux. Ces deux ordres de phénomènes sont indispensables et concourent, chacun pour leur part, à donner une solution de la question. Le mouvement des astres nous fournit la véritable mesure du temps ; et la pesanteur nous permet de faire connaître une telle mesure par des procédés commodes et faciles à consulter.

On a remarqué que le mouvement de rotation de la terre autour de son axe était uniforme ; de là est résultée la véritable unité de temps, c'est-à-dire *le jour sidéral*. Le jour sidéral est le temps qui s'écoule entre deux passages d'une même étoile au méridien d'un lieu.

Mais si cette unité de temps était uniforme, elle n'était pas suffisamment d'accord avec les nécessités de la vie civile, dont les diverses périodes sont déterminées par la marche du soleil, c'est-à-dire par les alternatives du jour et de la nuit. C'est cette considération qui conduisit à prendre aussi pour unité de temps *le jour solaire*, ou le temps qui s'écoule entre deux passages successifs du soleil au méridien, c'est ce qu'on nomme le temps vrai ; mais l'inconvénient d'une telle mesure du temps, si utile à tant d'autres égards, c'est que l'unité adoptée n'est pas uniforme, le soleil n'employant pas toujours le même temps entre deux passages successifs au méridien d'un lieu. Il fallait donc chercher une unité de temps qui fût uniforme comme le temps sidéral, et en rapport suffisant avec les alternatives du jour et de la nuit, comme le temps solaire ; on a résolu le problème par l'institution du temps moyen ; le temps est alors réglé sur la marche d'un soleil fictif, dont le mouvement serait uniforme et dont les positions différeraient peu de celles du soleil réel. Le *jour moyen* est la durée qui s'écoule entre deux passages successifs de ce soleil fictif au méridien du lieu : le jour moyen est partagé en 24 heures, l'heure en 60 minutes, la minute en 60 secondes.

Nos diverses horloges marquent actuellement le temps moyen. Lorsque les horloges étaient réglées d'après le temps vrai, il était presque impossible de les mettre suffisamment d'accord, ce qui aurait maintenant de graves inconvénients, vu la précision qu'exigent les chemins de fer. Le bureau des longitudes publie tous les ans la différence pour chaque jour entre le temps vrai et le temps moyen.

Il faut actuellement indiquer d'une manière générale les phénomènes physiques propres à reproduire d'une manière usuelle et commode cette mesure du temps fournie par le mouvement des astres.

Les phénomènes de la pesanteur sont les seuls qui aient assez d'uniformité pour le but qu'on se propose. La chute d'un corps solide dans l'air n'offre pourtant pas assez d'uniformité; mais l'écoulement d'un liquide ou du sable a présenté un procédé plus commode et plus convenable, pourvu qu'on s'astreigne à maintenir constant le niveau du liquide qui s'écoule. De là les clepsydres, horloges à sable, etc.

**Du pendule. — Résultat des observations de Galilée.** — Galilée découvrit enfin dans le pendule des propriétés qui permirent d'obtenir une mesure précise du temps. Nous allons exposer ces propriétés, non pas en les déduisant des principes fondamentaux de la mécanique, mais expérimentalement de la manière qu'elles furent établies par l'illustre physicien de Florence.

On appelle *pendule* un corps solide B, ordinairement de forme sphérique, suspendu par un fil à un point fixe A (*fig.* 1). La distance du point A au centre de la sphère B représente ce qu'on appelle la longueur du pendule. Lorsque le fil du pendule est dirigé suivant la verticale, il est en équilibre; si on l'éloigne de cette position et qu'en B' on l'abandonne à lui-même, il y revient, la dépasse, y retourne, et ainsi de suite; ces mouvements constituent les *oscilla-*

*tions du pendule*, et l'arc BB′ est *l'amplitude* de l'oscillation. Voici maintenant les lois établies expérimentalement par Galilée.

**Première loi.** — *Les pendules de même longueur font leurs oscillations dans le même temps, quelle que soit d'ailleurs l'amplitude de ces oscillations.*

Supposons deux pendules AB, A′B′ (*fig.* 2) de même longueur, placés dans un plan vertical dans lequel peut viser un observateur ; un second observateur éloignera en même temps les deux pendules AB et A′B′ de leur position d'équilibre, et il les lâchera simultanément. Or, le premier remarquera que les deux pendules passeront toujours en même temps dans le plan vertical d'équilibre, et cela, que les deux pendules aient été également ou inégalement éloignés de ce plan.

Fig. 2.

Ces observations prouvent que la durée de l'oscillation des pendules de même longueur est indépendante de leur amplitude. Cette propriété est essentielle, puisqu'elle fournit un moyen facile et commode de mesurer le temps. On peut prendre, en effet, pour unité de temps la durée de l'oscillation d'un pendule de longueur donnée ; et un temps écoulé se mesurera par le nombre des oscillations effectuées.

Huygens, qui développa et compléta les travaux de Galilée, démontra que les oscillations d'un pendule décrivant une circonférence n'étaient pas rigoureusement *isochrones*, c'est-à-dire de même durée : ce n'est qu'autant que l'amplitude n'est pas trop grande que l'on peut admettre cette propriété. On prendra donc pour unité de temps les oscillations d'un pendule n'ayant pas une trop grande amplitude.

Deuxième loi. — *Les durées des oscillations des pendules de longueurs différentes sont en raison directe des racines carrées de ces longueurs.*

Galilée commença par démontrer, par une expérience analogue, à celle du numéro précédent, que les systèmes ACB, A′C′B′ (*fig.* 3) fournis par des corps solides C, C′,

attachés par des fils aux points fixes AB et A′B′, symétriquement placés de part et d'autre du milieu D, oscillaient comme des pendules qui auraient pour longueurs CD, C′D : faisons CD $= l$, C′D $= l'$; deux observateurs se plaçaient l'un à

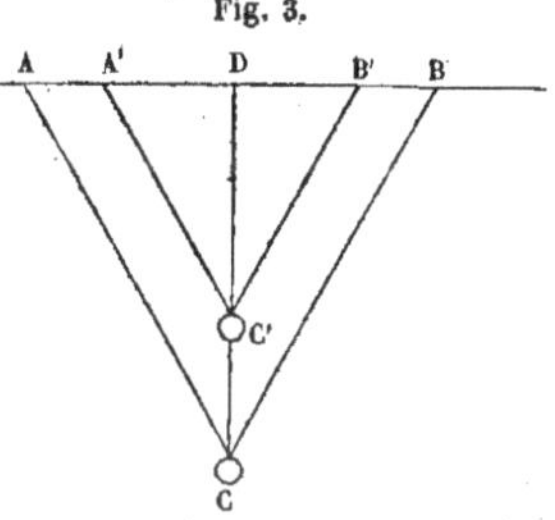

Fig. 3.

droite, l'autre à gauche dans le plan vertical de l'appareil. Un troisième écartait les pendules de leur position d'équilibre et les lâchait simultanément. Les deux observateurs comptaient alors les nombres d'oscillations $n$ et $n'$ qu'effectuaient les deux pendules, depuis le moment où ils passaient ensemble dans le plan d'équilibre jusqu'au moment où ils y passaient de nouveau; soit T le temps écoulé entre ces deux instants,

$$\frac{T}{n} = t$$

sera la durée d'une oscillation du premier pendule,

$$\frac{T}{n'} = t'$$

la durée d'une oscillation du second. Or, Galilée trouva constamment

$$\frac{t}{t'} = \frac{\sqrt{l}}{\sqrt{l'}},$$

d'où l'on déduit

$$t = \frac{t'}{\sqrt{l'}}\sqrt{l}.$$

$\frac{t'}{\sqrt{l'}}$ est un rapport constant que l'on peut représenter par $k$, et l'on aura finalement

$$t = k\sqrt{l}. \qquad (a)$$

La première loi fournit un moyen commode et facile de mesurer le temps; la deuxième permet de comparer la mesure du temps ainsi obtenue à celle où l'on prend pour unité, soit la durée de la rotation de la terre sur son axe, type de tout mouvement uniforme, soit ce qu'on appelle le temps moyen.

Pour cela, il suffit de faire $t' = 1^s$ et de chercher à Paris, par exemple, quelle serait la longueur $l'$ du pendule qui battrait la seconde. L'expérience constate qu'à Paris $l' = 0^m,99384$, d'où

$$k = \frac{t'}{\sqrt{l'}} = \frac{1}{\sqrt{0,99384}},$$

en prenant pour unité le temps de la seconde. De sorte que la formule $(a)$ nous permet d'avoir en secondes la durée d'une oscillation d'un pendule quelconque de longueur donnée.

Pour $t' = 1^s$, $l'$ n'est pas constant pour les divers lieux de la terre; la longueur du pendule à seconde varie donc à la surface de la terre, et elle diminue à mesure qu'on se rapproche de l'équateur.

*Remarque.* En cherchant par le calcul la durée de l'oscillation d'un pendule de longueur donnée, les géomètres ont trouvé

$$t = \pi \sqrt{\frac{l}{g}},$$

$g$ étant la vitesse acquise au bout de l'unité de temps par un corps qui tombe librement en un lieu donné. (On prend cette vitesse $g$ pour mesure de l'intensité de la pesanteur.)

Si l'on fait $t = 1^s$, on tire de là $g = \pi^2 l$; d'où, si l'on connaît directement par l'expérience la longueur $l$ du pendule à secondes, on pourra calculer $g$ et étudier ainsi les variations de la pesanteur en chaque lieu de la terre, depuis le pôle jusqu'à l'équateur.

La seconde loi de Galilée peut encore se mettre sous une autre forme, qui est souvent plus commode à employer. Appelons $n$ et $n'$ les nombres d'oscillations effectuées par deux pendules de longueur $l$ et $l'$, pendant le même temps; si $t$ et $t'$ sont la durée de l'oscillation, on a

$$t = \frac{T}{n} \quad \text{et} \quad t = \frac{T}{n'};$$

donc

$$\frac{t}{t'} = \frac{\sqrt{l}}{\sqrt{l'}}$$

devient

$$\frac{\frac{T}{n}}{\frac{T}{n'}} = \frac{\sqrt{l}}{\sqrt{l'}}, \quad \text{ou} \quad \frac{n'}{n} = \frac{\sqrt{l}}{\sqrt{l'}}, \quad \text{ou} \quad \frac{n'^2}{n^2} = \frac{l}{l'};$$

c'est-à-dire que les carrés des nombres d'oscillations effectuées par des pendules de longueurs différentes sont entre eux en raison inverse des longueurs.

Enfin, on a construit d'autres instruments marquant la seconde comme le pendule, par exemple les montres, horloges, chronomètres, et même des instruments marquant des fractions de seconde. Mais il ne faut pas oublier que l'emploi de phénomènes naturels, qui sont constamment à notre portée, peut souvent être suffisant pour mesurer un espace de temps. Les pulsations du pouls, évaluées ensuite en secondes ou fractions de secondes, par une expérience comparative directe, le temps qu'on met à scander un certain nombre de vers ou à compter une série de nombres, sont autant de moyens que nous avons constamment à notre disposition. L'évaluation qu'on fera ensuite en secondes sera quelquefois susceptible d'une assez grande précision.

**Du mouvement. — Il est absolu ou relatif. —** On appelle mouvement *absolu* le déplacement d'un corps dans l'espace; la mécanique étudie surtout les lois du mouvement absolu.

On appelle mouvement *relatif* d'un corps le mouvement de ce corps considéré par rapport à un autre supposé fixe; pour apprécier le mouvement relatif de deux corps, il faut d'abord étudier le mouvement relatif de deux points.

On peut définir avec précision : mouvement relatif de deux points, le mouvement que prendrait l'un de ces points aux yeux d'un observateur entraîné à son insu avec le second, en appréciant les distances sans aucune illusion de perspective.

Dans la nature, ce sont surtout des mouvements relatifs que nous observons à la surface de la terre; le mouvement des objets ou des individus observés d'une locomotive, d'une voiture, d'un bateau, nous présente des exemples de mouvement relatif.

Le principe qui sert de base à l'étude du mouvement relatif est celui-ci : *le mouvement relatif de deux points ma-*

*tériels n'est pas altéré, lorsqu'on leur donne un mouvement commun indépendant de ceux dont ils étaient déjà animés.*

**Du mouvement uniforme. — Vitesse.** — Le mouvement *uniforme* est celui dans lequel le corps parcourt toujours le même espace dans le même temps, ou mieux, celui dans lequel les espaces parcourus croissent proportionnellement au temps. Les anciens supposaient que tous les mouvements étaient et même devaient être nécessairement uniformes. C'est seulement à partir de Galilée que l'on a considéré d'autres mouvements, ce physicien ayant démontré que la chute des corps pesants n'est pas un mouvement uniforme. Il y a dans la nature peu de mouvements véritablement uniformes. On peut cependant citer le mouvement de la terre autour de son axe; c'est même là le type de tout mouvement uniforme.

Si l'on appelle E et E' les espaces parcourus dans les temps $t$ et $t'$, d'un mouvement uniforme, on aura

$$\frac{E}{E'} = \frac{t}{t'} \quad \text{ou} \quad \frac{E}{t} = \frac{E'}{t'};$$

on désigne le rapport constant $\frac{E}{t}$ par $v$, et on l'appelle *vitesse* : la vitesse est donc le rapport de l'espace parcouru au temps employé à le parcourir, et de $\frac{E}{t} = v$ ou $E = vt$, si on fait $t = 1$, on tire $E = v$. La vitesse peut donc être définie : l'espace parcouru dans l'unité de temps.

Beaucoup de phénomènes, sans être précisément uniformes, peuvent cependant donner l'idée d'un mouvement uniforme : ainsi, l'eau qui s'écoule dans un canal régulier, une locomotive, un navire marchant d'une manière à peu près constante, donnent l'idée du mouvement uniforme. Il y a dans la nature des mouvements qui paraissent uniformes et qui pourtant ne le sont pas ; on pourrait les appeler des mouvements périodiquement uniformes. On leur substitue des mouvements moyens uniformes, qui permettent de leur appliquer les formules relatives à ces derniers.

Ainsi, par exemple, un homme se meut de manière à parcourir 95 mètres par minute, en comptant de minute en minute. Le mouvement de cet homme est sensiblement uniforme, puisque dans chaque minute il parcourt sensiblement 95 mètres. L'espace parcouru dans une minute est le même, quoique pendant la durée d'une de ces minutes il puisse n'être pas tout à fait uniforme ; on dit que le mouvement est alors périodiquement uniforme, et on lui substitue un mouvement moyen uniforme, ce qui est suffisant dans la pratique. Ainsi, dans le cas qui nous occupe, cet homme se meut avec une vitesse moyenne qui est de $\frac{95^{m}}{60}$ dans une seconde, ou $1^{m},5$.

Voici les vitesses de quelques mouvements moyens uniformes :

Un homme marchant au pas parcourt $1^{m},20$ par seconde ;
Le vol d'un faucon est de 24 mètres par seconde ;
Celui d'une hirondelle, 45 mètres ;
Un vaisseau, par un vent frais, 7 mètres ;
Un waggon, vitesse moyenne, de 8 à 9 mètres, grande vitesse, 35 mètres ;
Vitesse moyenne d'un ouragan, 30 mètres ; des ouragans les plus forts, 45 mètres.

Il y a plusieurs moyens de mesurer les mouvements uniformes, c'est-à-dire leur vitesse moyenne. Ainsi, on mesure la vitesse moyenne d'une rivière au moyen d'un flotteur qu'on laisse aller d'un point à un autre, en tenant compte de l'espace parcouru et du temps employé à le parcourir, et en divisant ensuite l'espace par le temps ; on mesure d'une manière analogue la vitesse d'un navire, au moyen d'un corps solide appelé *loch*, attaché à une corde qu'on déroule d'une manière uniforme ; le nombre de brasses que l'on déroule par minute, par exemple, peut donner la vitesse moyenne du navire. On peut encore citer le procédé suivant, employé pour mesurer la vitesse d'un projectile. Soit un tambour cylindrique (*fig.* 4), dont les bases sont des feuilles de papier très-fin, opposant une résistance négligeable, pouvant tourner autour d'un

Fig. 4.

axe horizontal AB, de manière à faire un nombre déterminé de tours par seconde, soit 10 tours par seconde. Supposons que le tambour ait 5 mètres de longueur. En dirigeant, perpendiculairement à la base du tambour, l'arme qui lance le projectile, suivant la ligne *mn*, si le tambour était immobile, le projectile entré en O sortirait en O′ sur la droite *mn*, en un point qui se trouverait sur une parallèle à l'axe ; or, pendant le temps que le mobile a mis pour aller de l'une des bases à l'autre, le tambour a tourné d'un certain arc O′O″, par exemple, de 40°, et le projectile sort par un point O″, distant de 40° du point O′. Mais puisque le tambour fait 10 tours par seconde, il fait un tour en $\frac{1}{10}$ de seconde, et pour 40°, qui est le $\frac{1}{9}$ de 360, il mettra $\frac{1}{9}$ de $\frac{1}{10}$, ou $\frac{1}{90}$ de seconde. Il a donc parcouru 5 mètres en $\frac{1}{90}$ de seconde, ou $90 \times 5 = 45^m$ par seconde.

En résumé, tous les procédés pour déterminer la vitesse moyenne d'un mouvement uniforme reviennent à connaître l'espace parcouru et le temps employé à le parcourir.

Applications. 1° Trouver la vitesse d'un point de l'équateur.

2° A quelle latitude la vitesse d'un point de ce cercle de latitude serait celle d'une locomotive faisant 40 kilom. à l'heure?

3° Vitesse d'un point à 45° de latitude.

**Du mouvement varié, en général.—Mouvement accéléré, périodique, retardé.—Vitesse.** — On appelle mouvement *varié*, en général, celui dans lequel l'espace parcouru ne varie pas proportionnellement au temps, ou bien n'est pas le même dans chaque unité de temps.

Le mouvement varié peut être *accéléré* ou *retardé*; il est accéléré lorsque l'espace parcouru dans chaque unité de temps va constamment en croissant; au contraire, il est retardé lorsque cet espace va en diminuant. On appelle *périodique* un mouvement varié qui présente les mêmes circonstances dans une suite de périodes de temps égales.

Beaucoup de mouvements observés à la surface de la terre sont périodiques. Ainsi le mouvement d'un navire, celui d'un cheval ou d'un homme sont le plus souvent périodiques. Les mouvements de la terre et des autres planètes autour du soleil sont un exemple du mouvement périodique.

Ainsi la terre, dans la durée d'une année, passe par plusieurs états de vitesse, pour recommencer après cette période de temps à se trouver successivement dans les mêmes états. La manière dont les astronomes ont pratiquement étudié ce mouvement varié périodique offre un type qui peut servir dans d'autres circonstances. Ils ont d'abord institué le mouvement *moyen*, c'est-à-dire qu'ils ont supposé un mobile parcourant d'un mouvement uniforme la courbe que paraît décrire le soleil autour de la terre ; on compare ensuite, pour chaque jour de l'année, la position de l'astre fictif avec celle de l'astre réel ; ils ont alors pu établir des tables au moyen desquelles on peut, par une addition ou une soustraction de certaines quantités, passer de la position de l'astre moyen à celle du soleil vrai (¹).

On peut généralement étudier d'une manière expérimentale les lois du mouvement varié. On construit une tare consistant en deux colonnes correspondantes et parallèles : dans l'une on écrit les temps observés, dans l'autre les espaces parcourus pendant ces temps : on a ainsi la traduction de la loi expérimentale du mouvement.

* Mais on peut substituer à cette tare ainsi construite une représentation géométrique, qui perfectionne l'étude expérimentale du mouvement. A partir d'un point O (*fig.* 5), sur une droite OX, portons des longueurs proportionnelles aux temps observés, OA, OB, OC,... puis aux points A, B, C... élevons

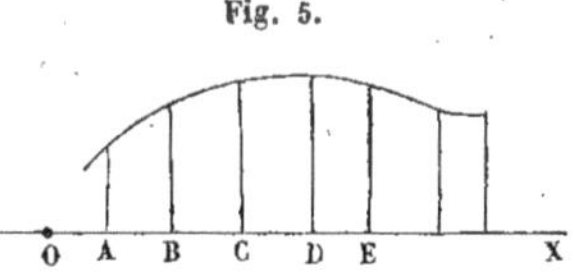

Fig. 5.

des perpendiculaires sur la droite OX et prenons sur ces perpendiculaires des longueurs proportionnelles aux espaces correspondants aux temps observés. On aura ainsi la représentation géométrique rigoureuse de notre tare ; mais on conçoit qu'en prenant des temps différents entre

(¹) Voir le *Cours de Cosmographie.*

* Les paràgraphes marqués de ce signe ne sont pas rigoureusement exigés pour le baccalauréat ès sciences ; mais les élèves qui se préparent à suivre les cours de mathématiques spéciales, ou à entrer dans les écoles du gouvernement, ne doivent pas se dispenser de les étudier.

eux de quantités plus petites, les perpendiculaires représentant les espaces parcourus auraient été plus rapprochées, et comme le mouvement du mobile est continu, les extrémités de ces perpendiculaires se trouveraient sur une courbe continue. Si donc on joint par un trait continu les extrémités des perpendiculaires, on aura non-seulement la représentation de la tare obtenue expérimentalement, mais encore le moyen de pouvoir construire un espace correspondant à un temps donné quelconque. On pourra, du reste, une fois la courbe construite, vérifier par des expériences directes sa plus ou moins grande exactitude.

Dans le mouvement uniforme, le rapport de l'espace parcouru au temps employé à le parcourir est une quantité constante, par conséquent la courbe de ce mouvement sera une ligne droite ; en effet, soient (*fig.* 6) OA et OB deux temps, et AM et BN les espaces parcourus pendant OA et OB, on a $\frac{MA}{OA} = \frac{NB}{OB}$ ; donc les triangles obtenus en joignant séparément M et N avec O seraient semblables, comme ayant un angle égal A = B compris entre côtés proportionnels ; donc N, M et O sont en ligne droite, et cela ayant lieu pour tous les points, la courbe du mouvement est bien une ligne droite.

Fig. 6.

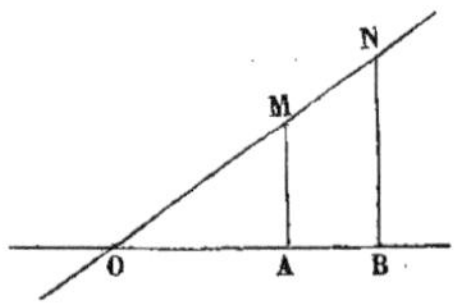

Ce rapport $\frac{MA}{OA}$ donnera la vitesse du mobile ; on voit qu'à cause du triangle rectangle MOA, MA = OA tang. O, d'où tang. $O = \frac{MA}{OA}$ ; donc la vitesse est représentée dans ce cas par la tangente de l'angle que la droite fait avec l'axe fixe.

Nous allons maintenant examiner comment on peut détermme à chaque instant la vitesse du mobile, lorsque la loi expérimentale du mouvement est donnée par une tare ou au moyen d'une courbe.

Supposons d'abord que la loi du mouvement soit connue par une tare construite d'après les principes indiqués. On veut avoir, par exemple, la vitesse au bout de 8 minutes, à partir de l'origine du mouvement; on prend sur la tare l'espace parcouru au bout de ces 8 minutes, soit 17 mètres.

Supposons que les espaces parcourus aient été observés de minute en minute, on prendra dans la tare l'espace parcouru pendant 9 minutes, soit 30 mètres. Supposons le mouvement uniforme pendant la durée de cette minute, l'espace parcouru d'un mouvement uniforme pendant la $8^{me}$ minute serait donc $30^{mèt.} - 17^{mèt.} = 13^{mèt.}$ Le mobile ayant conservé la même vitesse pendant ce temps, et l'unité de temps étant la seconde, il s'ensuit que la vitesse à la $8^{me}$ minute est $\frac{13}{60}$.

Comme il a fallu dans cette opération considérer le mouvement comme uniforme pendant tout l'intervalle de temps qui s'écoule entre les deux époques consécutives où on a fait une observation, il en résulte que la vitesse qu'on en a déduite est une valeur approchée de la véritable vitesse, et que l'erreur sera d'autant plus petite que le temps pendant lequel on suppose le mouvement uniforme sera plus petit, c'est-à-dire que le résultat sera d'autant plus exact qu'on aura fait des opérations plus nombreuses et plus rapprochées pour établir la tare.

On peut, en se servant de la courbe du mouvement, déterminer par une construction géométrique la vitesse du mobile au bout d'un temps quelconque et souvent d'une manière plus exacte qu'avec la tare.

Soit *mn* (*fig*. 7) la courbe du mouvement obtenue, soit expérimentalement, soit d'après la définition de la loi du mouvement; cherchons quelle est la vitesse du mobile au bout d'un temps OB, l'espace parcouru au bout de ce temps sera AB; au bout de OB′, l'espace parcouru serait A′B′; et l'on peut prendre BB′ assez petit pour que, pendant le temps BB′, le mouvement du mobile puisse être supposé uniforme; joignons le point A au point A′ par une ligne droite. Cette ligne AA′ représentera le mouve-

ment uniforme du mobile pendant le temps BB′; la vitesse de ce mouvement sera donc $\frac{A'C}{AC}$. Or, ce rapport représentera d'autant mieux la vitesse au bout du temps OB que le point A′ sera plus rapproché du point A, et lorsque le point A′ se confondra avec le point A, la ligne AA′, ayant deux points communs avec la courbe qui se confondent en un seul, deviendra tangente à la courbe au point A; et $\frac{A'C}{AC}$ deviendra alors la tangente de l'angle que cette tangente à la courbe fait avec une droite parallèle à OX, ou avec OX lui-même. Donc la vitesse du mobile au bout du temps OB est représentée par la tangente de l'angle que fait avec l'axe la tangente à la courbe du mouvement menée par le point A.

Si, au lieu de supposer connus les espaces parcourus pendant les temps écoulés depuis l'origine du mouvement, nous admettons que l'on connaisse les vitesses, nous pouvons alors construire une autre courbe qu'on appelle la *courbe des vitesses*.

Supposons un mobile animé d'un mouvement varié et

dont la vitesse, par conséquent, change à chaque instant. Représentons les temps écoulés par des longueurs portées à partir du point O (*fig.* 8), sur la ligne OX, et les vitesses acquises au bout de ces temps par des longueurs portées sur les perpendiculaires élevées en ces points sur cet axe. Joignons les extrémités de ces perpendiculaires par une courbe continue, et nous aurons ainsi la courbe *mn* des vitesses. Au moyen de cette courbe, nous pouvons immédiatement obtenir la vitesse acquise après un certain temps, en mesurant la perpendiculaire correspondante au temps indiqué et compté sur l'axe OX; mais nous pouvons aussi nous proposer la question suivante, qui est l'inverse de celle que nous avons résolue précédemment : étant construite la courbe des vitesses *mn* (*fig.* 8), déterminer l'espace parcouru par le mobile pendant un certain temps. Soit AB la longueur correspondante à cet espace de temps. Le principe de cette détermination consiste en ce que dans un mouvement varié on peut regarder la vitesse comme uniforme pendant un temps infiniment petit. Cela étant, on pourra, pour un temps infiniment petit, appliquer la formule du mouvement uniforme $e = vt$.

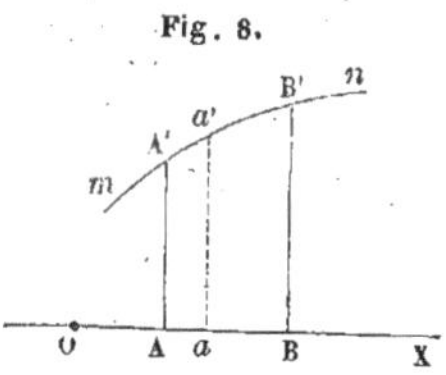

Fig. 8.



Or, en A la vitesse du mobile est représentée par AA′. Cette vitesse étant uniforme pendant le temps infiniment petit A*a*, et étant *aa*′ au bout du temps A*a*, *aa*′ pourra être considéré comme étant égal à AA′, et l'espace parcouru serait AA′×A*a*, c'est-à-dire que pendant ce temps A*a* l'espace parcouru est mesuré par la surface du rectangle infiniment petit AA′*a*′*a*; mais comme on peut faire ce raisonnement pour chaque instant infiniment petit, que, d'un autre côté, on peut supposer le temps **AB** partagé en un nombre infini d'instants infiniment petits, la surface **ABB′A′** sera partagée en un même nombre de rectangles infiniment petits, représentant les espaces parcourus dans chacun de ces éléments de temps; il suit de là que cette surface **AA′BB′** représente l'espace parcouru par le mobile pendant le temps **AB**.

Cette détermination de l'espace revient donc à une quadrature, ou évaluation de l'aire d'une portion de surface, tandis que la détermination de la vitesse, d'après la courbe du mouvement, revient à la détermination de la tangente à cette courbe. On voit donc comment les résultats observés dans un mouvement peuvent servir ensuite à déterminer toutes les particularités de ce mouvement.

## QUESTIONS 2 ET 3 DU PROGRAMME.

Mouvement uniformément accéléré.— Lois de ce mouvement.— La chute des graves dans le vide offre un exemple du mouvement uniformément accéléré. — Machine d'Atwood. — Appareil à indications continues. — —Mouvement uniformément retardé. —Mouvement circulaire ou de rotation. — Vitesse angulaire.

**Mouvement uniformément accéléré. — Lois de ce mouvement.** — Nous avons vu d'une manière générale la méthode pour étudier un mouvement varié quelconque. Il faut maintenant exposer les lois du plus simple de ces mouvements, c'est-à-dire le mouvement *uniformément varié*. Nous allons d'abord nous occuper du mouvement uniformément *accéléré*.

On appelle mouvement uniformément accéléré celui dans lequel la vitesse augmente proportionnellement au temps. L'accroissement de la vitesse dans l'unité de temps se nomme *accélération*. Si donc on appelle $a$ la vitesse acquise au bout de l'unité de temps, $v$ la vitesse au bout du temps $t$, on aura, d'après cette définition, $v = at$. Il s'agit maintenant de déduire de cette relation la formule qui lie entre eux l'espace et le temps.

La relation $v = at$ nous donnant la vitesse à un moment quelconque, nous pouvons, d'après cette loi, construire la courbe des vitesses, et l'on voit immédiatement que cette courbe est une ligne droite ON passant par l'origine O (*fig.* 9). En effet, si, après un temps quelconque représenté par OA, la vitesse est AM, on a $\frac{AM}{OA} = a$ ; pour

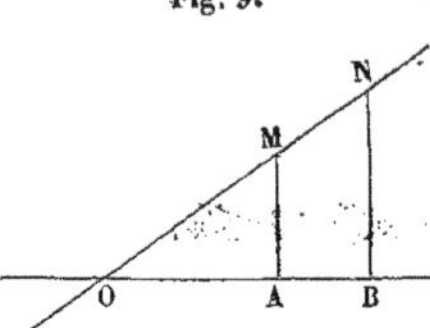



un autre temps OB on aura encore la relation $\dfrac{NB}{OB} = \dfrac{AM}{OA} = a$, donc NB sera bien la vitesse acquise après le temps OB. Soit $OB = t$ et $NB = v$; d'après ce que nous avons vu dans le numéro précédent, la surface du triangle ONB représente l'espace $e$ parcouru par le mobile dans le temps $t$. On aura donc

$$e = ONB = \frac{OB}{2} \times NB = \frac{1}{2}\,vt;$$

si l'on substitue, dans cette équation, la valeur de $v$ correspondante au temps $t$, qui est $v = at$, on aura $e = \frac{1}{2}at^2$.

Les deux formules du mouvement uniformément accéléré sont donc

$$v = at \quad \text{et} \quad e = \frac{1}{2}\,at^2.$$

Si $e$ et $e'$ sont les espaces parcourus dans des temps $t$ et $t'$, on a

$$\frac{e}{e'} = \frac{t^2}{t'^2}.$$

Les espaces sont proportionnels aux carrés des temps.

Si on élimine $t$ entre ces deux équations, on aura la relation entre la vitesse et l'espace parcouru $v^2 = 2ae$ ou $v = \sqrt{2ae}$.

**Chute des graves dans le vide.** — La nature nous offre dans la chute des corps pesants un exemple de mouvement uniformément accéléré. Nous allons voir comment Galilée découvrit les lois importantes de ce mouvement.

Galilée établit d'abord que le mouvement des corps pesants abandonnés à eux-mêmes n'est pas uniforme ; car si on laisse tomber de diverses hauteurs sur un sol mou une boule métallique, elle laisse des empreintes d'autant plus profondes qu'elle tombe de plus haut ; donc le mouvement est accéléré. Mais il fallait trouver la relation exacte entre le temps et les espaces parcourus dans la chute d'un corps soumis à la seule action de la pesanteur ; ce fut là le grand et difficile problème que résolut Galilée.

Ayant d'abord remarqué que la chute des corps suivant la verticale était beaucoup trop rapide pour qu'il fût possible d'établir expérimentalement de cette manière la relation qui existe entre l'espace parcouru et le temps employé à le parcourir, il fut conduit à employer un moyen indirect.

Il fit tomber les corps, non plus suivant la verticale, mais suivant un plan incliné ; la chute des corps étant alors très-ralentie, il était possible de trouver dans ce cas la relation entre les espaces et les temps. Galilée trouva que cette relation était la même, quelle que fût l'inclinaison du plan. Cette loi restant la même à mesure que le plan se rapprochait de la verticale, il en conclut, par une induction légitime, que cette loi subsisterait encore si le corps tombait suivant la verticale elle-même.

Nous allons voir par quelle série d'observations Galilée est parvenu à établir une relation entre $a$ et $a'$ pour un plan incliné quelconque, $a'$ étant la vitesse acquise après le même temps sur le plan incliné.

Soit **OA** un pendule (*fig.* 10). Je l'écarte de sa position d'équilibre jusqu'en OB, où je l'abandonne à lui-même ; il tend à revenir à sa position d'équilibre, il arrive en **A** avec une certaine vitesse acquise, qui lui fait dépasser la position

OA et le fait remonter en OB'. B' et B sont sur une même ligne horizontale. Le même phénomène se reproduisait toujours, quelle que fût la longueur du pendule et quel que fût l'écartement qu'on lui donnait. Galilée en conclut que si le pendule était assez grand pour que l'arc AB pût être assimilé à une ligne droite, les choses se passeraient encore de la même manière ; d'où il établit ce principe : quand un corps tombe suivant un plan incliné quelconque, la vitesse acquise au bas de sa chute égale la vitesse qu'il faudrait imprimer au mobile pour le faire remonter à la même hauteur, suivant le même plan incliné.

Fig. 10.

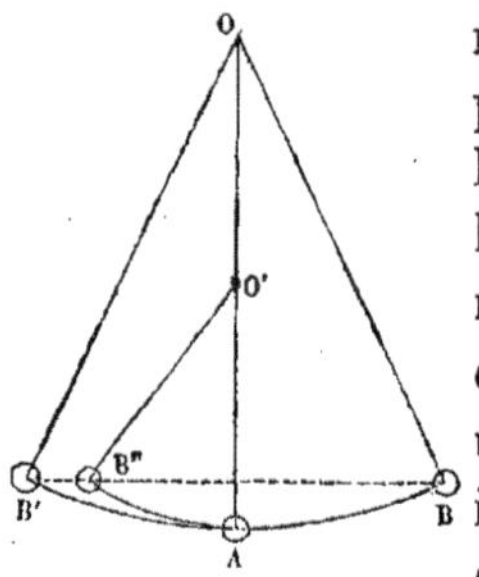

Reprenons maintenant la même expérience , mais plaçons un clou sur la verticale OA en O'. Le pendule écarté en OB retombait en OA ; mais le fil rencontrant le clou O', c'était le pendule O'A qui continuait l'oscillation, et A remontait en B″, situé encore sur la ligne BB'; en plaçant des clous en différents points de la verticale, Galilée faisait décrire différents arcs au pendule, et cependant il remontait toujours à la même hauteur que celle d'où il était parti.

On conçoit bien que cela ayant lieu, quelle que fût la longueur du pendule, on peut encore l'admettre pour une longueur telle, que le mobile décrivît un arc de cercle pouvant être regardé comme une ligne droite, c'est-à-dire que le mobile tombât suivant un plan incliné. Donc, d'après ce principe, un corps qui tombe d'un point B, suivant un plan incliné, acquiert une vitesse qui, d'après le principe précédent, le ferait remonter à la même hauteur suivant un autre plan incliné, quelle que fût d'ailleurs l'inclinaison de celui-ci. D'où Galilée conclut : qu'un corps qui tombe suivant un plan incliné acquiert toujours au bas de sa chute la même vitesse, quelle que soit l'inclinaison, pourvu que la hauteur de chute reste la même. Huygens compléta ces expériences et confirma d'une manière plus rigoureuse ce principe, connu sous le nom de *principe de l'égalité de montée et de descente*, en faisant voir que la vitesse acquise par le corps, suivant une courbe quelconque, restait encore toujours la même, si la hauteur de chute reste la même.

C'est ce principe qui servit à Galilée pour trouver le rapport entre la vitesse d'accélération d'un corps qui tombe suivant la verticale, et celle d'un corps qui tombe suivant un plan incliné. On appelle vitesse d'accélération, ou plutôt accélération de la vitesse, la vitesse acquise par le corps qui tombe, au bout de l'unité de temps. La détermination suivante se fait en supposant le mouvement uniformément accéléré, suivant la verticale et suivant le plan incliné.

Soit $v$ la vitesse du corps qui tombe suivant AC (*fig.* 11). Cette vitesse sera la même que celle acquise par le même corps tombant suivant **AB**; on a

$$v^2 = 2\,ae\,;$$

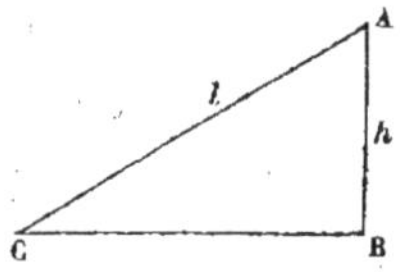

remplaçant $e$ par AC$=l$ et $a$ par $a'$, on a

$$v^2 = 2\,a'l.$$

De même, en remplaçant $e$ par $h=$ AB et $a'$ par $a$,

$$v^2 = 2\,ah\,;$$

d'où $\qquad ah = a'l,\quad$ ou $\quad \dfrac{a}{a'} = \dfrac{l}{h}.$

L'accélération sur le plan incliné est, avec l'accélération sur la verticale, dans le même rapport que la hauteur du plan à la longueur. On tire de là

$$a = a'.\dfrac{l}{h},\quad \text{comme } h = l\sin C,\quad a = \dfrac{a'}{\sin C};$$

ce qui nous permet, $a'$ étant déterminé par l'expérience, de calculer $a$. On a trouvé qu'à Paris, en prenant pour unité de temps la seconde, $a = 9^m,9089$; on désigne ordinairement cette accélération par $g$. Elle subit des variations suivant les différents lieux de la terre où l'on opère.

Proposons-nous de trouver le temps employé par un corps pesant pour tomber suivant un plan incliné, d'une longueur $l$ et d'une hauteur $h$. La vitesse d'accélération suivant ce plan incliné étant $a'$, nous aurons la formule

$$e = \dfrac{1}{2}\,a't^2,$$

qui donnera $\qquad\qquad l = \dfrac{1}{2}\,a't^2;$

d'où $\qquad\qquad\quad t = \sqrt{\dfrac{2l}{a'}};$

mais $\qquad\qquad a' = \dfrac{ah}{l}\quad$ ou $\quad a' = \dfrac{gh}{l};$

donc $\qquad\quad t = \sqrt{\dfrac{2l^2}{gh}}\quad$ ou $\quad t = l\sqrt{\dfrac{2}{gh}}.$

Mais ce n'est pas tout. Le but de Galilée était de découvrir les lois abstraites de la chute des corps, c'est-à-dire les lois de cette chute résultant de l'action seule de la pesanteur, et telles qu'elles auraient lieu dans un milieu idéal qui n'offrirait à la chute des corps aucune résistance quelconque. Il prit toutes les précautions possibles pour se rapprocher de cet idéal. Il avait remarqué, dans ses expériences sur le pendule, l'influence de la résistance de l'air, et il avait constaté que cette résistance était d'autant plus grande que le corps, pour un même poids, présentait une plus grande surface. Dès lors, pour pouvoir faire abstraction de cette résistance, il fallait la rendre aussi faible que possible. C'est ce que fit Galilée, en prenant pour ses expériences une boule de grosseur moyenne en bronze, boule très-lourde sous un petit volume.

En second lieu, comme le corps devait tomber suivant un plan incliné, il fallait que la résistance de ce plan au mouvement fût aussi faible que possible, afin de pouvoir aussi en faire abstraction. Voici comment Galilée réalisa cette condition.

Il prit une pièce de bois, dans laquelle il creusa un canal cubique de 6 mètres de longueur, et de 3 centimètres sur les autres dimensions. C'est ce canal qui lui servit de plan incliné. Pour diminuer le frottement autant que possible, il colla sur les parois du canal du parchemin lisse, poli avec de l'ivoire. Les choses étant ainsi disposées, en inclinant convenablement le canal, on pouvait laisser tomber la boule de différents points du canal et lui faire parcourir différents espaces sous l'action de la pesanteur.

Il fallait ensuite mesurer les temps pendant lesquels ces espaces étaient parcourus. Galilée aurait très-bien pu se servir du pendule, mais cet instrument était encore trop nouveau, et il ne s'était pas suffisamment familiarisé avec ses usages. Voici le moyen qu'il employa. Il plaça au bout du plan incliné un vase contenant de l'eau. Ce vase était percé par le bas d'un petit orifice et muni d'un robinet. Au moment où Galilée laissait partir la boule, un autre expérimentateur (son neveu, Vincent Galilée) ouvrait le robinet, et le fermait au moment où la boule arrivait au bas du plan incliné. L'eau écoulée pendant le temps de la chute était recueillie dans un vase; d'ailleurs, il avait établi expérimentalement que les temps étaient sensiblement proportionnels aux poids de l'eau écoulée.

Galilée constata alors que les espaces parcourus étaient toujours proportionnels aux carrés des poids de l'eau écoulée, ou, en d'autres termes, que les espaces parcourus étaient proportionnels aux carrés des temps employés à les parcourir.

$$\frac{e}{e'} = \frac{t^2}{t'^2}.$$

Le mouvement imprimé par la pesanteur est donc un mouvement uniformément varié; et nous pouvons dès lors lui appliquer les formules de ce mouvement, c'est-à-dire admettre que la vitesse imprimée au corps par la pesanteur est proportionnelle au temps pendant lequel elle a agi sur ce corps. On tire de la relation précédente

$$\frac{e}{t^2} = \frac{e'}{t'^2};$$

donc $\frac{e}{t^2}$ est une quantité constante; représentons-la par $k$, on aura

$$e = kt^2.$$

Mais si l'on appelle $v$ la vitesse acquise par le corps qui tombe suivant le plan incliné, au bout du temps $t$, et $a'$ la vitesse acquise au bout de l'unité de temps, on aura, d'après les formules du mouvement uniformément varié,

$$v = a't \quad \text{ou} \quad e = \frac{1}{2} a't^2;$$

d'où, en comparant avec $e = kt^2$, on en tire

$$k = \frac{1}{2}\,a' \quad \text{ou} \quad 2\,k = a'.$$

Or, en laissant tomber le corps pendant l'unité de temps, on aura

$$e = \frac{1}{2}\,a', \quad a' = 2\,e\,;$$

c'est-à-dire que l'accélération sera le double de l'espace parcouru pendant la première unité de temps. Maintenant que l'on connaît la vitesse de chute d'un corps sur un plan ayant une inclinaison donnée, on peut passer à la vitesse $a$ de chute d'un corps qui tomberait suivant la verticale.

**Application des lois précédentes.** — Soit un cercle dont AB est le diamètre, je dis qu'il faut le même temps à un corps grave tombant du point A (*fig.* 12) pour parvenir à un point de la circonférence, quelle que soit la corde suivant laquelle il tombe. Prenons, en effet, une corde quelconque AC; d'après la formule précédemment trouvée, on aurait pour le temps employé par le grave à parcourir cette corde AC,

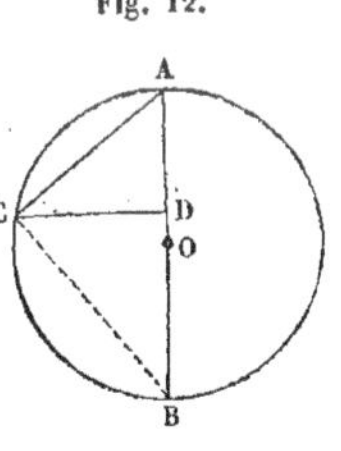

Fig. 12.

$$t = \sqrt{\frac{2.\overline{AC}^2}{g.AD}}\,;$$

mais, dans la circonférence, $\overline{AC}^2 = AB \times AD$; d'où, en remplaçant,

$$t = \sqrt{\frac{2.AB \times AD}{g \times AD}} = \sqrt{\frac{2\,AB}{g}}\,;$$

le temps employé est donc le même, quelle que soit la

corde décrite. La même formule servirait, du reste, à faire voir qu'il faudrait le même temps au corps grave pour aller de C en B que pour aller de A en C.

**Machine d'Atwood.** — La machine inventée par Atwood a encore pour but d'étudier expérimentalement les lois de la pesanteur; elle a le double avantage de rendre négligeable l'influence de l'air sur un corps qui tombe et de diminuer autant que l'on veut l'accélération produite par la pesanteur, sans changer les lois de son action.

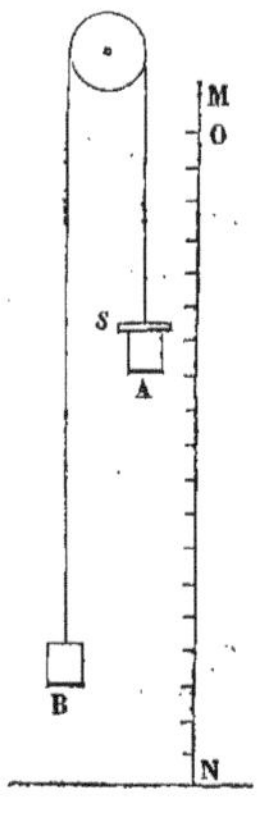

Imaginons (*fig.* 13) une poulie tournant autour d'un axe horizontal fixe, et sur la gorge de laquelle passe un fil de soie très-fin, terminé à ses deux extrémités par deux poids égaux A et B. Supposons qu'on puisse faire abstraction du poids du fil, de son frottement sur la poulie, et de celui de la poulie sur son axe. On dispose verticalement une règle graduée MN près de l'instrument; le poids A, au commencement de l'expérience, correspond au zéro de la division; l'appareil sera en équilibre dans toutes les positions du fil, l'action de la pesanteur sur le corps B étant détruite par cette même action sur le corps A, à cause de la liaison des deux corps, et la longueur de fil excédante du côté de l'un des poids étant considérée comme ayant un poids nul. Imaginons qu'on ajoute au poids A un poids supplémentaire; pour fixer les idées, supposons que A+B pèsent 499 grammes, et que le poids supplémentaire soit de 1 gramme; si le poids de 1 gramme tombait seul, il aurait l'accélération que la pesanteur imprime ordinairement à un corps qui tombe librement; mais, à cause de la liaison des poids entre eux, chacun d'eux ne pouvant se mouvoir sans entraîner les autres, l'action de la pesanteur propre à donner au corps pesant 1 gramme une certaine vitesse se répartira sur les 500 grammes du système, elle les entraînera donc avec une accélération 500 fois moindre que celle qui se serait produite dans la chute du poids de 1 gramme. L'action accélératrice de la gravité se trouvera donc d'autant plus diminuée que le poids supplémentaire sera plus petit par rapport au poids $A+B$. La chute du système $A+s$, en appelant $s$ le poids supplémentaire, pourra donc être assez diminuée de rapidité pour qu'on puisse en observer toutes les circonstances.

Un premier avantage de cet appareil, c'est de permettre de négliger la résistance de l'air, attendu que la vitesse du mobile qui tombe pouvant être très-faible, la résistance du milieu sera aussi très-faible ; la résistance de l'air croissant à peu près comme le carré de la vitesse du corps qui se meut.

Pour que l'appareil soit dans les conditions qui se rapprochent autant que possible des conditions idéales que nous supposons, il faut que sa construction soit faite avec soin. Voici comment sont disposées les machines d'Atwood que l'on emploie ordinairement. On prend un fil très-fin et très-délié, qui s'enroule sur une poulie dont l'axe horizontal repose lui-même sur les jantes croisées (*fig.* 14) de deux autres paires de roues, qui sont elles-mêmes très-mobiles. Un pendule est fixé à l'instrument, une aiguille se meut sur un cadran, et lorsqu'elle arrive à un point convenu, elle laisse échapper une détente *d*, qui communique par *d'ef* à une bascule sur laquelle repose la masse $A+s$. De sorte que le mouvement de la chute com-

Fig. 14.

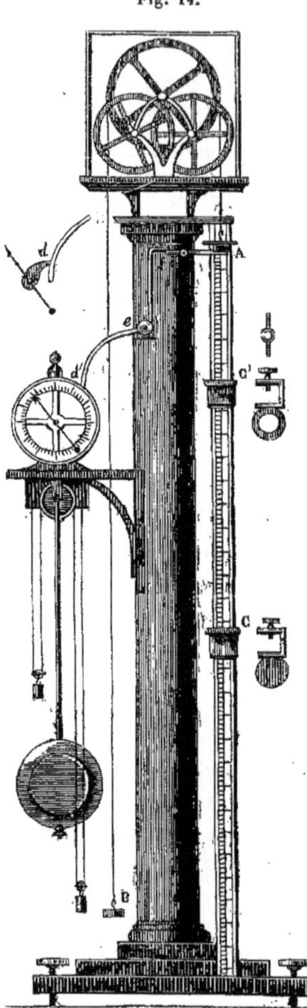

mence bien exactement au moment où commence une oscillation du pendule, et l'on peut compter le temps à partir de ce moment.

Lorsqu'on fait l'expérience et qu'on veut constater quel est l'espace parcouru pendant un certain temps, on observe d'abord approximativement cet espace, en suivant le mouvement du corps le long de la règle ; puis, pour s'assurer que l'observation est exacte, on place, au point où était parvenue la surface inférieure de **A** au bout du temps donné, un plan horizontal formé par un curseur métallique **C**, que l'on peut faire glisser le long de la règle, et fixer au point que l'on veut par une vis de pression. Il faut alors que le choc du pendule qui marque la seconde se confonde sensiblement avec le choc du corps qui tombe sur le plateau.

Si on laisse tomber le corps de la division **0** et que pendant la première seconde il ait parcouru **10** divisions de la règle, on trouvera que pendant **2** secondes il en a parcouru 40, pendant 5 secondes il en parcourra 90, et ainsi de suite. Ce qui montre bien que les espaces parcourus sont proportionnels aux carrés des temps.

On peut encore, avec cet instrument, étudier la loi des vitesses et vérifier qu'elles croissent proportionnellement aux temps. A cet effet, le poids supplémentaire est fait d'une plaque très-mince et beaucoup plus large que le poids qui tombe; un curseur C′ en forme d'anneau peut être disposé le long de la règle; cet anneau laisse passer le poids A et arrête le poids supplémentaire $s$. De sorte que le poids A, équilibré par B, ne continue à se mouvoir qu'en vertu de la vitesse acquise pendant le temps de chute qui a précédé le passage du corps dans l'anneau. On remarque, en effet, que le corps, après s'être débarrassé du poids supplémentaire, continue à se mouvoir d'un mouvement sensiblement uniforme, et si on l'a fait tomber avec $s$ pendant un temps $t$, et qu'il ait parcouru un espace $e$, pendant le même temps $t$ qui suivra le passage dans l'anneau, il parcourra un espace E double du précédent, en vertu de la vitesse acquise et d'un mouvement uniforme; en effet, si au bout du temps $t$ le corps a parcouru un espace $e$, on a

$$e = \frac{1}{2} gt^2 \quad \text{et} \quad v = gt;$$

la vitesse acquise étant $v$, le corps se mouvant uniformément, pendant un temps $t$, d'une vitesse $v$, parcourra un espace E donné par la formule.

$$\text{E} = vt, \quad \text{et comme} \quad v = gt,$$

on a $\qquad \text{E} = gt^2, \qquad \text{donc} \quad \text{E} = 2e.$

Ainsi, si le corps a parcouru, lorsqu'il était chargé du poids supplémentaire, 10 divisions de la règle dans 1 seconde, dans la seconde suivante il parcourra 20 divisions. Si, pendant les 2 premières secondes, il a parcouru 40 divisions d'un mouvement varié, pendant les 2 secondes suivantes il parcourrait 80 divisions d'un mouvement uniforme, soit 40 divisions pendant 1 seconde. Après avoir parcouru 90 divisions dans 3 secondes, il parcourrait, en vertu de sa vitesse acquise, 180 divisions dans les 3 secondes suivantes, soit 60 divisions par seconde. Donc, on voit bien qu'après 1, 2, 3 secondes, les vitesses acquises sont représentées par 20, 40, 60, c'est-à-dire qu'elles croissent proportionnellement au temps. Ainsi se trouvent vérifiées les deux lois du mouvement uniformément varié.

Enfin, M. Morin a imaginé un appareil très-simple et très-rigoureux, dans lequel une seule expérience suffit pour trouver les lois de la pesanteur, et la vérification de ces lois se fait à l'aide d'une observation dont l'appareil lui-même se charge de montrer le résultat. Voici en quoi il consiste (*fig.* 15) :

Un cylindre vertical AB peut prendre un mouvement de rotation uniforme autour de son axe. Ce mouvement lui est donné par la chute d'un poids P qui, au moyen d'une corde et de poulies, fait tourner un tambour T, lequel communique, à l'aide d'engrenages R, S, avec l'axe AB. Un régulateur, formé par un appareil à ailettes $a$, et par une roue à échappement régularisée par un pendule D, est fixé au tambour, pour que le mouvement ne s'accélère pas et soit parfaitement uniforme. Une masse pesante $p$ peut descendre verticalement entre deux tringles de fer, et porte un pinceau qui s'appuie sur la surface du cylindre. Si le cylindre était immobile et qu'on laissât tomber le poids $p$, le pinceau tracerait une ligne droite, qui serait une des génératrices du cylindre ; mais l'appareil étant en mouvement, la génératrice *oo'*, qui, au moment où le

Fig. 15.

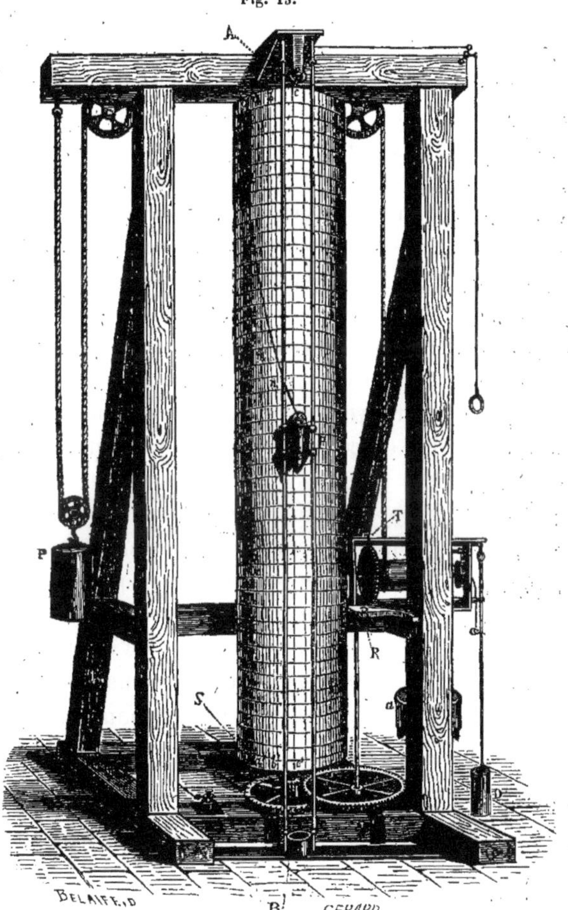


poids a commencé de tomber, était vis-à-vis ce poids, s'est
déplacée dans le sens de la rotation, et a été remplacée

successivement par les génératrices *aa'*, *bb'*, *cc'*...; en même temps, le poids lui-même est descendu et a rencontré chacune d'elles aux points *o, m, n, p*, et comme le mouvement est continu, le pinceau a tracé sur le cylindre une courbe *omnp*, qui va nous fournir la relation entre l'espace parcouru et le temps. En effet, si le mouvement de rotation était tel, que le cylindre mît une unité de temps, par exemple 1 seconde, à tourner d'un arc égal aux arcs *oa, ab, bc*, les longueurs *am, bn, cp* indiqueraient les hauteurs verticales dont le corps est descendu dans 1, 2, 3 secondes, c'est-à-dire les espaces parcourus pendant les temps représentés par les arcs. Il n'y a donc qu'à chercher le rapport qui existe entre les arcs *oa, ob, oc*, dont le cylindre a tourné, et les longueurs *am, bn, cp* correspondantes, et l'on trouve que les espaces parcourus croissent comme le carré de ces arcs, c'est-à-dire comme le carré des temps.

Si l'on développe la feuille de papier dont on avait recouvert le cylindre, en rectifiant la circonférence suivant OX (*fig.* 16), les temps seront représentés par les arcs O*a*,

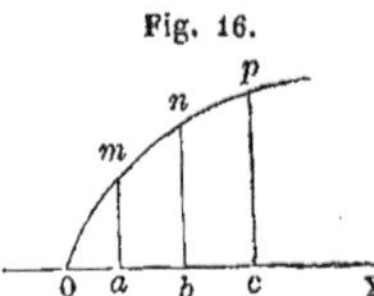

Fig. 16.

O*b*, O*c* rectifiés, et les espaces par les ordonnées *am, bn, cp*. La courbe est une *parabole*, et l'on sait que les ordonnées sont en effet proportionnelles aux carrés des abscisses, ou que $e = at^2$; on pourrait avoir la valeur approchée de *a*, qui est $\frac{1}{2}g$, en mesurant sur la courbe deux valeurs correspondantes de *e* et de *t*, et en prenant $a = \frac{e}{t^2}$.

**Mouvement uniformément retardé.** — Si la vitesse initiale d'un corps qui se meut diminue à chaque instant dans un même rapport, le mouvement du corps est dit uniformément retardé. L'expérience a constaté cette grande loi, que si l'on donne à un corps une impulsion unique et qu'on l'abandonne à lui-même, il se mouvra en ligne droite d'une manière uniforme et indéfiniment. L'énoncé de cette loi est dû à Képler; elle résulte de l'observation des phénomènes qui s'accomplissent tous les jours sous nos yeux. Ainsi, si l'on imprime à une bille une impulsion sur un billard, elle se mouvra en ligne droite d'une manière uniforme, et d'autant plus longtemps que le frottement à la surface du billard sera moindre; de telle sorte que l'on conçoit que si la résistance était nulle, le mouvement serait indéfini.

Cela étant, supposons qu'on lance verticalement un mobile. Si la pesanteur n'existait pas, le mobile décrirait la verticale indéfiniment et d'un mouvement uniforme; mais la pesanteur diminue sa vitesse à chaque instant de quantités égales; ce mobile nous offrira donc l'image d'un mouvement uniformément retardé, en faisant abstraction, bien entendu, de la résistance de l'air.

Si on appelle $v_0$ la vitesse initiale du mobile, et $a$ la quantité dont elle diminue à chaque unité de temps, on aura pour la vitesse $v$ au bout du temps $t$, d'après la définition même du mouvement uniformément retardé :

$$v = v_0 - at.$$

Cherchons, d'après cette définition, la relation entre les espaces parcourus et les temps employés à les parcourir.

Représentons le temps par des longueurs proportionnelles prises sur OM (*fig.* 17), et soit $OC = v_0$ la vitesse à l'origine du mouvement, du point C menons une parallèle CM′ à OM, et portons sur CM′ à partir de C des longueurs proportionnelles au temps compté à partir de l'origine du mouvement. Élevons enfin au-dessous des perpendiculaires proportionnelles aux vitesses acquises par le mobile, se mouvant avec l'accélération $a$, d'un mouvement uniformément accéléré. Au bout du temps $t = Cg$, la vitesse serait $gh = at$, par suite, $CO - gh = kh$ donne $v_0 - at$; et comme les points $h_1$, $h$, $h_2$ sont en ligne droite, la figure $COkh$, qui représente l'espace parcouru par le mobile pendant le temps $t$, d'après ce qui a été démontré, sera un trapèze dont la surface a pour mesure

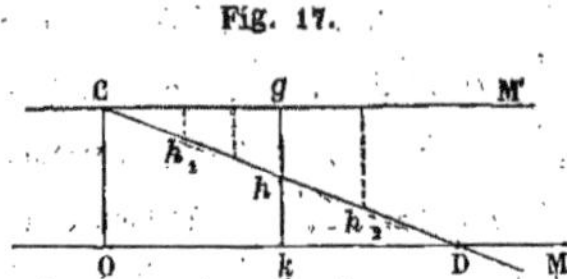

$$E = (CO + hk)\frac{Ok}{2},$$

ou
$$E = (v_0 + v_0 - at)\frac{t}{2},$$

et enfin
$$E = v_0 t - \frac{1}{2}at^2.$$

Cette expression est remarquable puisqu'elle montre que l'espace parcouru est la différence entre les deux espaces qu'eût parcourus le mobile, s'il avait été soumis à la vitesse $v_0$ ou à l'accélération constante $a$.

La formule $v = v_0 - at$ donne $a = \dfrac{v_0 - v}{t}$, ce qui est l'expression de l'accélération.

On peut encore trouver une expression de E indépendante de $t$. En effet, on a :

$$E = v_0 t - \frac{1}{2}at^2 = v_0 t - \frac{1}{2}\frac{v_0 - v}{t}t^2,$$

d'où
$$E = v_0 t - \frac{1}{2}(v_0 - v)t;$$

ou bien encore

$$E = \frac{1}{2}(v_0 + v)t;$$

mais on a $\quad v = v_0 - at, \quad$ d'où $\quad t = \frac{v_0 - v}{a};$

donc $\qquad E = \frac{1}{2}\frac{(v_0 + v)(v_0 - v)}{a} = \frac{v_0^2 - v^2}{2a}.$

EXERCICES. — 1. On lance verticalement de bas en haut un corps avec une vitesse de 2 mètres par seconde, jusqu'à quelle hauteur montera-t-il avant de redescendre? — Quelle sera sa vitesse lorsqu'il sera retombé au point de départ?

2. Avec quelle vitesse faudra-t-il lancer verticalement un corps pour qu'il arrive à une hauteur $h$ avant de retomber? — Temps $t$ employé pour cela?

3. A Paris on lance de bas en haut un mobile sur un plan incliné faisant un angle de 30° avec l'horizon, jusqu'où montera-t-il avant de descendre, en faisant abstraction des frottements? — Problème inverse. — On peut prendre pour inconnue l'inclinaison du plan.

**Mouvement circulaire ou de rotation.—Vitesse angulaire.** — On dit qu'un point tourne autour d'une droite, lorsqu'il décrit autour de cette droite une circonférence dont le plan lui est perpendiculaire et dont le centre est sur la droite elle-même.

La droite autour de laquelle s'effectue le mouvement est dite l'*axe de rotation*.

Une droite, ou en général une courbe quelconque, tourne autour d'un axe de rotation, lorsque chacun de ses points tourne autour de cet axe. Le mouvement de cette courbe se nomme *mouvement circulaire* ou de *rotation*.

La nature nous présente un grand nombre d'exemples de mouvements de rotation. Ainsi, la terre et les diverses planètes exécutent autour de leur axe un mouvement circulaire ou de rotation. Le soleil lui-même est doué de ce mouvement. On réalise à chaque instant dans les arts des mouvements de rotation de toutes sortes ; tel est le mouvement des roues autour de leurs essieux, celui des meules des moulins à farine.

Le mouvement circulaire d'un point est *uniforme* lorsque ce point décrit des arcs égaux dans les mêmes temps. Nous allons faire voir que lorsqu'un corps tourne autour d'un axe, ses divers points décrivent dans le même temps des arcs d'un même nombre de degrés.

Soit *ab* (*fig.* 18) l'arc décrit par le point *a* dans un cer-

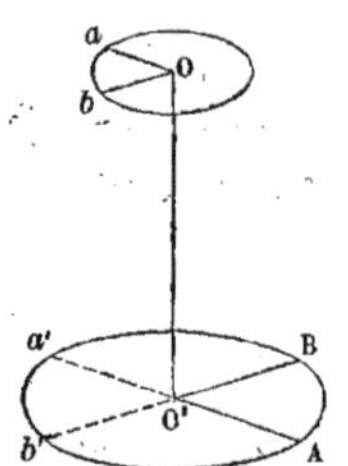

Fig. 18.

tain temps, et AB l'arc décrit dans le même temps par le point A. $a'O'$ est la trace du plan passant par $aO$ et par l'axe, sur le plan du cercle décrit par A. De même, $b'O'$ est la trace du plan mené par $bOO'$, donc l'angle $aOb = a'O'b'$, car ils sont tous les deux la mesure d'un même angle dièdre. Mais $a'b'$, étant un arc de la circonférence que décrit le point A, doit être égal à l'arc AB, qui a été décrit par le point A dans le même temps ; donc $AO'B = a'O'b' = aOb$, donc l'arc AB a le même nombre de degrés que *ab*.

D'après cela, nous nommerons *vitesse angulaire* dans le mouvement uniforme la valeur en degrés de l'arc décrit dans l'unité de temps.

Si les arcs décrits, dans des temps égaux, par un même point ne sont pas égaux, le mouvement angulaire est *varié*, et sa vitesse se détermine d'après les considérations qui nous ont servi à définir la vitesse d'un mouvement linéaire varié.

Si on appelle $\alpha$ la vitesse angulaire dans un mouvement de rotation, $v$ la vitesse linéaire d'un point placé à une distance R de l'axe de rotation, on aura :

$$\frac{v}{R} = \alpha;$$

ou
$$v = \alpha R..$$

Pour avoir la vitesse d'un point quelconque dans un mouvement de rotation, il suffira donc de multiplier la distance de ce point à l'axe par la vitesse angulaire de rotation.

La formule $\alpha = \frac{v}{R}$ donne un moyen commode d'obtenir la vitesse angulaire dans un mouvement de rotation. Faisons une application au mouvement de la terre autour de son axe, ou d'une planète quelconque.

La terre effectue sa rotation en **24** heures sidérales, ou bien en temps moyen en $23^h\,56^m$, ou bien encore $86160^{sec.}$; donc, si l'on veut obtenir la vitesse angulaire, on prendra

$$\alpha = \frac{360^\circ}{86160} \quad \text{ou} \quad \alpha = 15'',$$

c'est-à-dire qu'un point de la terre décrit un arc de $15''$ pour chaque seconde de temps.

On peut facilement comparer entre elles les vitesses angulaires de différents corps. Soit, par exemple, à comparer les vitesses du soleil et de la terre. $\alpha, v$, R étant les éléments relatifs au mouvement de la terre, et $\alpha'v'R'$ ceux qui sont relatifs au soleil, on a :

$$\alpha' = \frac{v'}{R'} \quad \text{et} \quad \alpha = \frac{v}{R};$$

d'où
$$\frac{\alpha'}{\alpha} = \frac{v'}{v} \times \frac{R}{R'}.$$

La durée de la révolution du soleil étant de $25^j\,12^h$ ou $2203200^s$, on a à la fois

$$\alpha = \frac{360^\circ}{86160} \quad \text{et} \quad \alpha = \frac{360^\circ}{2203200},$$

donc
$$\frac{\alpha'}{\alpha} = \frac{86160}{2203200} = 0,03.$$

En général, si on appelle $t'$ le temps de la rotation du premier corps autour de son axe, et $t$ le temps de la rotation du deuxième, on a :

$$\alpha = \frac{360}{t} \quad \text{et} \quad \alpha' = \frac{360}{t'};$$

d'où
$$\frac{\alpha'}{\alpha} = \frac{t}{t'}.$$

Les vitesses angulaires sont inversement proportionnelles aux temps d'une révolution de chacun des corps autour de son axe.

Connaissant le nombre de tours qu'un corps exécute en une minute autour de son axe on peut trouver sa vitesse angulaire ; soit $n$ ce nombre de tours, en prenant la seconde pour unité de temps, si le corps a fait $n$ tours dans une minute, dans une seconde il en a fait 60 fois moins $\frac{n}{60}$ ; or, $t$ étant le temps d'une rotation, on a $\alpha = \frac{360}{t}$ ; mais s'il se fait $\frac{n}{60}$ de tours en 1 seconde, le temps qu'il faudra pour un tour, $t$, sera $t = \frac{60}{n}$, et, en substituant,

$$\alpha = \frac{n.360^\circ}{60} = n.6^\circ.$$

D'après cette formule, si on connaissait la vitesse angulaire d'un corps, on trouverait le nombre de tours exécutés par ce corps dans un temps donné, en multipliant la vitesse $\alpha$ par le temps.

On peut encore se proposer, étant données les vitesses angulaires de deux corps, de connaître combien l'un de ces corps exécute de tours pendant que l'autre en fait un nombre donné. Appliquons cela, par exemple, au cas de la terre et du soleil.

On a pour la terre $\alpha = n.6$, on a de même pour le soleil $\alpha' = n'6$, ou $\frac{\alpha'}{\alpha} = \frac{n'}{n}$, et comme on a trouvé que $\frac{\alpha'}{\alpha} = 0,03$, on a aussi $\frac{n'}{n} = 0,03$ ou $n' = n \times 0,03$; pendant que la terre exécute 100 tours, le soleil en exécute 3.

Dans l'industrie, quand on veut apprécier la vitesse angulaire d'une roue, on compte le nombre de tours effectués par la roue dans un temps donné, une minute par exemple, et l'on a toujours la vitesse angulaire par la formule $\alpha = n.6°$.

Dans les machines où il se produit des mouvements de rotation, la vitesse angulaire n'est pas constamment uniforme comme dans les mouvements des planètes ; elle ne devient uniforme qu'au bout d'un certain temps plus ou moins long, où elle a acquis toute la précision et la régularité de son mouvement.

## QUESTION 4 DU PROGRAMME.

Composition des mouvements. — Indépendance des mouvements simultanés, constatée par l'observation. — Composition des chemins parcourus et des vitesses.

**Indépendance des mouvements simultanés, constatée par l'observation.** — En général, les divers corps de la nature exécutent des mouvements sur des corps qui sont eux-mêmes en mouvement, de là il résulte d'importants phénomènes qu'il faut étudier.

Il y a deux cas à distinguer : le corps sur lequel un mobile exécute son mouvement peut être animé lui-même d'un mouvement de rotation ; alors la nature du mouvement du mobile peut être entièrement modifiée, et, dans certains cas, ce mobile peut même être rejeté hors de la surface du corps. Dans le second cas, le corps est seulement animé d'un mouvement de translation ; dans ce cas les lois qui règlent les mouvements qui s'accomplissent sur ce corps dérivent d'un principe général constaté par Galilée. Ce principe peut s'énoncer de la manière suivante :

*Si un corps se meut de manière à ce que tous ses points décrivent avec la même vitesse des lignes droites parallèles, le mouvement de ce corps n'altère nullement les mouvements particuliers qui s'accomplissent à sa surface.*

Cette loi résulte exclusivement de l'observation, et peut se vérifier dans une foule de circonstances, soit par exemple sur un bâtiment, sur un chemin de fer. Ainsi, un individu étant emporté sur un chemin de fer et possédant par

conséquent la vitesse du train, lance verticalement un objet ;
cet objet lui retombe dans la main, absolument comme
s'il avait été immobile. Depuis longtemps le même phénomène avait été vérifié dans le cas d'un cavalier emporté
par un cheval, décrivant sensiblement une ligne droite.

L'occasion dans laquelle Galilée appliqua cette loi en
fera mieux connaître la nature.

Une des objections contre le mouvement de translation
de la terre tournant autour du soleil consistait à dire que
si réellement la terre se mouvait autour du soleil, une
balle tombant d'une tour devait tomber en arrière du pied
de la tour, d'une quantité égale à l'arc d'écliptique décrit
par la terre pendant la durée de la chute. On assimilait la
terre à un bâtiment, et l'on prétendait qu'en effet, dans un
bâtiment en mouvement, la balle tombant du haut du
mât ne devait pas tomber au pied de ce mât. Or c'ést l'inverse qui fut constaté ; Galilée établit alors sa loi de l'indépendance des mouvements simultanés, et Gassendi fit
l'expérience de la balle sur un bâtiment dans le port de
Marseille.

Le mouvement bien constaté, et partout admis, de la
terre autour du soleil, est aujourd'hui au contraire une
confirmation permanente de la loi de Galilée.

Il faut seulement observer que, dans le cas de la terre,
un mobile qu'on laisse tomber du haut d'une tour ne
tombe pas tout à fait exactement au pied de la tour, mais
dévie un peu vers l'orient ; cela tient à ce que la terre,
outre son mouvement de translation autour du soleil, a
un mouvement de rotation sur elle-même : or, le mouvement de rotation des corps altère toujours les mouvements
qui s'accomplissent à leur surface. On a trouvé ainsi qu'en
faisant abstraction de la résistance de l'air, et en désignant

par $h$ la hauteur de la tour exprimée en mètres, la déviation à l'équateur devait être en millimètres

$$x = 0{,}022\,h\sqrt{h}.$$

Ainsi, pour une tour de 64 mètres, la déviation vers l'o-
rient serait de 11 millimètres environ. Plusieurs expériences paraissent confirmer ce résultat, qui, vu sa petitesse,
exige pour l'expérience une précision extrêmement grande
et difficile à obtenir.

Ainsi, le double mouvement de notre planète confirme
la loi de Galilée, et indique en même temps dans quelle
limite elle est vraie, c'est-à-dire qu'on doit l'appliquer seulement pour le cas d'un mouvement de translation et non
pas pour le mouvement de rotation des corps.

**Composition des chemins parcourus et des vi-
tesses.** — La loi de Galilée nous permettra maintenant de
déterminer l'espace réellement parcouru par un mobile, se
déplaçant sur un corps lui-même en mouvement, et la vitesse avec laquelle cet espace a été parcouru. C'est ce qu'on
appelle faire la composition des mouvements, ou plutôt
la composition des chemins parcourus et des vitesses.

Supposons un mobile (*fig.* 19), qui décrit la ligne AD,

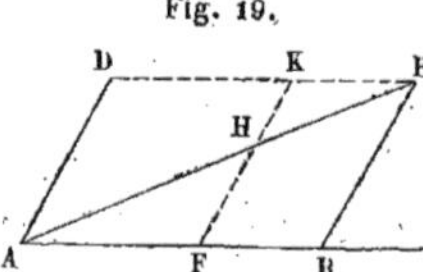


pendant le temps que cette ligne, se
mouvant parallèlement à elle-même,
met pour aller occuper la position
BE. Il faudrait supposer quelconques les mouvements de la droite et
celui du mobile ; mais nous n'examinerons que les trois
cas suivants : le mouvement du mobile uniforme ainsi que
celui de la droite, les deux mouvements uniformément
variés, ou l'un uniforme et l'autre uniformément varié.

Supposons donc que le mobile, partant de A, parcoure AD d'un mouvement uniforme, pendant que la droite se transporte parallèlement à elle-même d'un mouvement uniforme jusqu'en BE. Pendant le temps que AD met pour aller de AD en BE, le mobile, d'après la loi de Galilée, décrit AD d'un mouvement uniforme, comme si AD était immobile, de sorte qu'au bout du temps qu'il a fallu à AD pour se transporter en BE, le mobile est arrivé en E, extrémité de la diagonale du parallélogramme DABE. De plus, le mobile aura réellement décrit d'un mouvement uniforme la diagonale AE. Supposons, en effet, que ce soit au bout du temps $t$ que AD vienne occuper la position BE; cherchons la position du mobile au bout d'un temps $n$ fois plus petit $\frac{t}{n}$, au bout de ce temps $\frac{t}{n}$, AD passera en un point F tel que $AF = \frac{AB}{n}$, puisque le mouvement de la droite AD est uniforme. Le mobile sera donc sur FK parallèle à AD, mais le point H de rencontre de FK avec la diagonale est tel que :

$$\frac{FH}{FK} = \frac{AF}{AB}.$$

Or, comme $AF = \frac{AB}{n}$, $FH = \frac{FK}{n}$; mais pendant le temps $\frac{t}{n}$, le mobile doit avoir parcouru sur la droite une distance égale à $\frac{FK}{n}$, donc il est en H sur la diagonale AE. Il s'est donc constamment trouvé sur cette diagonale; je dis de plus qu'il l'a décrite d'un mouvement uniforme; en effet, au bout d'un temps $\frac{t}{n}$, l'espace décrit $AH = \frac{AE}{n}$, et ceci a lieu quel que soit $n$, donc l'espace parcouru par le mobile varie proportionnellement au temps, donc le mouvement du mobile sur AE est uniforme.

Le mouvement du mobile suivant cette diagonale s'appelle mouvement *résultant*, la vitesse avec laquelle il se meut est la vitesse *résultante*. Les mouvements et les vitesses donnés étaient les mouvements et les vitesses *composants*.

Donc, lorsqu'un mobile est animé de deux mouvements uniformes, il se meut d'un mouvement uniforme suivant la diagonale du parallélogramme formé par les deux chemins qu'il aurait séparément parcourus, s'il avait été successivement animé de chacun de ses mouvements, et l'espace parcouru est la longueur même de cette diagonale. Si le temps $t$ considéré est l'unité de temps, AB et AD sont les vitesses composantes, et AE représente alors la vitesse résultante ; on voit qu'elle est représentée en grandeur par la diagonale du parallélogramme des deux vitesses composantes.

On peut facilement trouver des exemples d'une telle composition de mouvements.

Cherchons, par exemple, le chemin décrit par l'extrémité de la tige du piston d'une machine à vapeur, se mouvant elle-même avec un bateau, en admettant que le bateau ainsi que le piston se meuvent uniformément. Soit A (*fig.* 20), le

Fig. 20.

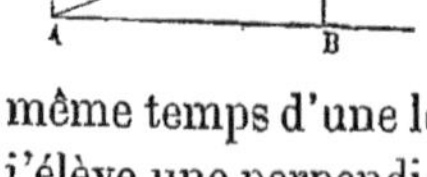

point de départ du mouvement du piston pendant un temps $t$, le point A, par le mouvement du bateau, se transporte uniformément de A en B ; le sommet du piston s'élève, je suppose, pendant le même temps d'une longueur AE en ligne droite. Au point B j'élève une perpendiculaire à AB, et je prends BC $=$ AE, je joins AC, d'après notre précédent théorème, le sommet du piston a réellement décrit AC d'un mouvement uniforme pendant le temps $t$.

Examinons le cas particulier où le mobile se meut sur une droite AB (*fig*. 21), animée d'un mouvement uniforme comme le mobile, cette droite glissant sur elle-même dans son mouvement. Supposons que le mouvement de la droite et celui du mobile soient dans le même sens. Dans un temps $t$, le mobile d'abord en A décrira AC, pendant le même temps le point A de la droite se transportera en A', donc le mobile sera réellement à une distance du point A égale à $AA' + AC$, l'espace parcouru AC' est donc la somme des deux espaces, et la vitesse réelle avec laquelle le mobile a décrit cet espace est la somme des vitesses du mobile et de la droite ; car en appelant V cette vitesse, $v$ celle du mobile, $v'$ celle de la droite, on aura

$$AC' = AA' + AC = Vt \text{ mais } AA' = v't \text{ et } AC = vt$$

en additionnant $v't + vt = Vt$ ou $V = v + v'$.

Si le mobile se meut en sens contraire du mouvement de la droite, pendant que le point A se transporte en A', le mobile décrivant en sens inverse dans le même temps l'espace A$c$, il se sera réellement déplacé de $Ac' = AA' - Ac$. Le chemin parcouru est donc la différence des chemins parcourus par le point et par la droite, et la vitesse résultante est égale à la différence des vitesses composantes, car on a

$$Ac' = v't - vt = (v' - v)t.$$

Si $v = v'$ l'espace parcouru sera nul, si $v > v'$ le mobile rétrogradera de A vers $o$, au lieu d'avancer dans le sens AB.

Supposons maintenant que le mouvement du mobile et celui de la droite soient uniformément variés. Au bout du temps $t$, employé par le mobile à parcourir AD (*fig.* 22),

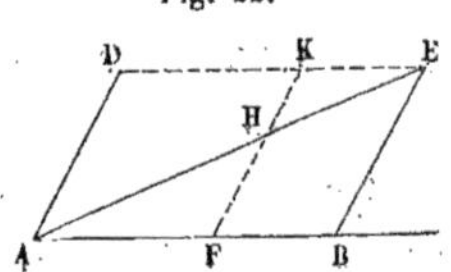

Fig. 22.

la droite se transporte d'un mouvement uniformément varié jusqu'en BE. Le mobile, au bout de ce temps, occupera encore l'extrémité E de la diagonale du parallélogramme ADBE, et l'on peut démontrer qu'au bout d'un temps quelconque le mobile se trouvera toujours sur la diagonale AE. En effet, après un temps $t'$ le point A est venu en F, et les espaces étant proportionnels aux carrés des temps $\frac{AF}{AB} = \frac{t'^2}{t^2}$, d'un autre côté, le mobile se mouvant sur la droite FK d'un mouvement uniformément varié, se trouvera au bout d'un temps $t'$ avoir parcouru un espace FH, tel qu'on ait $\frac{FH}{BE} = \frac{t'^2}{t^2}$, d'où $\frac{FA}{BE} = \frac{AF}{BA}$; le point H doit donc se trouver sur la diagonale. Je dis de plus que le mobile décrira AE d'un mouvement uniformément varié. En effet, en vertu des triangles semblables AFH et ABE, on a $\frac{AH}{AE} = \frac{AF}{AB}$, mais $\frac{AF}{AB} = \frac{t'^2}{t^2}$, donc $\frac{AH}{AE} = \frac{t'^2}{t^2}$; les espaces parcourus pendant les temps $t'$ et $t$ sont encore comme les carrés des temps; et par suite le mouvement du point mobile sur la diagonale est uniformément varié. Si on appelle $h$ et $k$ les accélérations des mouvements suivant AB et AD, et qu'on veuille calculer l'accélération $\gamma$ résultante suivant la diagonale, on sait que $AE = \frac{1}{2}\gamma t^2$, ou

$\gamma = \frac{2 AE}{t^2}$. Alors en appelant $e$ l'espace décrit par le mobile au bout du temps $t$, $e'$ l'espace décrit par la droite au bout du même temps, on a, d'après les formules du mouvement uniformément varié, $e = ht^2$ et $e' = kt^2$. Mais dans le triangle ABE on a :

$$\overline{AE}^2 = \overline{AB}^2 + \overline{BE}^2 + 2\,AB \times BE \cos DAB ;$$

en remplaçant ces lignes par leurs valeurs

$$\overline{AE}^2 = h^2 t^4 + k^2 t^4 + 2hk t^4 \cos DAB,$$

ou $$\overline{AE}^2 = t^4 (h^2 + k^2 + 2hk \cos DAB),$$

ou $$\frac{AE}{t^2} = \sqrt{h^2 + k^2 + 2hk \cos DAB},$$

quantité constante pendant tout le temps du mouvement; donc l'espace décrit par le mobile varié proportionnellement au carré du temps, le mouvement du mobile est uniformément varié, et l'accélération de ce mouvement est

$$\frac{2 AE}{t^2} = 2\sqrt{h^2 + k^2 + 2hk \cos DAB}.$$

Supposons enfin que l'un des mouvements soit uniforme et l'autre uniformément varié. Admettons pour plus de simplicité que la droite se meuve perpendiculairement à AM (*fig.* 23), et d'un mouvement uniforme, pendant que le mobile parcourt cette droite d'un mouvement uniformément varié. On pourra, d'après la loi de Galilée, déterminer à chaque instant la position du mobile. Soit toujours $e$ l'espace décrit par le mobile, $e'$ celui parcouru par la droite. Au bout du temps $t$, on aura $AC = vt$, $v$ étant la vitesse de la droite, et le mobile sera sur cette droite en un point D, tel que $DC = ht^2$; donc, pour avoir la courbe décrite par le mobile, il faudra prendre sur AM des longueurs proportionnelles à $vt$, et sur les perpendiculaires élevées aux extrémités de ces longueurs des lignes proportionnelles à $ht^2$.

D'après cela on a

$$AA' = vt \quad \text{ou} \quad \overline{AA'}^2 = v^2 t^2,$$
$$A'B' = ht^2;$$

d'où
$$\frac{\overline{AA'}^2}{A'B'} = \frac{v^2}{h};$$

on aurait de même
$$\frac{\overline{AA''}^2}{A''B''} = \frac{v^2}{h};$$

donc $\dfrac{\overline{AA'}^2}{A'B'} = \dfrac{\overline{AA''}^2}{A''B''}$, rapport constant pour tous les points de la courbe. La courbe qui jouit de cette propriété se nomme la *parabole* ; elle peut être décrite par points ou d'un mouvement continu. (Voir l'étude des courbes usuelles.)

Si la droite, au lieu de se mouvoir perpendiculairement à AM, se déplaçait dans une autre direction parallèle à AN', on construirait de la même manière les positions successives du mobile, d'après la double relation $AA' = vt$ et $A'b' = ht^2$, et la courbe décrite serait encore une parabole.

La nature nous présente l'exemple d'une pareille combinaison de mouvements. Supposons qu'à une certaine distance Ao de la ligne horizontale ON (*fig.* 24), on lance un corps parallèlement à l'horizon avec une vitesse $v_0$, l'action de la pesanteur agissant sur le corps le déviera de sa route AX ; alors le mobile, en vertu de ces deux mouvements, décrira une certaine courbe

Fig. 24.

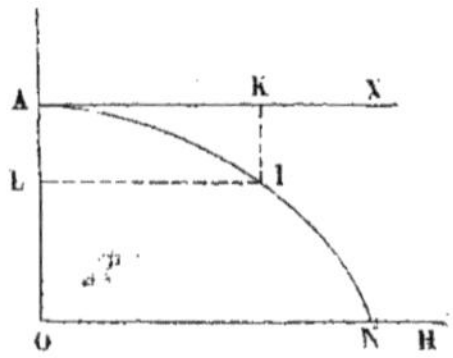

pour atteindre l'horizon ON. Les deux actions agiront séparément l'une de l'autre d'après la loi générale sur l'indépendance des mouvements : par conséquent, tout se passera comme si le mobile parcourait uniformément AX, pendant que cette droite descendrait parallèlement à elle-même comme un corps pesant. Voyons quel sera le chemin parcouru par le mobile au bout d'un temps $t$, on aura

$AK = v_0 t$ et $AL = \frac{1}{2} g t^2$ ; faisons $AK = a$ et $AL = b$, on a

$$a = v_0 t, \quad \text{ou} \quad a^2 = v_0^2 t^2 \quad \text{et} \quad b = \frac{1}{2} g t^2 ;$$

donc
$$\frac{a^2}{b} = \frac{2 v_0^2}{g},$$

ce qui est la relation propre à la parabole. On peut l'écrire

$$a^2 = \frac{2 v_0^2}{g} b.$$

$\frac{v_0^2}{g}$ est ce que Galilée appelait la *sublimité* de la parabole, on la désigne souvent par H, et alors $\frac{a^2}{b} = 2H$. Le mobile rencontrant l'horizon en N, ON se nomme la *portée* de la parabole.

Cherchons maintenant la courbe décrite si on lance le corps dans une direction oblique à l'horizon. Soit OX (*fig.* 25) la direction dans laquelle le corps est lancé avec une vitesse $v_0$. D'après le principe des mouvements simultanés, nous allons trouver la position du mobile

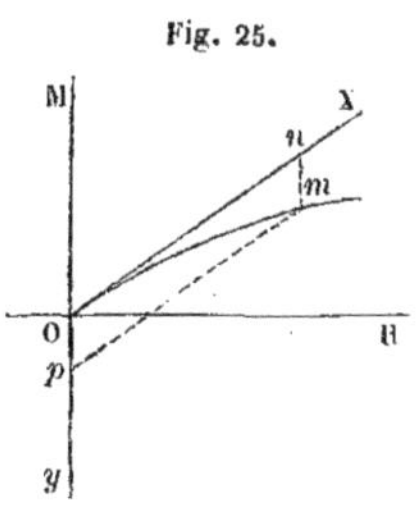


à un instant quelconque. On a $On = v_0 t$ et $mn = \frac{1}{2} g t^2$.

Donc $\dfrac{\overline{On}^2}{mn} = \dfrac{2 v_0}{g}$. Quand on pose $On = a$, $Mn = Op = b$, on a la relation constante $\dfrac{a^2}{b} = \dfrac{2v_0}{g}$, avec laquelle on peut construire à chaque instant la position du mobile. La courbe décrite est encore une parabole.

On peut encore considérer un mobile, soumis à plus de deux mouvements uniformes ou uniformément variés, et trouver le résultat de ces divers mouvements ; soit, par exemple, un mobile parcourant AD (*fig.* 26), pendant que AD se déplacerait parallèlement à elle-même, et que son extrémité A parcourait la droite AB,

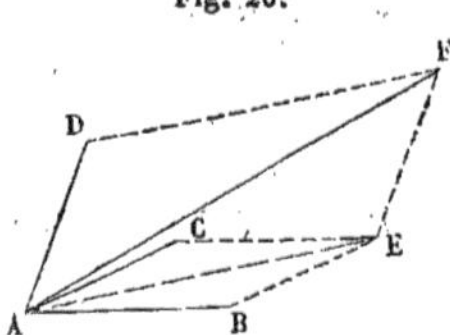

Fig. 26.

celle-ci étant à son tour animée d'un mouvement de translation parallèle et en se transportant en CE. Ces trois mouvements étant supposés à la fois uniformes ou uniformément variés, on peut arriver à la position finale du mobile en combinant les mouvements deux à deux. En effet, la droite AB se transportant en CE, au bout du temps $t$, le point A se trouvera réellement au point E, extrémité de la diagonale AE ; c'est donc suivant AE que s'est transportée l'extrémité A de AD, pendant que le mobile parcourait AD ; donc, en construisant le parallélogramme AEFD, on trouvera que le mobile est arrivé en F, et a parcouru la diagonale AF. Si $t$ est l'unité de temps, la longueur AF est la vitesse réelle du mobile. Si on ne suppose plus les trois mouvements de même espèce, on aura toujours en E et F les positions finales, mais les diagonales ne seront plus les chemins parcourus.

Réciproquement un mouvement rectiligne uniforme ou uniformément varié peut toujours être conçu comme la combinaison de deux ou même d'un nombre quelconque de mouvements de même espèce.

Un mobile parcourt uniformément AC (*fig*. 27), par le point A menons deux droites quelconques AM et AN, par le point C menons CD et BC parallèles à ces deux droites, le mouvement du point A sur AB pourra être conçu comme résultant de celui d'un mobile qui décrirait uniformément AD, pendant que AD se transporterait uniformément et parallèlement jusqu'en BC. Le problème de la décomposition du mouvement est donc indéterminé, puisqu'il consiste à construire un parallélogramme connaissant seulement la diagonale.

Fig. 27.

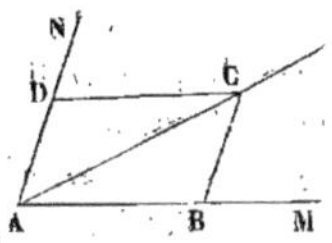

Enfin, on peut concevoir la composition de deux mouvements rectilignes quelconques. On opérerait pour cela de la même manière, en transportant la droite sur laquelle se meut le mobile parallèlement à elle-même d'après les lois connues de son mouvement, et en prenant sur cette droite, dans sa nouvelle position, une longueur égale à l'espace parcouru par le mobile pendant le même temps ; on aurait ainsi autant de points que l'on voudrait de la trajectoire décrite par le mobile.

---

# QUESTIONS 5, 6 ET 7 DU PROGRAMME.

Transformation du mouvement.— Rapport des espaces parcourus dans le sens du plan incliné, aux espaces parcourus dans le sens de sa base et de sa hauteur. — Des poulies. — Poulie fixe. — Poulie mobile dans le cas où les deux brins de la corde sont parallèles. — Poulies mouflées. — Rapport des chemins parcourus par la main de l'homme et par le fardeau. — Du treuil.— Treuil des carriers.— Treuil des puits.— Rapports des chemins parcourus par les chevilles ou par la manivelle au chemin parcouru par le fardeau.— Des engrenages.— Description sommaire.— Tracé pratique. — Rapport des nombres de tours des roues et des pignons. — Des courroies et cordes sans fin. — De la vis et de son écrou.— Rapport des chemins parcourus par l'extrémité du levier et par l'écrou ou la vis dans le sens de l'axe.

**Transformation du mouvement. — Machines.** —Les machines sont des appareils destinés à transmettre le mouvement d'un point à un autre, ou à modifier ce mouvement selon le travail que l'on se propose d'accomplir.

Le mouvement que l'on imprime à une première pièce d'une machine n'étant pas toujours celui que l'on a en vue d'obtenir, il est utile de savoir le modifier et le transformer. Un des principaux buts de la mécanique est cette *transformation du mouvement*. Nous allons examiner les divers moyens employés, en étudiant, dans chaque cas, les relations qui existent entre le mouvement primitif et le mouvement produit.

Nous classerons, comme on le fait habituellement, les machines, en ayant égard à la nature du mouvement qu'elles ont pour but de produire.

Ce mouvement est *rectiligne* ou *circulaire*. Le mouvement rectiligne est *continu* ou *alternatif*. Il est continu quand il a toujours lieu dans le même sens, comme, par exemple, l'ascension d'un fardeau, le mouvement d'un train de chemin de fer, celui d'un cours d'eau. Il est alternatif lorsqu'il a lieu dans un sens et successivement dans le sens opposé : le piston d'une machine à vapeur, la crémaillère de la machine pneumatique, accomplissent des mouvements alternatifs.

Le mouvement circulaire est aussi continu ou alternatif : continu, comme dans le mouvement des meules de moulin, des roues de bateau à vapeur, des meules à aiguiser ; il est alternatif dans les balanciers.

Ces mouvements pourront encore se combiner entre eux dans les différentes machines.

**Plan incliné.** — Le *plan incliné* a pour but de transformer le mouvement rectiligne continu donné dans un sens, en un autre mouvement de même espèce, mais dans un sens différent.

Soit AC (*fig.* 28) la direction d'un plan incliné représenté par sa trace faite par un plan vertical, et AB la direction du plan horizontal. Si, d'un point quelconque C, on abaisse une perpendiculaire CB sur le plan horizontal, ce sera la hauteur du plan, AB sera sa base et AC sa longueur ; l'angle CAB est l'inclinaison ; la *pente* est le rapport entre la hauteur et la longueur. Si l'on prend sur AC

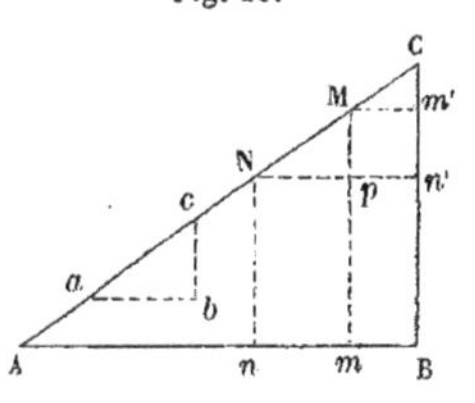

Fig. 28.

une longueur *ac* égale à 1 mètre, et que l'on construise un triangle semblable *abc*, si *bc* est de 0$^{m}$,01, on dit que le plan a une pente de $\frac{1}{100}$ ou de 1 centim. par mètre. On sait que ce rapport, à cause de la relation $CB = AC \sin CAB$, est égal au sinus de l'angle d'inclinaison.

Soit un point se mouvant sur ce plan incliné et supposons, par exemple, qu'il descende de M en N ; si des points M et N on abaisse des perpendiculaires $Mm$, $Mm'$, $Nn$, $Nn'$ sur AB et CB, le point M s'étant déplacé de M en N, aura subi un déplacement horizontal égal à $mn$, et un déplacement vertical égal à $m'n'$. Or, il est facile d'avoir le rapport entre le déplacement réel du point sur le plan incliné et ses déplacements horizontaux et verticaux. Car, si l'on considère que $Np = mn$ et $Mp = m'n'$, le triangle $MNp$, semblable à ABC, donne les rapports

$$\frac{MN}{Np} = \frac{AC}{AB} \quad \text{et} \quad \frac{MN}{Mp} = \frac{AC}{CB};$$

si $l$ est la longueur du plan, $h$ sa hauteur et $b$ sa base, on a

$$\frac{MN}{Np} = \frac{MN}{mn} = \frac{l}{b} \quad \text{et} \quad \frac{MN}{Mp} = \frac{MN}{m'n'} = \frac{l}{h};$$

ce qui signifie que le chemin parcouru horizontalement est au chemin parcouru sur le plan comme la base du plan est à la longueur ; et que le chemin parcouru verticalement est au chemin parcouru sur le plan comme la hauteur du plan est à sa longueur.

Si le point se meut, sur le plan incliné, d'un mouvement uniforme, en supposant qu'il se soit mû pendant un temps $t$, en appelant V sa vitesse, $v$ la vitesse dans le sens de la base, et $v'$ la vitesse dans le sens de la hauteur, et en divisant dans les égalités précédentes les deux termes du premier rapport par $t$, on aura

$$\frac{\dfrac{MN}{t}}{\dfrac{mn}{t}} = \frac{l}{b} \quad \text{et} \quad \frac{\dfrac{MN}{t}}{\dfrac{m'n'}{t}} = \frac{l}{h}.$$

Or, dans le mouvement uniforme, le rapport de l'espace au temps est égal à la vitesse. On a donc :

$$\frac{V}{v} = \frac{l}{b} \quad \text{et} \quad \frac{V}{v'} = \frac{l}{h} ;$$

d'où l'on conclut que la vitesse dans le sens horizontal est à la vitesse dans la direction du plan incliné comme la base du plan est à sa longueur, et que la vitesse dans le sens vertical est à la vitesse dans la direction du plan comme la hauteur du plan est à sa longueur.

On peut, réciproquement, se demander de trouver l'espace parcouru dans le sens du plan, quand on connaît les espaces parcourus verticalement et horizontalement. Soient $e$ et $e'$ ces derniers espaces, et E l'espace cherché. On a

$$\overline{MN}^2 = \overline{Mp}^2 + \overline{Np}^2,$$

ou $\qquad E^2 = e^2 + e'^2, \quad$ d'où $\quad E = \sqrt{e^2 + e'^2}.$

On pourrait de même, au moyen de $e$ et $e'$ et de la longueur du plan, calculer sa base et sa hauteur, puisqu'on a

$$\frac{E}{e} = \frac{l}{b} \quad \text{et} \quad \frac{E}{e'} = \frac{l}{h},$$

d'où $\qquad \dfrac{e}{e'} = \dfrac{b}{h} \quad$ ou $\quad \dfrac{e^2}{e'^2} = \dfrac{b^2}{h^2},$

d'où $\qquad \dfrac{e^2 + e'^2}{e^2} = \dfrac{b^2 + h^2}{b^2} ;$

et enfin $\qquad \dfrac{\sqrt{e^2 + e'^2}}{e} = \dfrac{l}{b}.$

On aurait de même $\qquad \dfrac{\sqrt{e^2 + e'^2}}{e'} = \dfrac{l}{h} ;$

de ces deux relations on pourrait tirer $b$ et $h$. On déterminerait de la même manière un élément quelconque, en se donnant successivement les autres éléments.

**Coin.** — Le *coin* est un instrument de forme prismatique triangulaire, dont deux des faces sont formées par des plans très-inclinés l'un sur l'autre; on fait pénétrer l'angle dièdre de ces deux plans entre deux obstacles, et le mouvement que le coin reçoit, lorsqu'on le frappe perpendiculairement sur la troisième face, qui est la tête du coin, est transmis perpendiculairement à la direction des deux autres côtés.

Supposons d'abord un coin formé par un prisme droit, dont la section serait (*fig*. 29) un triangle rectangle ABC;

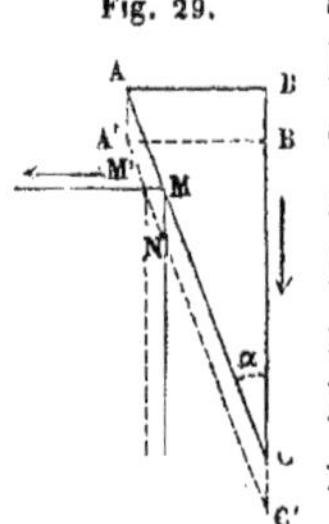


Fig. 29.

soient $b$ la base AB, $h$ la hauteur BC, $l$ la longueur AC; soit M un point quelconque d'un obstacle auquel on veut donner un mouvement dans le sens MM', en poussant le coin dans le sens vertical BC. L'instrument étant venu dans la position A'B'C', le point M s'est écarté en M'; cherchons le rapport entre le chemin parcouru par le point M, qui est MM', et celui qu'a parcouru le coin, BB'; si par le point M on mène une parallèle MN à BC, MN sera égale à AA' ou à BB', et le triangle M'MN sera semblable au triangle ABC. On aura donc

$$\frac{MM'}{MN} = \frac{AB}{BC} \quad \text{ou} \quad \frac{MM'}{BB'} = \frac{b}{h};$$

c'est-à-dire que l'écartement de M est au chemin parcouru par le coin dans le même rapport que la base est à la hauteur, et comme $\frac{b}{h} = \text{tang } \alpha$,

$$MM' = MN \text{ tang } \alpha;$$

de sorte que MM' sera d'autant plus grand que $\alpha$ sera lui-même plus grand, c'est-à-dire que l'angle du coin sera plus ouvert.

Quant au chemin parcouru par le point frottant de la surface du coin, il est égal à M'N, car A'N=AM, et puisque le contact a maintenant lieu en M', la surface du coin a glissé de la longueur M'N; or, cette longueur est l'hypoténuse d'un triangle rectangle dont les côtés sont, l'un, l'écartement du point, l'autre, l'espace vertical parcouru par le coin.

On conçoit facilement que si le coin avait deux faces (*fig.* 30) également inclinées, l'écartement total des deux points M et P, venus en M' et P', lorsque le coin a avancé de ABC en A'B'C', serait le double de celui que nous avons trouvé tout à l'heure, c'est-à-dire que

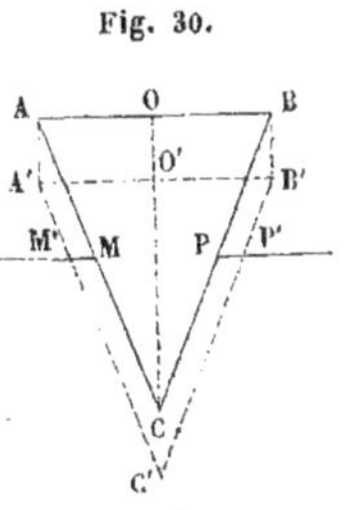

Fig. 30.

$$MM'+PP'=2.OO' \operatorname{tang} \alpha,$$
$$MM'+PP'=2.OO' \times \frac{b}{h}.$$

**Poulies.** — La *poulie* est un instrument destiné à transformer un mouvement rectiligne continu en un mouvement rectiligne continu ayant un sens différent.

Une poulie est une roue dont la circonférence est creusée en gorge; par le centre passe un axe autour duquel elle peut tourner, ou bien auquel est fixée la poulie, de manière à ce qu'il tourne avec elle. Les extrémités de cet axe, de forme cylindrique et que l'on nomme tourillons, reposent sur des parties creuses de même forme, nommées coussinets; ceux-ci appartiennent à une pièce composée de deux branches passant de part et d'autre de la poulie, et terminée par un crochet que l'on peut assujettir en un point

Fig. 31.

fixe; cette pièce est la chape de la poulie. Sur la gorge s'enroule une corde ou une chaîne, dont une extrémité est tirée dans un sens, tandis que l'autre marche en sens inverse.

Les deux cordons étant supposés d'abord parallèles, ils embrassent (*fig.* 32) une demi-circon-

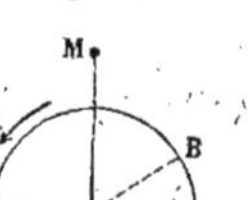

Fig. 32.

férence ABC, et ils sont tangents aux extrémités d'un même diamètre. Dans la poulie fixe, le crochet de la chape est fixé en **M**, et le plan de la poulie est le même que celui des deux cordons. Pour qu'un point **A** de la corde s'avance de A en B, ou pour que la poulie ait tourné d'un angle AOB, il faut évidemment que le point **C** se soit avancé d'une longueur CD égale à l'arc AB; par suite, si l'on tire le cordon à l'extrémité P, et que ce point s'avance d'une longueur PP′ égale à CD, le fardeau s'élèvera de FF′=AB et, par conséquent, égale à PP′. Le chemin parcouru par la main de l'homme est égal au chemin parcouru par le fardeau. D'ailleurs, ces espaces égaux étant parcourus de part et d'autre dans des temps égaux, les vitesses sont égales. Si les deux cordons n'étaient pas parallèles, ils embrasseraient un arc moindre qu'une demi-circonférence, on transformerait encore un mouvement de rectiligne en un autre mouvement rectiligne, dans un sens différent du premier; il est d'ailleurs facile de voir que, dans ce cas aussi, le chemin parcouru par la main de l'homme est égal à celui qui est parcouru par le fardeau.

Quelquefois la poulie est mobile, c'est alors à la chape qu'est attaché le fardeau. L'une des extrémités **A** est attachée à un point fixe (*fig.* 33), on tire l'autre extrémité dans le sens CB, et le fardeau s'élève dans le sens FF'.

Or, si le point F s'est élevé en F', le point O s'est élevé en O', et les extrémités du diamètre de contact des deux cordes C et D sont devenues C' et D'. Les deux cordons se sont donc raccourcis tous les deux de la longueur DD', et pour cela il faut évidemment qu'on ait tiré le point B de la longueur BB', double de CC', ou double de FF'. Donc le chemin parcouru par le fardeau est la moitié du chemin parcouru par

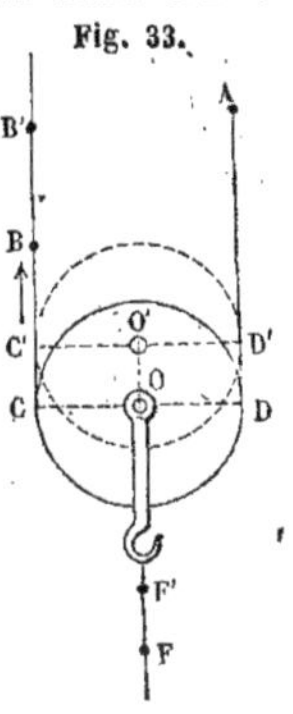

Fig. 33.

la main de l'homme. Mais ces deux chemins BB' et FF' ont été parcourus dans le même temps; la vitesse étant égale à l'espace divisé par le temps, la vitesse du point B, $\frac{BB'}{t}$, sera double de celle du point F, $\frac{FF'}{t}$; donc la vitesse avec laquelle s'élève le fardeau est moitié moindre que celle de la main de l'homme. Nous supposons, bien entendu, que le mouvement de BB' est uniforme.

Si les brins de la corde n'étaient pas parallèles, en tirant dans le même sens le brin $m$B pour l'amener en $m'$B' (fig. 34), le centre O se transporterait en O', en décrivant une certaine courbe, qui est un arc d'hyperbole, et le fardeau s'élèverait en décrivant la même courbe; ou bien, si l'on

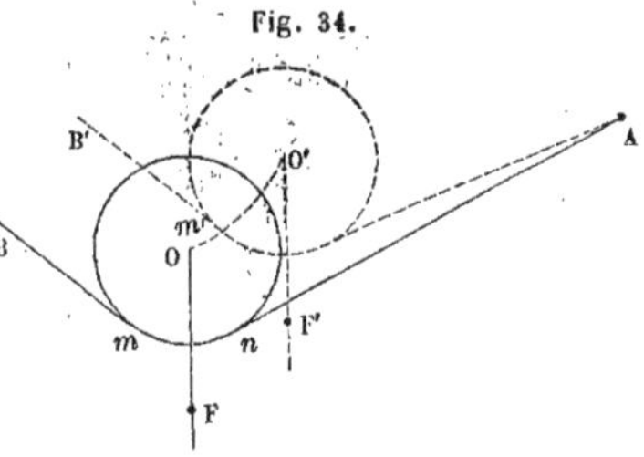

Fig. 34.

voulait faire élever le fardeau verticalement, il faudrait changer continuellement la direction de la traction, les deux directions B$m$ et A$n$, faisant le même angle avec la verticale. Dans ce cas, ce ne serait plus une transformation de mouvement rectiligne en rectiligne.

Nous remarquerons que, dans le cas de la poulie fixe, on change la direction du mouvement sans changer la vitesse; dans celui de la poulie mobile, on change à la fois la direction et la vitesse.

**Moufles.** — On appelle *moufles* un système de poulies unies ensemble et disposées de la manière suivante : plusieurs poulies peuvent tourner autour d'un axe BC (*fig.* 35), fixé à une chape attachée en un point A. Cette chape porte un crochet M, auquel est attachée une corde qui vient s'enrouler sur la première poulie d'une autre moufle mobile composée d'un même nombre de poulies que la première; ces poulies tournent sur un axe B′C′ de la chape, où est attaché en M′ le fardeau F. La corde partie de M s'enroule sur la première poulie de B′C′ et remonte dans la direction $pq$ à la première poulie de la moufle fixe; elle s'enroule autour de celle-ci et redescend dans la seconde poulie de B′C′, remonte encore suivant $p′q′$ à la seconde

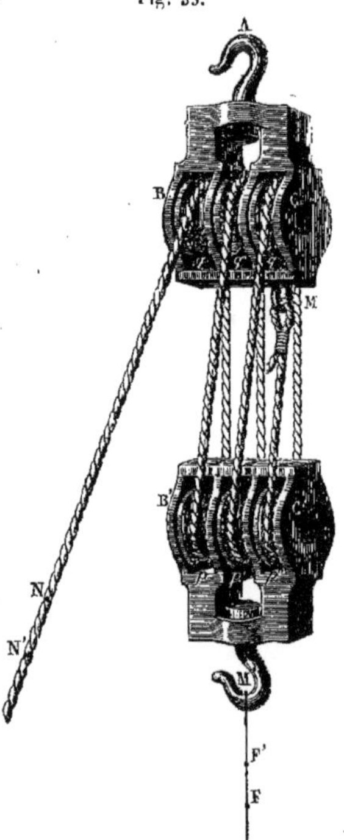



poulie de la moufle fixe, puis redescend pour s'enrouler autour d'une troisième et remonter en $p″q″$ à la troisième poulie supérieure, d'où enfin elle est tirée dans le sens BN.

La traction du point N, raccourcissant toutes les cordes comprises entre les deux moufles, fait élever la moufle mobile B′C′, et par suite le fardeau.

Si le fardeau s'élève d'une distance FF′, il faut que la moufle mobile s'élève d'autant, et, par suite, comme elle est toujours parallèle à BC, il faut que chacun des cordons se soit raccourci d'une longueur égale; or, pour opérer ce raccourcissement, il faut que le cordon ait été tiré en N, dans le sens NN′, d'une longueur égale à la somme des raccourcissements des cordons. S'il y en a $n$ et que ce raccourcissement soit $h$, en appelant H la distance NN′, il faut évidemment que $H = nh$; et comme $h$ est l'élévation du fardeau FF′, on a :

$$FF' = \frac{H}{n} ;$$

c'est-à-dire que le chemin parcouru par le fardeau est égal au chemin parcouru par la main de l'homme, divisé par le nombre des brins courants, ou par le double du nombre des poulies de chaque moufle.

Le cordon BN, où s'exerce la traction, s'appelle le *garant;* les cordons enroulés sur les poulies sont les *courants.*

On voit encore que si le mouvement est uniforme, la vitesse de déplacement du fardeau est $n$ fois plus faible que celle du point N où s'exerce la traction, puisque le chemin parcouru est $n$ fois plus petit dans le même temps.

On dispose encore quelquefois un système de poulies inégales appelées *mouflettes,* composé de trois ou un plus grand nombre de poulies $o$, $o'$, $o''$, fixées à une chape attachée en A (*fig.* 36); à un crochet $e$ de cette chape est attaché un cordon qui vient passer sur la première poulie d'une chape mobile C'D'; puis le cordon, s'enroulant sur cette première poulie, remonte sur une poulie égale $o''$ de la chape fixe, redescend sur une poulie plus grande P', remonte à une poulie de même dimension $o'$, et puis ainsi de suite jusqu'à la dernière $o$, où le cordon est tiré dans la direction BN. On verrait, comme précédemment, que pour que le fardeau s'élève de FF', il faut que chaque centre P se soit élevé d'autant; il faut donc que les deux brins qui le tirent aient diminué de $2 \times$ FF'; et s'il y a $2n$ brins ou $n$ poulies, il faudra que le raccourcissement total, et par suite l'allongement NN', soit égal à $2n$ fois FF', ou FF'$=\dfrac{\text{NN}'}{2n}$. Toutefois, ces moufles sont plus incommodes que les précédentes.

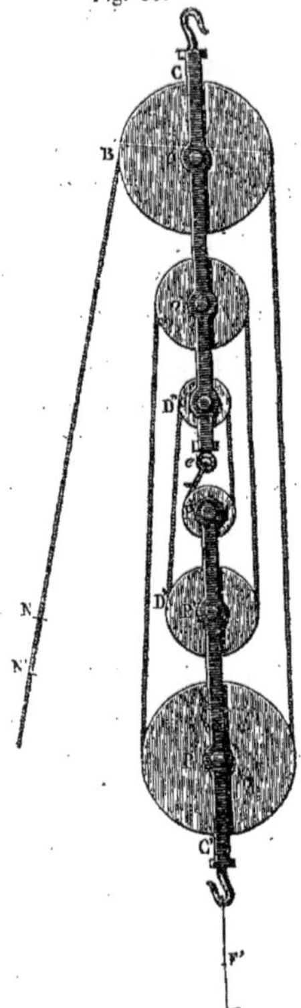



**Treuil.** — Le *treuil*, qu'on appelle aussi *tour* ou *cabestan*, a pour but de changer un mouvement circulaire continu en un mouvement rectiligne continu; il se compose d'une grande roue DD' (*fig.* 37), sur laquelle est fixé perpendiculairement un cylindre dont l'axe passe par le centre $o$. Ce cylindre est terminé dans la direction de l'axe par deux cylindres plus petits, appelés *tourillons*, reposant sur deux pièces fixes $a$ et $b$, qui sont les *coussinets*. Une corde est enroulée sur la roue DD′, de manière à la faire tourner dans

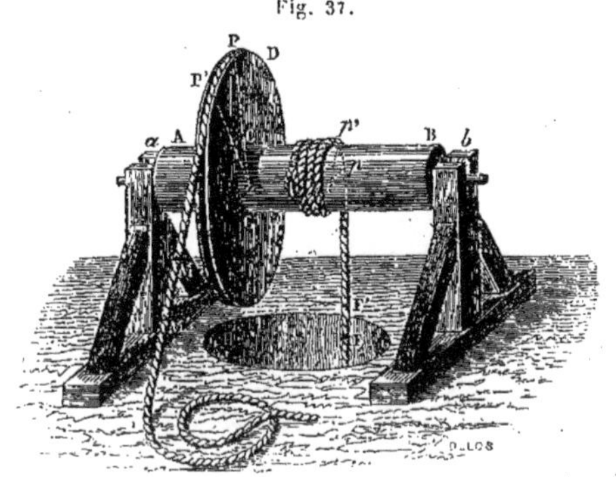

Fig. 37.

le sens PP′. Le fardeau est suspendu à une corde $p$F qui s'enroule sur le cylindre.

Lorsque la roue tourne d'un angle P$o$P′, le cylindre tourne d'un même angle $pip$′, et le déplacement de P est l'arc PP′ qui mesure cet angle, en même temps que le déplacement de $p$ est l'arc $pp$′. Or, la longueur de cet arc est précisément la quantité dont s'est enroulée la corde $p$F, et par suite il exprime la longueur FF′ dont s'est élevé le fardeau.

Mais les rayons de la roue et du cylindre étant respectivement R et $r$, et l'angle P$o$P′ étant représenté par $\alpha$, on a l'arc PP′$=\alpha$R, et $pp$′$=\alpha r$, donc

$$\frac{\text{PP}′}{pp′} = \frac{\alpha \text{R}}{\alpha r} = \frac{\text{R}}{r}.$$

Donc enfin le chemin parcouru par P est au chemin parcouru par le fardeau, comme le rayon de la grande roue est au rayon du cylindre. Si les cordes avaient une épaisseur sensible par rapport aux rayons R et $r$, il faudrait en tenir compte dans la proportion, et si $m$ est le rayon de la corde, on aurait

$$\frac{PP'}{pp'} = \frac{R + m}{r + m}.$$

Le *treuil des carriers* (*fig.* 38), dont on se sert pour élever

Fig. 38.

les pierres dans les puits des carrières, se compose ordinairement d'une roue de 6 à 8 mètres de diamètre, fixée à un cylindre sur lequel s'enroule la corde ; perpendiculairement

au plan de la roue sont plantées, dans toute la circonférence, des chevilles en bois ou en fer, sur lesquelles les
hommes exercent une traction, soit avec les mains, soit en
s'y appuyant avec les pieds, à peu près à la hauteur du
centre, en les poussant ainsi au-dessous d'eux et en passant de l'un à l'autre, comme sur des échelons. En prenant pour rayon de la grande roue la distance $o$A du centre
au pied des chevilles, on trouve, d'après la règle précédente, que le chemin parcouru par les chevilles est au
chemin parcouru par le fardeau dans le rapport du rayon
de la grande roue à celui du cylindre, ou, en tenant
compte de l'épaisseur de la corde, au rayon du cylindre
augmenté du rayon de la corde.

Dans le *treuil des puits*, on adapte tout simplement au
cylindre MN (*fig.* 39) une manivelle NA, que l'on fait

Fig. 39.

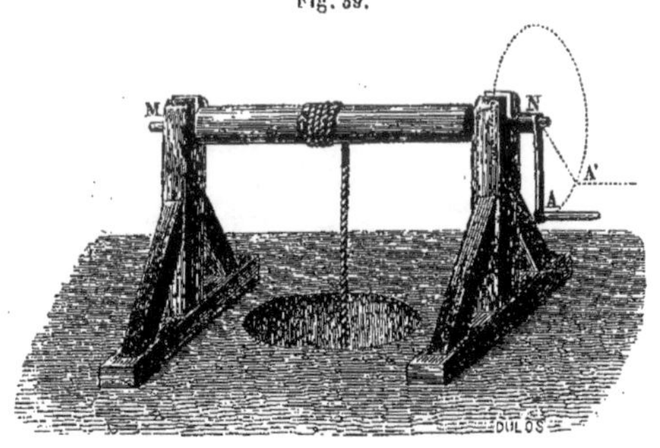

tourner dans le sens AA'; sur le cylindre s'enroule la
corde qui fait monter ou descendre le seau dans le puits.
Quelquefois on exerce le mouvement (*fig.* 40) par un
cercle en fonte sur lequel on agit à la main, à l'aide de
chevilles, comme dans le treuil des carriers. Dans le cas
de la manivelle, on prend pour rayon de la grande roue la

longueur NA de la manivelle; et le rapport des chemins parcourus est le même que le précédent.

Fig. 40.

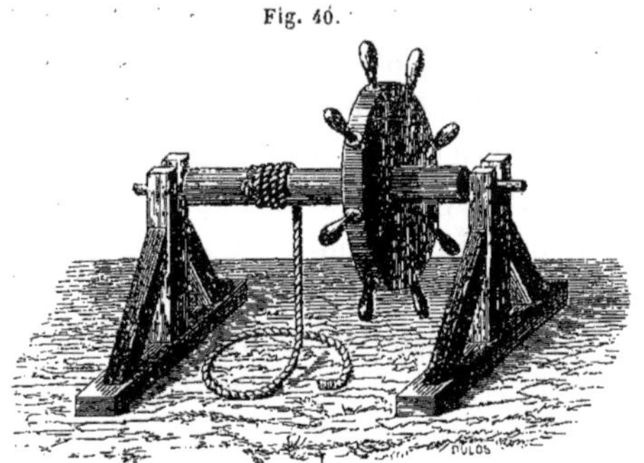

Dans le *cabestan* (*fig. 41*), employé pour le halage des bateaux, le cylindre est placé verticalement, et il peut tour-

Fig. 41.

ner autour de son axe dans un cylindre fixe concentrique; on le meut à l'aide de leviers OA, OB, sur lesquels peuvent agir plusieurs hommes à la fois, en tournant dans le sens A'A; la corde s'enroule sur le cabestan, et le fardeau s'avance dans le sens FF'. En prenant pour rayon de la grande roue la longueur OA du levier, le chemin parcouru par l'extrémité du levier est au chemin parcouru par le fardeau dans le rapport de la longueur des leviers au rayon du cylindre.

Dans tous les cas qui précèdent, si le mouvement de rotation est uniforme, celui du fardeau l'est aussi ; et les vitesses étant entre elles comme les chemins parcourus dans le même temps, on voit que la vitesse de déplacement du fardeau est à la vitesse de déplacement d'un point de la roue, comme le rayon du cylindre est au rayon de la roue.

**Engrenages et roues dentées.** — Les *engrenages* ont pour but de transformer un mouvement circulaire continu en un autre mouvement circulaire continu, ordinairement en sens inverse du premier. Voici comment on y parvient : imaginons d'abord deux roues dont les axes soient parallèles et dont les centres O, O' (*fig*. **42**) soient à une distance invariable ; supposons ces roues tangentes l'une à l'autre au point A, et que le mouvement de l'une d'elles dans le sens AA' entraîne le mouvement de l'autre dans le sens opposé AA", et que de plus elles puissent rouler en se touchant successivement par tous leurs points, sans pouvoir glisser

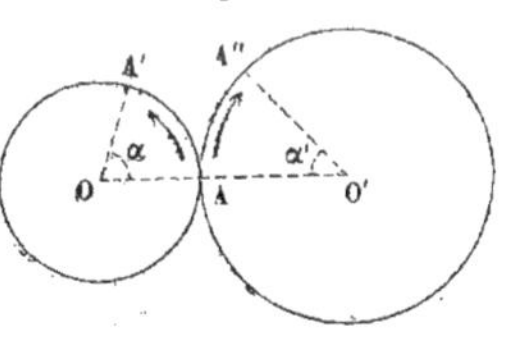

Fig. 42.

l'une sur l'autre. Il est évident que lorsque la première aura tourné d'un angle α, la seconde aura tourné d'un angle α' tel, que son arc AA" soit égal à l'arc AA' de la première, puisque les divers éléments très-petits de la circonférence O doivent s'être appliqués sur des éléments de même grandeur de la circonférence O'.

La roue qui donne le mouvement s'appelle le *pignon*, celle qui le reçoit est la *roue*. Il est facile de trouver le rapport de la vitesse angulaire d'un point du pignon à celle d'un point de la roue. En effet, les deux arcs AA′ et AA″ doivent être parcourus dans le même temps ; mais on a, $r$ étant le rayon du pignon et R celui de la roue :

$$\mathrm{AA'} = \alpha r \quad \text{et} \quad \mathrm{AA''} = \alpha'\mathrm{R},$$

et comme $\quad\mathrm{AA'} = \mathrm{AA''}, \quad \alpha'\mathrm{R} = \alpha r ;$

d'où $$\frac{\alpha}{\alpha'} = \frac{\mathrm{R}}{r}.$$

Donc les vitesses angulaires du pignon et de la roue sont en raison inverse des rayons des deux circonférences.

Il en résulte que quand la roue aura fait un tour, ou décrit 360°, le pignon aura décrit $360° \times \frac{\mathrm{R}}{r}$. Si R est double de $r$, le pignon aura fait deux tours pendant que la roue en aura fait un seul. Lorsque la roue aura fait $n$ tours, le pignon en aura fait $n'$, de sorte que les nombres de tours faits par le pignon et la roue, dans le même temps, seront liés par la relation

$$n' = n . \frac{\mathrm{R}}{r},$$

ou $$\frac{n'}{n} = \frac{\mathrm{R}}{r} ;$$

ces nombres sont donc en raison inverse des rayons.

Réciproquement, si l'on connaît à l'avance le rapport des vitesses qu'on veut donner au pignon et à la roue, par exemple, si l'on veut que le pignon fasse 20 tours pendant que la roue en fera 9, et que la position des centres O et O′ soit donnée, il faudra partager OO′ en deux parties proportionnelles aux nombres 20 et 9, et prendre la plus grande des parties du côté de la roue. Si A est le point de division, on donnera à la roue le rayon O′A, et au pignon le rayon OA : ou, si l'on veut, on partagera OO′ en

29 parties égales, on en prendra 9 du côté du pignon et 20 du côté de la roue.

Pour ne pas donner au pignon et à la roue des grandeurs disproportionnées, on peut employer un système consécutif de roues et de pignons; par exemple, la roue de rayon R (*fig. 43*) donne le mouvement à un pignon $a$

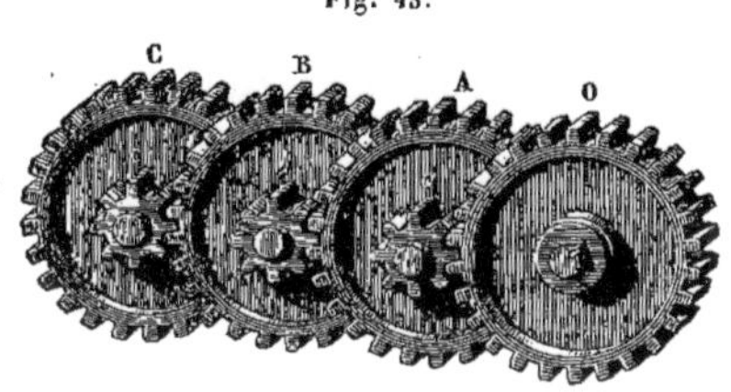

Fig. 43.

de rayon $r$, lequel fait tourner une roue A de rayon R′ qui lui est attachée; celle-ci fait tourner un second pignon $b$ de rayon $r′$, au mouvement duquel participe la roue B de rayon R″, enfin celle-ci fait tourner une dernière roue C, de rayon $r″$.

Si $\alpha$ est la vitesse angulaire de O, $\alpha′$ celle de $a$ et par suite de A, $\alpha″$ celle de $b$ et par suite de B, et enfin $\alpha‴$ celle de C, on aura successivement :

$$\frac{\alpha}{\alpha′} = \frac{r}{R} ;$$

$$\frac{\alpha′}{\alpha″} = \frac{r′}{R′} ;$$

$$\frac{\alpha″}{\alpha‴} = \frac{r″}{R″} ;$$

et en multipliant, $\quad \dfrac{\alpha}{\alpha‴} = \dfrac{rr′r″}{RR′R″}.$

La vitesse angulaire de la première roue est à celle de la dernière comme le produit des rayons des pignons est au produit des rayons des roues; si l'on voulait que $\alpha‴$ fût, par exemple, 27 fois plus grand que $\alpha$, il faudrait que $rr'r''$ fût 27 fois plus petit que $RR'R''$, ou que chacun des rayons des pignons fût, par exemple, le $\frac{1}{5}$ du rayon de la roue qui lui communique le mouvement.

**Des roues dentées.** — Mais l'adhérence des deux roues, roulant l'une au contact de l'autre, ne suffit pas toujours pour produire la communication du mouvement; il pourrait se produire, dans de semblables systèmes. des glissements qui occasionnent de graves perturbations dans les machines. On a alors imaginé, pour transmettre le mouvement, les *engrenages* ou les *roues dentées*. Dans ces appareils, le mode de transmission est le même, mais on évite les glissements, et on force le mouvement à se transmettre d'une roue à l'autre, par des saillies placées sur les circonférences des deux roues et s'emboîtant les unes dans les autres de la manière suivante.

Fig. 44.

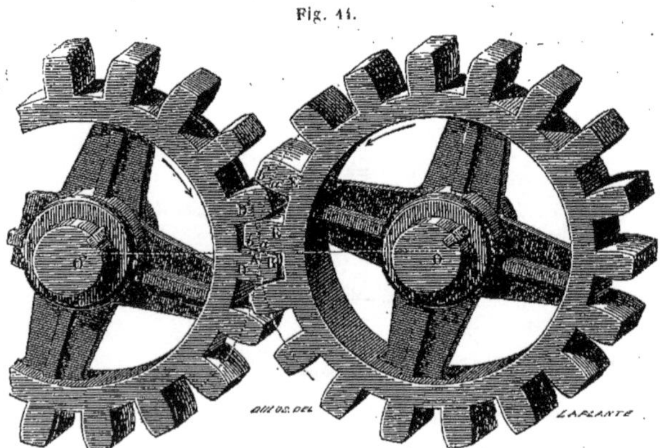


Considérons (*fig.* 44) deux circonférences O'A et OA dont

les rayons soient en raison inverse des vitesses angulaires que doivent avoir les deux roues. Nous les appellerons les circonférences primitives. Sur la roue O′ sont implantées un certain nombre de dents qui dépassent des deux côtés la circonférence primitive, et il en est de même de la roue O. Dans le mouvement de rotation de la roue qui conduit, de la roue O, par exemple, une dent E étant en contact en A, les points de la partie courbe de la dent *ab*, qu'on appelle la *face*, viendront successivement s'appliquer sur les points de la dent D, situés en AB, et forceront celle-ci à avancer ; puis les points de la seconde dent E′, s'appliquant sur les points de D′ par la face *a′b′*, forceront celle-ci à avancer pour prendre les positions qu'occupaient les deux premières E et D, et ainsi de suite. Il faut, pour que le mouvement soit le même que si les roues étaient réduites aux courbes primitives, que les dents de chaque roue avancent d'angles inversement proportionnels aux rayons des roues ; de plus, pour que plusieurs dents puissent agir à la fois, ou que la roue soit conduite avant et après la ligne des centres, il ne faut pas que ces dents soient trop espacées ; sans cela, la roue conduite ne le serait qu'à partir du contact sur la ligne des centres, et les surfaces frottantes seraient très-peu étendues.

Pour que la transmission du mouvement se fasse en conservant le rapport des vitesses angulaires, il faudra que les courbes qui forment les dents soient soumises à des conditions que nous allons exa-miner.

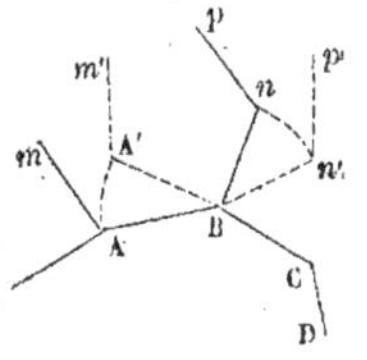

Supposons d'abord (*fig*. 45) un polygone ABCD sur lequel roule, sans glisser, un autre polygone *m*AB*np*, de manière que les côtés de celui-ci viennent successivement s'appliquer sur les côtés du premier. En supposant que la rotation se fasse, à un instant donné, autour du point B, le polygone $mABnp$ prendra la position $m'A'B'n'p'$, et, pendant un instant infiniment petit, tous les points de ce polygone décriront des cercles $AA'$, $nn'$ autour du point B comme centre.

Si les deux polygones se réduisent à deux courbes (*fig.* 46), l'élément commun à ces deux courbes se réduit au point B lui-même, et c'est toujours autour de ce point B, comme centre, que tous les points de la courbe $mn$ décrivent des arcs de cercle infiniment petits dans un temps infiniment petit, pour venir en $m'n'$.

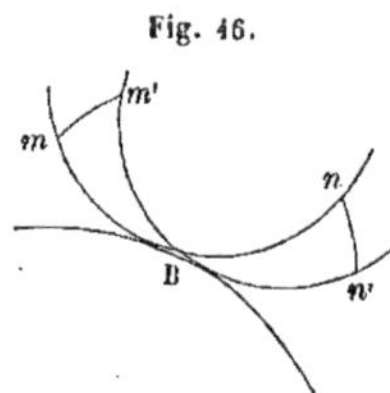

Fig. 46.

Cela posé (*fig.* 47), soient O et O' les deux roues, et supposons qu'à un certain moment les deux surfaces frottantes soient $mn$ pour la première roue, $m'n'$ pour la deuxième, les deux surfaces étant en contact au point $a$. Dans l'instant qui suit, au lieu de faire tourner simultanément les roues en sens inverse l'une de l'autre, on peut supposer que le point O restant fixe, par exemple, le système des deux roues tourne solidairement autour de ce point dans le sens O'H, et puis que la roue O' roule seule en sens inverse de la première, jusqu'à revenir tangente en A; après ces deux mouvements successifs, il est clair que les deux circonférences auront exactement la même

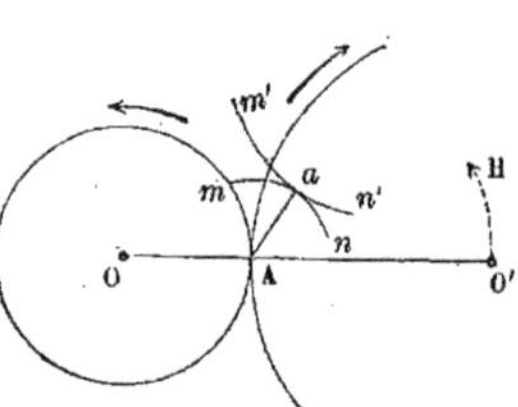

Fig. 47.

position que celle qui serait due à leur mouvement réel.
Or, pendant le mouvement des deux roues autour du point
O, les deux profils *mn* et *m'n'* ne se déplacent pas l'un sur
l'autre; c'est seulement lorsque la roue O' roule sur la
roue O que les points de la courbe *m'n'* viennent s'appliquer successivement sur ceux de *mn*; tous les points
de *m'n'* décrivent, en vertu de ce mouvement, des arcs
de cercle autour du point de contact des deux circonférences : donc la droite menée de ce point de contact, ou
du point A, infiniment voisin, au point *a* de la dent
*m'n'* doit être normale à ce profil, et par suite au profil
*mn*, puisque ces deux profils sont tangents à ce point;
comme cela a lieu pour un instant quelconque, il faudra
que, le cercle O' roulant sur le cercle O, la courbe *m'n'*
glisse sur *mn*, de manière que la normale commune aux
deux courbes passe constamment par le point de contact
des deux roues tournant avec des vitesses angulaires qui
sont dans un rapport donné.

Donc enfin, *les surfaces frottantes des deux dents doivent être formées par des courbes telles, qu'à un instant
quelconque la normale commune au point de contact passe
par le point de tangence des deux circonférences primitives.*

On conçoit, d'après cela, que le problème est susceptible d'une infinité de solutions; car on peut donner aux
dents de l'une des roues une courbe quelconque et chercher pour les dents de l'autre roue une courbe telle que
la condition précédemment énoncée soit satisfaite. Mais
les règles sur la résistance des matériaux, l'usage des surfaces frottantes, les inflexions que peut avoir la courbe,
sont autant de causes qui font rejeter l'emploi d'un grand
nombre d'entre elles ; nous allons indiquer, comme étant

les plus en usage, le tracé pratique des engrenages à *flanc*
et à *développantes de cercle*.

**Engrenage à flanc.** — Dans les engrenages à flanc,
les dents sont formées d'une partie courbe, qu'on appelle
la face, et d'une partie plane dans la direction du rayon,
qu'on appelle le flanc ; dans le mouvement, c'est la face
qui pousse le flanc de la dent correspondante ; il est d'ailleurs facile de voir que le mouvement peut avoir lieu dans
les deux sens, et que la roue conduite peut devenir à son
tour la roue conductrice. Dans ce cas, on dit que l'engrenage est réciproque.

Soient (*fig.* 48) OA et O'A les rayons des deux roues pri-

Fig. 48.

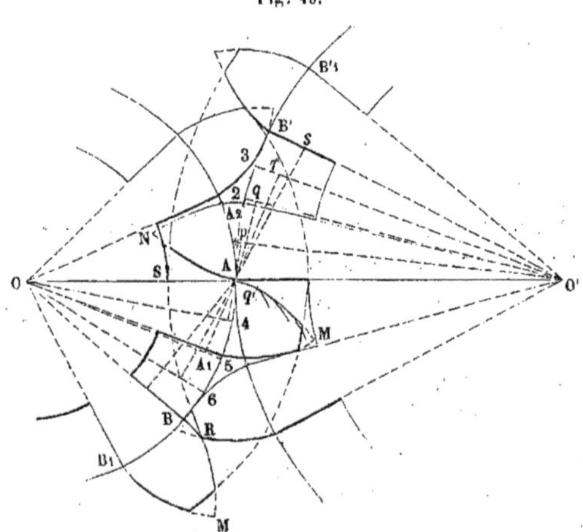

mitives ; AO, $A_1O$, BO, $B_1O$ la direction des flancs de deux
dents consécutives, $AA_1$, $BB_1$ leurs épaisseurs, AO', $A_2O'$
les flancs d'une dent de la roue O', $B'B_1'$ et $AA_2$ leurs épaisseurs. Dans la roue O, le pas d'engrenage est la distance

AB; c'est aussi la distance des milieux des deux dents consécutives.

Dans la roue O' le pas de l'engrenage est AB'.

Pour tracer la face courbe de la dent $OAA_1$, par exemple, on partage le pas de O' en un certain nombre de parties égales, soit en 4 parties, aux points 1, 2, 3, B'. On partage le pas AB en un même nombre de parties, que l'on marque 4, 5, 6, B. Soient menés les quatre rayons de O' aux points de division, du point A on abaisse des perpendiculaires sur chacun de ces rayons $Ap$, $Aq$, $Ar$, $As$. Puis, des points 4, 5, 6 et B, comme centres avec ces rayons, on décrit des arcs de cercle qui se coupent deux à deux. On trace ensuite avec une règle pliante une courbe AM qui enveloppe ces arcs ou qui se confond sensiblement avec une partie de chacun d'eux; la même courbe étant répétée du côté $A_1M$, on aura tracé l'une des dents de O, et l'on n'aura qu'à répéter les mêmes constructions sur chacune des autres.

En abaissant de A des perpendiculaires sur les rayons aboutissant aux points 4, 5, 6 et B, et en décrivant de 1, 2, 3 et B', comme centres, des arcs de cercle, et en construisant leur enveloppe, on tracera de même la courbe AN de la dent O'.

Il est facile de démontrer que ces courbes satisfont aux conditions proposées; en effet, quand, dans la rotation, le point 5, par exemple, sera venu se placer au point A, le rayon AO' de la seconde roue sera venu à la division 2, alors l'arc de cercle décrit de 5 comme centre, avec le rayon $5q' = Aq$, sera tangent au flanc $qO'$; $qA$ sera donc la normale de cet arc, et comme $Aq$ est aussi perpendiculaire à $qO'$, la normale commune au point de contact passe bien par le point de tangence des deux circonférences, la courbe des dents est une *épicycloïde*.

Pour limiter la longueur des dents, nous remarquerons que lorsque le contact a lieu pour deux dents sur la ligne des centres, la pénétration est à son maximum ; si alors on prend le point R par lequel la dent suivante touche la dent $OBB_1$, et que de O′ comme centre avec O′R comme rayon on décrive une circonférence, on coupera toutes les dents de O′ à la longueur qu'elles doivent avoir ; on fera de même pour les dents de O. Pour limiter le flanc, il suffira de tracer du point O, par exemple, une circonférence avec OS pour rayon, de manière à laisser un peu de jeu à la dent O′N de l'autre roue.

Enfin nous remarquerons que la partie de la face qui est réellement en contact avec le flanc est très-limitée, et que d'ailleurs elle se confond sensiblement avec un arc de cercle décrit d'un point intermédiaire entre ceux d'où on a tracé les divers arcs des divisions 4, 5, 6, B. Il suffit donc toujours, dans la pratique, de décrire un arc de cercle d'un point intermédiaire comme centre, au lieu de construire cette portion d'épicycloïde.

Nous pouvons maintenant indiquer comment doit être fait le tracé pratique de deux roues d'engrenage à flanc ([1]).

Soient deux roues dont les centres sont en O et O′ (pl. A) ; on veut, par exemple, que les vitesses angulaires soient entre elles : : 4 : 3. Je partage OO′ en deux parties OA, O′A qui sont entre elles : : 4 : 3 ; ces lignes seront les rayons des deux roues primitives. Je décris les circonférences OA et O′A ; il faut que des arcs de même longueur aient le même nombre de dents. Or, la circonférence O′ étant les $\frac{3}{4}$ de O, le nombre de ses dents devra être les $\frac{3}{4}$ du nombre

---

([1]) **Faire l'épure.**

des dents de O ; si donc je prends 24 dents sur O, il faudra
en prendre 18 sur O'. La distance qui sépare le milieu de
deux dents doit être un peu plus du double de l'épaisseur
d'une dent ; si donc je partage la circonférence O en 72 parties égales, il faudra prendre pour l'épaisseur d'une dent un
arc un peu plus petit que l'une de ces parties. Je prends la
moitié de cette épaisseur, et à partir de A je prends un
arc AE égal à cette moitié : E sera le milieu de cette première
dent. A partir de E je partage la circonférence en 24 parties égales, de part et d'autre de chacun des points de division je porte des arcs égaux à la demi-épaisseur fixée
AE, et je joins ces points avec le centre. Ces lignes constituent les flancs des dents de la roue O.

Les deux pas étant AB et AB', je prends le milieu C de
AB et le milieu C' de AB'; je joins C'O'; de A j'abaisse A$q$
perpendiculaire sur C'O', et du point C comme centre
avec A$q$ comme rayon, je décris un arc de cercle AM ; je
fais la même chose du point $C_1$ comme centre, et je décris le second arc $A_1$M ; je répète la même construction
pour toutes les dents de O.

On construit de même les faces des dents de O' en prenant pour rayon la perpendiculaire A$p$ abaissée de A sur
OC et le point C' pour centre, après avoir fixé, comme
nous l'avons fait pour la roue O, les milieux, les intervalles et les épaisseurs des dents.

Les courbes étant tracées, et R étant le point de contact de la seconde dent de O', je décris du point O comme
centre une circonférence avec OR comme rayon. Cette
circonférence limite la longueur des dents de O. J'opère
de même pour limiter la longueur de celles de O'. Enfin
$s$ étant l'extrémité de la première dent de O', je décris du
point O comme centre, avec un rayon un peu plus petit

que Os, une circonférence qui indique la longueur des flancs. J'opère de même de O′ comme centre, avec un rayon un peu plus petit que O′s, et le tracé est terminé.

Les engrenages à flanc peuvent ne pas être réciproques; alors la roue seule aurait des dents terminées par des épicycloïdes, la roue menée n'aurait que des entailles formées par les flancs.

**Engrenages à développante de cercle.** — Soient O et O′ (*fig.* 49) les centres des deux roues; ω et ω′ les vi-

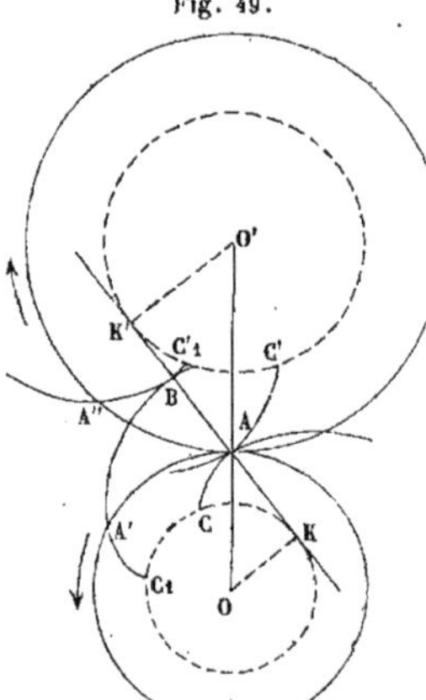
Fig. 49.

tesses angulaires qu'on veut leur donner; partageons au point A, OO′ en deux parties inversement proportionnelles aux vitesses angulaires, et par le point A menons une droite quelconque KK′ inclinée sur OO′; puis, des deux points O et O′ comme centres, décrivons deux circonférences tangentes à cette droite. Si l'on imagine que AK soit la partie rectiligne d'un fil enroulé sur la circon-férence OK et qu'on déroule le fil, son extrémité A décrira une *développante de cercle*. De même, K′A étant considéré comme la partie rectiligne d'un fil enroulé sur la circon-férence O′K′, l'extrémité A de ce fil déroulé décrira une seconde développante de cercle. Nous allons faire voir que chacune de ces deux développantes peut être prise pour profil des dents de la roue correspondante. Pour cela il suffit de montrer que quand les deux circonférences primitives OA et O′A rouleront l'une sur l'autre, ces deux profils se transporteront en restant constamment tangents entre eux. Supposons, en effet, que la roue O ayant tourné d'une certaine quantité, le profil primitivement en AC soit venu se placer en $A'C_1$, et coupe dans cette position la droite KK' en un point B. Imaginons que la roue O' tourne de manière que le profil qui était d'abord en AC' vienne passer par le point B, en $A''C'_1$, par exemple; les deux courbes primitivement tangentes entre elles au point A, puisque la droite KK' leur est une normale commune, sont tangentes encore au point B, pour la même raison, car on peut les supposer engendrées par l'extrémité B de deux fils dont les parties rectilignes seraient KB, K'B. Il reste encore à prouver que dans ce mouvement les deux circonférences primitives ont roulé l'une sur l'autre de la même quantité. On a, d'après la définition même de la développante, $CC_1 = AB = C'C_1'$; or, les arcs AA', $CC_1$ correspondant au même angle au centre O, sont entre eux comme les rayons; donc :

$$\frac{AA'}{CC_1} = \frac{OA}{OK};$$

de même

$$\frac{AA''}{C'C_1'} = \frac{O'A}{O'K};$$

mais on a, à cause des triangles semblables,

$$\frac{OA}{OK} = \frac{O'A}{O'K};$$

donc

$$\frac{AA_1}{CC_1} = \frac{AA''}{C'C_1'};$$

et comme $CC_1 = C'C_1'$, il en résulte que $AA' = AA''$.

Donc, enfin, les deux circonférences primitives roulant l'une sur l'autre, les deux courbes se transportent en restant toujours tangentes entre elles; elles peuvent donc bien être prises pour profils des dents des roues.

Pour exécuter le tracé pratique de ce genre d'engrenage,
représentons, par exemple, le cercle primitif de la roue
menante O (*fig.* 50); sur le rayon OA on porte la longueur
de la dent, $\frac{4}{7}$ de cette longueur en dedans, $\frac{3}{7}$ en dehors.
Soient $a$ et $a'$ les extrémités, $oa$ et $oa'$ seront les rayons des
cercles qui doivent limiter les longueurs des dents. Soit G le

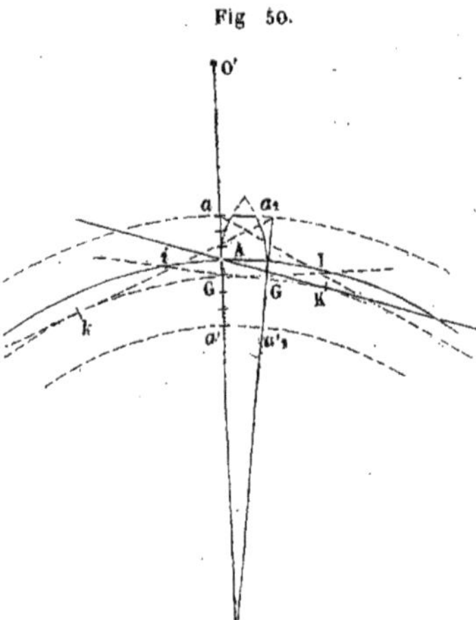

Fig 50.

premier point de divi-
sion intérieur; le cercle
décrit avec OG comme
rayon sera le cercle
générateur de la dé-
veloppante. Quant au
cercle générateur de la
deuxième développan-
te, il se déduit du pre-
mier; il doit être, en effet, tangent à la droite
AK, tangente au pre-
mier au point K. Les
parties extérieures au
cercle générateur sont
seules destinées à mener, les parties intérieures ne servent
qu'à recevoir les épaisseurs des dents de l'autre roue; aussi
se contente-t-on de limiter ces creux intérieurs par des
lignes droites. Quant à la partie extérieure de la dent, on ne
construit pas des arcs de développante, on les remplace par
des arcs de cercle; pour cela, du point G menons une tangente au cercle générateur, ainsi que du point $a$. Ces deux
tangentes se coupent en I; du point I comme centre, avec IG
pour rayon, décrivons un arc de cercle : c'est lui qu'on
prend pour profil de la dent.

Les engrenages à développante présentent quelques avantages sur les autres systèmes. Les centres des deux roues peuvent s'écarter d'une petite quantité, sans que le mouvement soit changé en aucune manière ; car puisque la droite KK′ (*fig.* 49) a été menée dans une direction arbitraire, si on voulait chercher de nouveau, après le déplacement, quel est le profil à donner aux dents, il faudrait prendre un nouveau point A, tel que $\frac{OA}{O'A}=\frac{\omega'}{\omega}$, et en menant la droite KK′ tangente commune aux deux cercles OK, O′K′, elle passerait par le point A, puisqu'on doit avoir $\frac{OA}{O'A}=\frac{OK}{O'K'}$; on voit qu'on serait conduit exactement aux mêmes profils. De plus, en général, chaque dent s'use uniformément en chaque point ; par conséquent la forme ne change pas, car la pression qui s'exerce sur la dent de la roue O, par exemple, est constamment dirigée suivant la normale KK′, et par suite agit avec un même bras de levier OK. Donc cette pression normale est constante. Il en est de même du frottement, si toutefois on suppose constante la résistance que la roue menée est destinée à vaincre.

**Engrenages coniques.** — On emploie encore un système de deux roues dentées pour transmettre le mouvement dans le cas où les axes ne sont pas parallèles ; elles s'appellent alors des *roues d'angles ;* ainsi le pignon BC (*fig.* 51) fait marcher la roue AB.

Les arêtes de ces deux roues sont situées sur la surface de cônes ayant pour bases *mn* et *np*, et leur sommet au même point O. Le mouvement a lieu comme si ces deux cônes roulaient l'un sur l'autre. Pour tracer les dents, il suffit d'avoir les profils formés dans le sens de l'épaisseur *mnm′n′* et *nn″pp′*. Pour tracer ces profils, on développe (*fig.* 51) les cônes T*mn*, *snpc*, et sur les circonférences développées on trace les dents par les méthodes ordinaires.

Fig. 51.

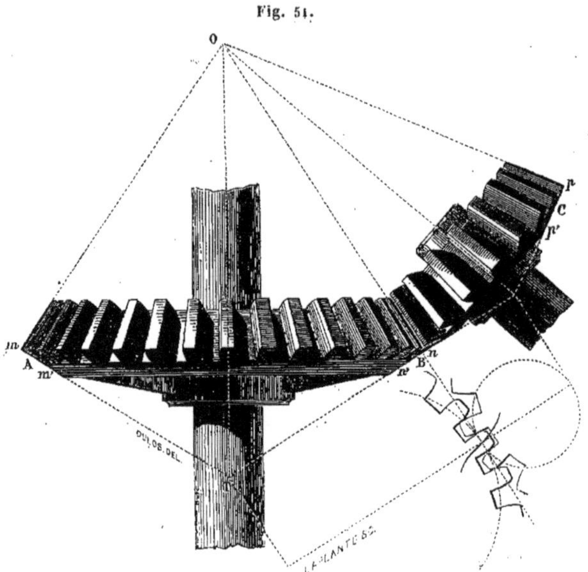

En enroulant de nouveau ces cônes et en joignant tous les points de ces profils au sommet commun O, on formera les dents d'engrenage.

**Engrenages à crémaillère.** — Quelquefois on emploie une roue dentée avec une barre munie de dents correspondantes, qu'on appelle *crémaillère* (*fig.* 52) ; la roue est toujours le pignon ; c'est encore le même cas que celui de deux roues, mais il faut supposer que le rayon de l'une d'elles est devenu infiniment grand , auquel cas sa circonférence primitive se réduit à une ligne droite. Il est

évident que la longueur dont s'avance la crémaillère sera
égale à l'arc de cercle parcouru par un point du pignon.

Fig. 52.

**Engrenages à lanterne.** — Enfin nous mention-
nerons, encore comme
exemple, une disposition
qui est souvent adoptée
dans le mécanisme des
moulins. Un tambour ap-
pelé *lanterne* est formé de
deux plateaux AB, A′B′
(*fig.* 53), unis entre eux
par des cylindres appelés
fuseaux ; le tambour est
mis en mouvement au
moyen d'une roue munie
de dents arrondies appe-
lées *alluchons*. La forme
de ces dents, surtout si
elles avaient de grandes
dimensions, devrait être
obtenue par des tracés analogues à ceux que nous avons

Fig. 53.

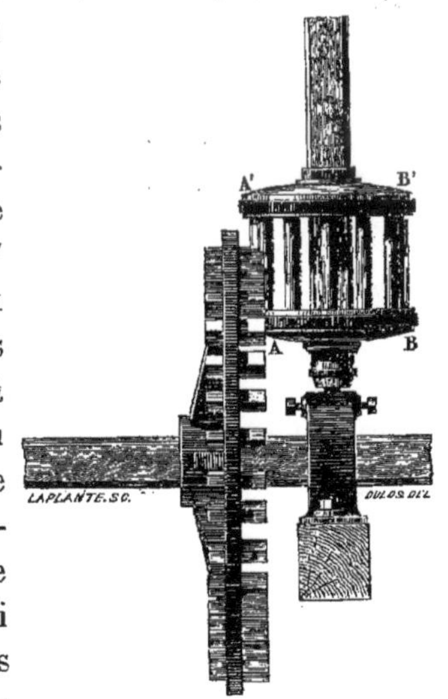

employés; mais dans la pratique on se contente encore de leur donner des formes cylindriques ; on n'emploie guère cette disposition que sur des machines en bois.

**Courroies et cordes sans fin.** — Dans les machines légères et qui offrent de petites résistances, on peut transformer un mouvement circulaire continu en un autre mouvement circulaire continu, entre deux roues dont les axes parallèles sont à de grandes distances, au moyen des courroies et des cordes sans fin.

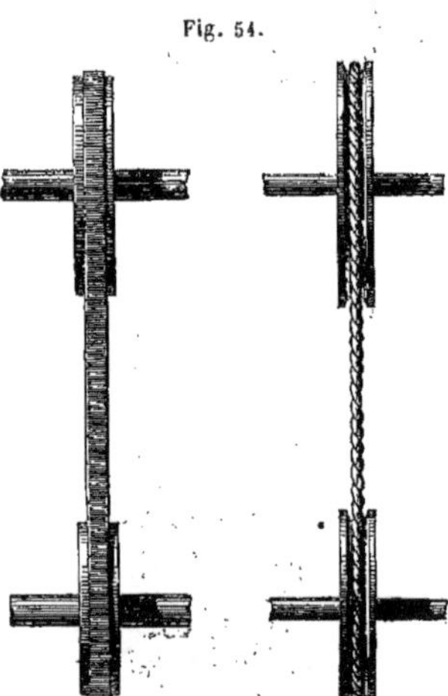

Fig. 54.

Si l'on emploie des cordes cylindriques, elles sont enroulées dans des poulies creusées en gorge et qui peuvent tourner autour de leur axe ; dans le cas où l'on emploie des courroies, il vaut mieux que la surface de la poulie soit légèrement convexe (*fig.* 54) ; les bouts de ces cordes ou courroies sont attachés l'un à l'autre, sans augmentation d'épaisseur. Quand on veut communiquer un mouvement dans le même sens aux deux roues, les brins de la courroie sont enroulés sans se croiser (*fig.* 55) ;

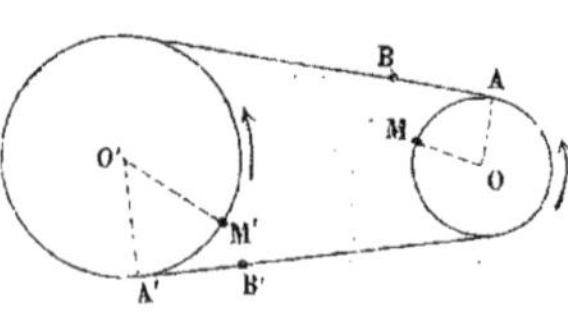

Fig. 55.

dans le cas, au contraire, où l'on veut que l'une des pou-

lies tourne en sens inverse
de l'autre, il faut croiser
les brins (*fig.* 56).

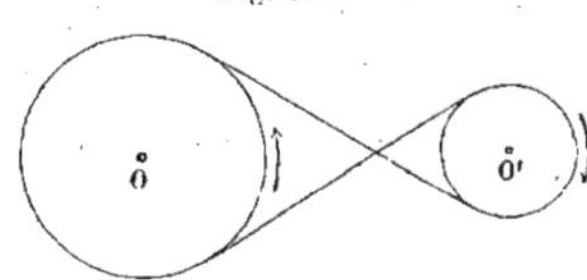
Fig. 56.

Lorsqu'on met l'une des
poulies en mouvement,
chaque point de la courroie vient successivement sur un
point de la poulie, sans glisser sur ce point, de sorte que
tous les points de la courroie ont partout la même vitesse.

Soient A un point de la poulie O (*fig.* 56) qui s'est transporté en B, et A′ le dernier point de contact de la poulie
O′ avec la courroie. Il faudra que ce point s'avance en
même temps d'une longueur A′B′ = AB; or, la poulie O
devra tourner pour cela d'un angle AOM tel que AM = AB,
et la poulie O′ d'un angle A′O′M′ tel que A′M′ = A′B′ = AB;
donc AM et A′M′ doivent être égaux; en appelant R et
R′ les rayons des poulies, $\alpha$ l'angle, on a AM = $\alpha$R et
A′M′ = $\alpha$′R′;

donc
$$\alpha R = \alpha' R';$$

d'où
$$\frac{\alpha}{\alpha'} = \frac{R'}{R};$$

Les arcs décrits dans un temps donné sont en raison
inverse des rayons des poulies; les vitesses sont donc
aussi dans le même rapport. Si donc la longueur de courroie équivaut à $n$ circonférences de O, ou $2n\pi R$, et à $n'$
circonférences de O′, ou $2n'\pi R'$, il faut que

$$2n\pi R = 2n'\pi R',$$

ou
$$nR = n'R',$$

ou
$$\frac{n}{n'} = \frac{R'}{R};$$

donc, les nombres des tours des deux poulies effectués
en même temps sont en raison inverse des rayons des
poulies.

**La vis et son écrou**. — Au moyen de la *vis* on transforme un mouvement circulaire en un double mouvement, circulaire autour d'un axe, et en même temps rectiligne dans le sens de cet axe.

Supposons un cylindre MNPQ dont on déroule la surface (*fig.* 57), en élevant sur l'une des génératrices NQ des

Fig. 57.

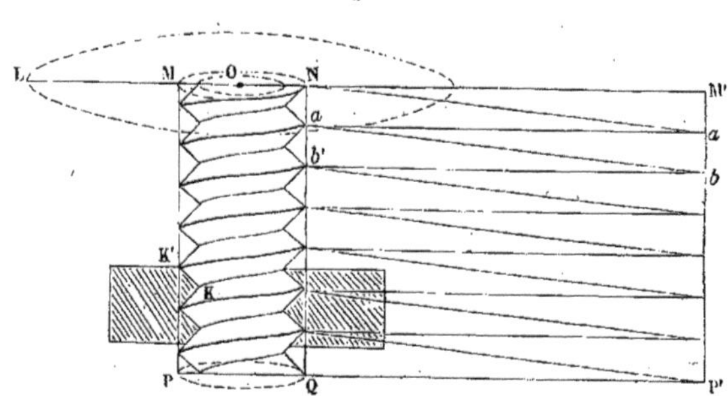

perpendiculaires NM′, QP′, égales à la circonférence du cylindre rectifiée ; supposons ensuite qu'on partage la distance NQ en un certain nombre de parties égales, et qu'on mène les parallèles *aa′*, *bb′*, *cc′*, etc., si on joint N*a*, *a′b*, *a′b*, etc., et qu'on enroule de nouveau le rectangle NO, M′P′ sur le cylindre, l'extrémité *a* viendra rejoindre l'extrémité *a′*, *b* viendra en *b′* et ainsi de suite, et on aura tracé sur la surface du cylindre une courbe continue, qu'on appelle *hélice*.

Supposons maintenant qu'un point glisse sur cette hélice de N en *a′*, c'est-à-dire de manière à avoir fait le tour complet du cylindre, ce point aura parcouru, dans le sens vertical de l'axe, la distance M′*a* ; cette distance est ce qu'on nomme le pas de la vis. Il est évident que le point s'est mû comme s'il descendait sur le plan incliné N*a*, et le chemin parcouru par ce point sera au déplacement dans le sens de l'axe, comme la longueur N$a$ ou le développement d'une des spires de l'hélice est à la hauteur du plan, c'est-à-dire au pas de la vis.

On voit de plus que le déplacement du point sur l'hélice sera d'autant plus grand que l'hélice sera moins inclinée ou que le pas sera plus petit.

Faisons maintenant tourner le cylindre au moyen d'un levier OL, de manière qu'un point K de l'hélice, glissant sur une hélice identique d'une pièce creuse fixe, s'élève d'une hauteur KK' égale au pas pour chaque tour du cylindre ; il s'ensuivra que pour chaque circonférence $2\pi R$, décrite par l'extrémité L, un point de l'hélice s'élève de $p$, $p$ étant le pas de l'hélice ; alors, pour un arc décrit par L et égal à $\alpha$, il s'élèvera de $\frac{\alpha p}{2\pi R}$ ; soit $p'$ cette élévation, on aura :

$$p' = \frac{p\alpha}{2\pi R} \quad \text{ou} \quad \frac{p'}{\alpha} = \frac{p}{2\pi R} ;$$

c'est-à-dire que le chemin parcouru dans le sens de l'axe est au chemin parcouru par l'extrémité du levier dans le rapport constant du pas de la vis à la circonférence décrite par l'extrémité du levier. D'où il résulte que si le mouvement est uniforme, les vitesses dans les deux sens sont entre elles dans le même rapport.

Pour produire ce mouvement, on construit les vis de la manière suivante : après avoir décrit l'hélice sur le noyau ou cylindre primitif, comme nous l'avons indiqué, on fait glisser le long de cette hélice un rectangle ou un carré, $abcd$ (*fig.* 58 et 59), de manière que deux de ses côtés parallèles soient toujours dans le plan d'une des génératrices du cylindre et de l'axe ; il forme alors, sur la surface du noyau, un filet rectangulaire qui fait saillie. On emploie aussi un triangle ordinairement isocèle ou équila-

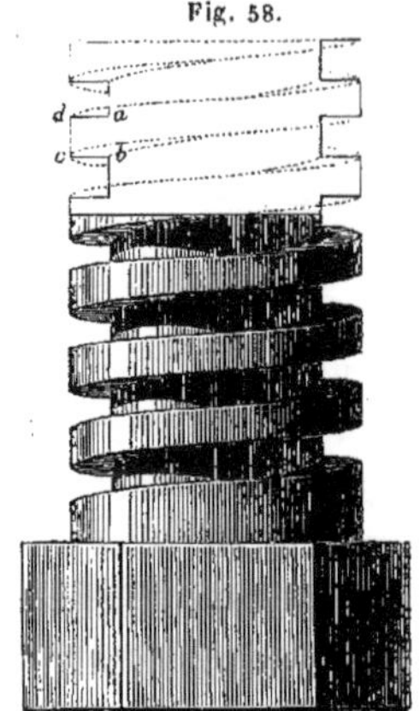

Fig. 58.

Fig. 59.

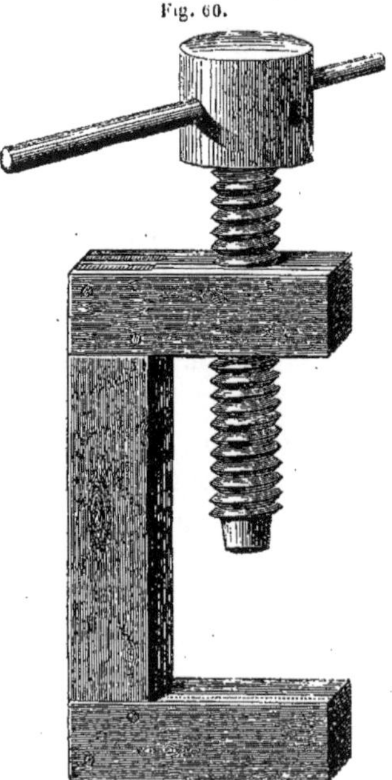

Fig. 60.

téral *mnp*, dont un des côtés reste appliqué sur une
génératrice dans le même
plan que l'axe ; on a alors
une vis à filet triangulaire.
On emploie assez généralement la première disposi-
tion pour les vis en bois ; la
seconde s'applique aux vis
en fer de forte dimension.

La vis est placée dans
une pièce appelée *écrou*,
dans laquelle est tracée en
creux exactement la même
surface que celle des filets
en relief. Si l'écrou est fixe,
la vis en tournant s'élève
ou s'abaisse par son frotte-

ment sur l'écrou (*fig.* 60). Si la vis est fixe, l'écrou est mobile, et on fait alors (*fig.* 61) tourner l'écrou, qui s'élève ou s'abaisse en frottant sur les filets de la vis.

Fig. 61.

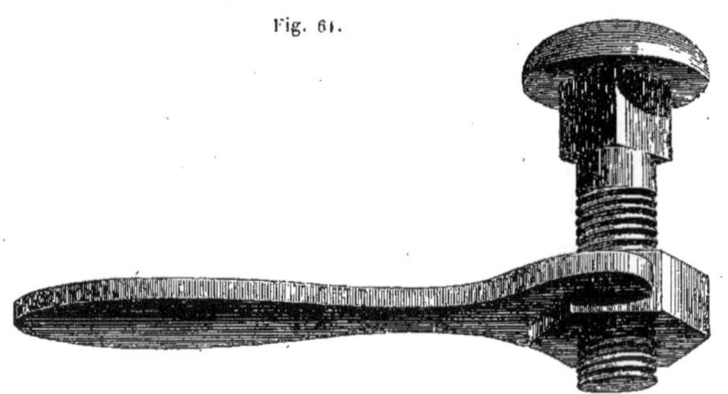

On fait une application importante de la vis dans les instruments de précision, quand on veut, par exemple, faire avancer un point dans un sens rectiligne d'une quantité extrêmement petite, d'un mouvement régulier, comme par exemple dans les machines à diviser, les cathétomètres, la vis micrométrique des lunettes, etc.

Supposons qu'on ait construit une vis dont le pas soit d'un millimètre, adaptons à cette vis un écrou fixe C (*fig.* 62), et ajoutons à la tête de la vis une circonférence assez grande et graduée. En faisant tourner la tête de la vis d'une circonférence entière à partir d'un point de repère B, l'extrémité A s'avancerait dans le sens AA′ de 1 millimètre. Mais il est évident que si nous ne faisons tourner la tête O que de $\frac{1}{100}$ de la cir-

Fig. 62.

conférence, le point A se sera avancé de $\frac{1}{100}$ de millimètre seulement ; on peut donc faire avancer ce point d'une distance presque insensible et avec un grand degré de précision.

Tels sont les principaux appareils propres à transformer les mouvements rectilignes en circulaires continus. On parvient de même à la transformation des mouvements alternatifs par l'emploi d'autres machines, telles que les *bielles*, les *cames*, les *excentriques*, les *pédales de remouleur*, etc. La description et l'usage de ceux dont on aura besoin pour le jeu des machines composées seront donnés en parlant de ces machines.

# DEUXIÈME PARTIE.

## DES FORCES ET DE LEURS EFFETS.

### QUESTION 8 DU PROGRAMME.

Loi de l'inertie. — Forces. — Effets des forces. — Conditions de l'égalité de deux forces. — Égalité de l'action et de la réaction. — Comparaison des forces aux poids à l'aide du dynamomètre. — Le kilogramme peut être pris pour unité de force.

**Loi de l'inertie.** — *On appelle inertie la propriété qu'on suppose dans les corps de ne pouvoir modifier par eux-mêmes l'état dans lequel ils se trouvent, de manière que tout mouvement ou modification quelconque qu'ils nous présentent soit attribué à l'action d'un agent extérieur.*

Quoi qu'on en ait dit, les corps sont réellement actifs, et nous manifestent cette activité sous une grande variété d'aspects; l'existence seule de la pesanteur, ou de la tendance réciproque des corps les uns vers les autres, suffirait pour établir incontestablement cette activité de la matière; mais c'est surtout dans les corps sous forme liquide ou gazeuse que cette activité est frappante.

Ainsi, qu'on expose, par exemple, un liquide à l'air ou dans le vide, les molécules qui le constituent se déplacent, l'abandonnent peu à peu, et, au bout d'un certain temps, le liquide a complétement disparu.

Si on renferme un gaz quelconque dans un espace déterminé, il produira sur les parois du vase une certaine pression, et si les parois sont suffisamment faibles, elles céderont à l'action du gaz, dont les molécules prendront ainsi spontanément un certain mouvement.

Une hypothèse générale va faire ressortir cette activité de la matière.

Imaginons, en effet, que notre planète soit privée de toute espèce d'êtres vivants, végétaux ou animaux ; l'ensemble des nombreux phénomènes météorologiques qui s'accomplissent à sa surface, et qui donnent lieu à des mouvements si intenses et si étendus, ne continuera pas moins de se produire. La matière est donc active, puisqu'en l'absence de tout corps vivant quelconque elle produirait de tels résultats.

C'est parce qu'on avait privé la matière de toute activité, qu'on avait été obligé de rapporter à des fluides hypothétiques (le calorique, l'électricité, etc.) l'activité que l'expérience nous montre si clairement en elle. Et maintenant, par un cercle vicieux évident, on s'appuie sur l'existence de ces fluides hypothétiques pour enlever à la matière son activité.

Mais, outre les mouvements produits par l'activité propre des corps inorganiques ou organisés, il y en a d'autres qui sont des mouvements communiqués, résultant de l'action d'un corps sur un autre.

Les mouvements communiqués nous sont les plus familiers ; car ce sont des mouvements de cette espèce que nous produisons par notre action sur les corps extérieurs. Ce sont surtout les corps à l'état solide chez lesquels on peut le plus facilement étudier ce genre de mouvement, attendu qu'il est assez aisé de faire abstraction en eux de leur propre activité.

Les mouvements communiqués, étant ainsi les plus simples et surtout les mieux connus et les plus familiers

de tous, on a assimilé tous les autres à ceux-là. C'est pour
établir cette assimilation qu'on a fait l'hypothèse de l'*i-
nertie*, consistant à enlever aux corps toute activité propre ;
de telle sorte qu'un mouvement quelconque, manifesté
dans un corps, soit conçu comme un mouvement qu'on
lui a communiqué.

Cette hypothèse est toujours permise, pourvu qu'on ne
se fasse pas d'illusion sur sa réalité, et qu'on ne voie là
qu'un artifice logique destiné à simplifier et faciliter nos
raisonnements.

Ainsi, imaginons un corps vivant qui, par un ensemble
de réactions intérieures très-multipliées, se déplace en
ligne droite et uniformément avec une vitesse de 6 kilo-
mètres par heure. Il est évident qu'il est permis de se représenter ce corps vivant comme inerte, et de regarder
son déplacement comme dû à une impulsion extérieure
d'une certaine intensité. Cette hypothèse facilitera même
nos raisonnements, sans nuire en aucune manière à la
réalité des conséquences. Elle facilitera nos raisonnements, en éloignant de notre esprit la considération des
opérations internes de l'être vivant, qui, inutile à l'étude
du mouvement lui-même, ne ferait qu'embarrasser notre
intelligence.

Cette hypothèse de l'*inertie* est donc utile. Elle nous
permet de faire abstraction de l'activité propre des corps,
qui varie d'un corps à l'autre, et d'arriver ainsi à la conception des propriétés communes à tous les mouvements
quelconques.

Cette hypothèse est conforme au véritable esprit scien-
tifique, puisqu'elle assimile tous les mouvements à celui
qui est le plus connu de tous.

Mais, pour pouvoir appliquer une telle hypothèse, il

faudra étudier d'une manière générale les mouvements communiqués dans les corps chez lesquels on peut faire facilement abstraction de leur activité, et que par suite on peut regarder comme réellement *inertes*. Ce sont surtout les corps solides sur lesquels on a dû faire cette étude.

**Des forces.** — *On appelle force tout effort extérieur qui produit ou qu'on imagine produire un mouvement observé dans un corps.*

Dans les mouvements communiqués, on appelle *force* l'effort par lequel un corps produit ou tend à produire un mouvement dans un autre corps. Le mot *force* représente donc l'action d'un corps sur un autre, conçue abstraction faite, d'un côté, de toutes les circonstances en vertu desquelles agit le premier corps; d'un autre côté, abstraction faite aussi de la réaction du corps mû, sur celui qui le meut.

Comme il y a une grande variété dans les mouvements communiqués, il y a par suite une grande diversité aussi dans les *forces* ou efforts extérieurs qui les produisent. Nous examinerons tout à l'heure les forces par rapport aux effets qu'elles produisent; mais nous pouvons dès à présent les considérer par rapport à leur origine. Nous appellerons *forces réelles* les efforts en vertu desquels certains corps communiquent effectivement ou tendent à communiquer à d'autres de véritables mouvements.

Mais, outre les mouvements communiqués, il y en a, comme nous avons dit, qui résultent de l'activité même des corps, comme les mouvements des corps vivants, par exemple. Dans ce cas-là, nous faisons abstraction de l'activité même du corps, d'après l'hypothèse de l'*inertie*; et nous cherchons quelle devrait être la *force* extérieure nécessaire pour produire le mouvement observé. Dans ce cas-là, la force est une *force imaginée*.

Il y a donc deux espèces de forces : 1° les *forces réelles*, qui sont les efforts effectivement employés par certains corps pour en mouvoir d'autres; 2° les *forces imaginées*, qui sont les efforts qu'il faudrait supposer exercés sur un corps, pour lui communiquer un mouvement qui résulte en réalité de son activité propre. La théorie de la pesanteur nous a offert un exemple de cette construction d'une force destinée à représenter un mouvement réel. Notre définition de la *force* s'applique à la fois à ces deux cas.

**Des éléments à considérer dans une force.** — *Il y a trois choses à considérer dans une force : 1° le point d'application de la force; 2° la direction suivant laquelle elle agit; 3° l'intensité de la force.*

Comme nous assimilons tous les mouvements à des mouvements communiqués, il faut les assimiler à celui qui nous est le plus familier, c'est-à-dire l'action d'un homme qui tire ou qui pousse un corps, par l'intermédiaire d'une verge rigide et inextensible.

Or, dans un pareil effort il y a trois choses à considérer : 1° le point où s'applique la verge; 2° la direction dans laquelle on tire; 3° l'intensité plus ou moins grande avec laquelle s'opère cette traction ou cette poussée.

Quant aux mouvements communiqués qui résultent du choc d'un corps en mouvement contre un autre corps en repos ou en mouvement, nous les assimilerons aux mouvements ci-dessus indiqués. Il en sera de même, à plus forte raison, pour les mouvements résultant de l'activité même des corps.

Donc les *forces réelles* ou *imaginées* seront toujours conçues comme des efforts produits par un homme qui tirerait ou pousserait un corps au moyen d'une tige rigide et inextensible liée en un point de ce corps.

**Représentation des forces.** — Les forces peuvent être conçues comme susceptibles d'augmentation et de diminution; par suite elles peuvent être mesurées. Elles peuvent donc, comme toutes les autres quantités, être représentées par des nombres et soumises aux combinaisons du calcul et de l'analyse; mais la représentation la plus convenable des forces est leur représentation géométrique.

Toutes les forces quelconques, réelles ou imaginées, devant être assimilées à l'effort d'un homme qui tire un corps au moyen d'une tige rigide et inextensible, on pourra toujours représenter une force par une droite AB (*fig.* 63); le point A indique le point d'application de la force; la direction de la ligne AB marque la direction de la force; enfin la longueur AB représente la grandeur mesurée de cette force. On peut, dans les raisonnements de la mécanique, admettre que la force *tire* le point A de A en B, ou le *pousse* en sens inverse. Cela est indifférent. Mais quand, dans un raisonnement, on a admis l'une de ces deux hypothèses, il faut lui être fidèle pour toutes les forces et pour toute la suite du raisonnement.

Fig. 63.

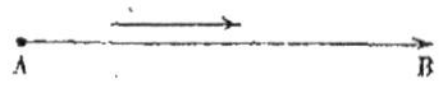

La représentation des diverses forces par des lignes permet de ramener les propositions de mécanique à des propositions de géométrie.

**Effets des forces.** — D'après ce que nous avons dit précédemment, nous distinguons deux espèces de forces :

les unes sont effectivement des efforts exercés extérieurement sur des corps, les autres sont *imaginées* pour représenter par un effort extérieur l'activité propre de la matière.
Le nombre des forces réelles est très-considérable, puisqu'elles sont le résultat habituel de l'activité de la matière :
ainsi l'élasticité des gaz constitue une force, puisqu'en
vertu de cette élasticité, modifiée par des conditions de température, le gaz est susceptible de communiquer le mouvement à d'autres corps. De même, la pesanteur, qui est le
mode d'activité le plus permanent et le plus général de la
matière, rend les corps aptes à devenir de véritables forces, c'est-à-dire des puissances extérieures propres à communiquer le mouvement ou à le modifier. Ainsi, la pesanteur, la chaleur, l'électricité, la vie, etc., etc., sont
autant de sources de production de *force* dans les corps.
Seulement, en mécanique, on fait essentiellement abstraction de l'origine de la force, on la considère en elle-même,
en tant que produisant ou modifiant le mouvement dans
les corps.

Les forces produisent un grand nombre d'effets variés.

Dans certains cas, la force agit avec tant de rapidité
qu'on peut faire abstraction du temps employé à produire
l'action; alors, la force est dite *instantanée*. Ainsi, une
balle de fusil peut traverser un carreau de verre, une
feuille de papier librement suspendus, sans leur imprimer
un mouvement sensible; dans ce cas-là, une portion de ce
corps a été enlevée sans avoir eu le temps de communiquer le mouvement aux portions environnantes, et la
force peut être regardée comme agissant instantanément. De même, comme dans l'expérience faite autrefois
à La Rochelle, un canon suspendu verticalement à l'extrémité d'une corde porte le boulet au même but que s'il

était sur un affût. L'action de la poudre, ici encore, peut aussi être regardée comme *instantanée*.

Dans d'autres cas, l'action de la *force* se prolonge sans interruption pendant un temps plus ou moins long. Dans ce cas, la force est dite *continue*. Ainsi, quand un homme tire un bateau au moyen d'une corde, qu'un cheval traîne une voiture, qu'un corps pèse sur un autre qu'il déforme peu à peu, ce sont autant de forces *continues*.

Les forces prennent encore différents noms, suivant les diverses circonstances dans lesquelles elles agissent. On nomme en général *forces motrices*, les forces qui impriment ou modifient un mouvement. La force prend le nom de *retardatrice* dans le cas où elle diminue un mouvement ; elle est dite *accélératrice* dans le cas où elle augmente le mouvement. Les forces prennent le nom de *puissances* quand elles agissent pour augmenter ou favoriser un mouvement ; elles s'appellent *résistances* dans le cas où, au contraire, elles tendent à l'affaiblir, à l'empêcher. Ces dénominations, utiles au point de vue de l'application de la mécanique, perdent leur importance dans la mécanique abstraite.

Les forces agissent de diverses manières sur les corps. Nous avons cité précédemment le cas où elles agissent par un choc brusque ou une impulsion rapide. Dans d'autres cas, au contraire, elles ne font que déformer le corps, sans lui imprimer un mouvement de totalité. Ainsi, la force fait *plier* le corps, le fait *fléchir*, accroît la distance qui existe entre les diverses molécules de ce corps, de manière à augmenter son volume apparent. Dans ce cas-là, l'action de la force peut aller jusqu'à séparer le corps en diverses parties ; il y a alors rupture. Les outils animés par la main de l'homme, ou par des impulsions externes de toute autre espèce, produisent souvent de tels effets. Dans d'autres cas, au contraire, la force comprime le corps, en rapproche les diverses molécules, et en diminue le volume apparent.

Ce sont ces genres d'effets qui sont produits dans le plus grand nombre de travaux industriels, bien plus encore que des communications rapides de mouvement; dans le cas du forgeron, du limeur, par exemple, etc., les *forces* agissent surtout pour comprimer les corps, ou les dilater, ou en séparer les diverses parties.

**Condition de l'égalité de deux forces.** — *Deux forces sont égales, quand, substituées l'une à l'autre et dans les mêmes circonstances, elles produisent le même effet, ou en détruisent une même troisième qui leur est directement opposée.*

Telle est la condition la plus générale de l'égalité de deux forces.

Suspendons, par exemple, en B à l'extrémité d'un fil un certain corps. En vertu de l'action de la pesanteur, le fil (*fig.* 64) prendra la direction AB de la verticale. Fig. 64. Pour maintenir B en équilibre et l'empêcher de tomber, il faudra exercer en A un certain effort. Par conséquent, deux forces qui, en agissant successivement en A, maintiendraient B en équilibre, seraient donc dites des *forces égales.*

Si l'on ajoutait à la suite du corps B un autre corps qui lui fût tout à fait identique, il est clair que l'effort qu'il faudrait exercer en A pour maintenir l'équilibre serait double de celui qu'il a fallu dans le premier cas. On dit alors que la seconde force est double de la première. On conçoit de même ce qu'est une force triple, quadruple, etc., d'une autre force.

Au lieu de comparer les forces entre elles par les phénomènes d'équilibre qu'elles produisent, on pourrait les comparer aussi par les phénomènes de mouvement qu'elles déterminent. Dans ce dernier cas, les forces sont considérées au point de vue *dynamique*; dans le premier cas, au point de vue *statique*. Nous reviendrons sur cette importante distinction; nous les considérons ici essentiellement au point de vue *statique*. Nous établirons plus tard l'accord nécessaire de cette double manière de comparer les forces.

**Mesure des forces. — Comparaison des forces aux poids à l'aide de dynamomètres. — Le kilogramme peut être pris pour unité de force. —** Pour mesurer les forces au point de vue *statique*, il faut les comparer à une autre force prise pour unité. La force à laquelle on compare toutes les autres, c'est le poids. Nous prendrons pour unité de force le *kilogramme* ou poids de 1 décimètre cube d'eau distillée au maximum de densité. Une force sera donc exprimée par le nombre de kilogrammes auxquels elle fait équilibre. Une force sera double, triple, etc., d'une autre, quand elle fera équilibre à un nombre de kilogrammes double, triple, etc., de celui auquel fait équilibre la première. Quant aux poids eux-mêmes qui doivent servir d'étalon à toutes les forces, on les mesure au moyen des balances, instruments dont la physique donne une complète description.

Il faut maintenant indiquer les raisons qui ont conduit à prendre le *poids* comme la force à laquelle on compare toutes les autres, et qui leur sert ainsi de commune mesure.

En premier lieu, la pesanteur est une propriété très-générale des corps, puisqu'elle ne cesse jamais d'exister en eux. Le poids présente donc, sous ce rapport, une force commode pour servir de terme de comparaison.

En second lieu, la pesanteur est une force constante, ou du moins qu'on peut essentiellement regarder comme telle dans les applications. Elle varie cependant. Ainsi, elle va en diminuant d'intensité, du pôle à l'équateur. Elle diminue lorsqu'on s'éloigne de la surface de la terre, elle augmente, au contraire, lorsqu'on pénètre dans l'intérieur de la terre. Mais dans l'ensemble des cas, les déplacements qu'on effectue sur la terre apportent à la pesanteur des modifications trop faibles pour qu'il y ait lieu d'en tenir compte dans l'application.

On pourrait penser que le temps peut avoir une influence sur la pesanteur; mais jusqu'ici l'expérience n'a rien constaté à cet égard.

On peut donc, en définitive, regarder le poids d'un corps comme une force constante, à laquelle on pourra comparer facilement les autres forces constantes ou variables.

Mais, en général, ce n'est pas directement aux poids que l'on compare les forces : la comparaison s'opère par l'intermédiaire de la *force élastique*, ou propriété de *ressort* dont jouissent un grand nombre de corps solides.

On appelle *force élastique* d'un corps, ou propriété de *ressort* de ce corps, l'effort que fait ce corps pour revenir à son premier état lorsqu'il a été comprimé ou dilaté. Un corps est parfaitement élastique lorsqu'il revient exactement à son premier état, quand on l'abandonne à lui-même. Il n'y a pas dans la nature de corps parfaitement élastiques, ils peuvent seulement plus ou moins approcher d'un tel état. On les suppose quelquefois tels dans les raisonnements de la mécanique; mais quand on passe à l'application, il faut toujours tenir compte de l'imparfaite élasticité des corps.

*Peson à ressort (fig. 65).* Soit *mnp* une verge métallique repliée ; c'est l'élasticité de cette verge métallique, mise en jeu par des poids, qui servira à mesurer les autres forces. La figure indique suffisamment la construction de l'appareil. Dans un trou pratiqué sur la branche *mn* passe une lame circulaire DC, fixée d'une part en B, sur la branche *np,* suspendue de l'autre en D à l'aide d'un crochet; une deuxième lame, fixée en *l*

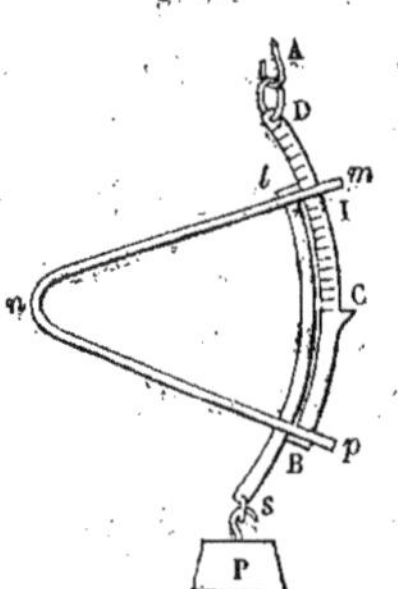



sur la branche *mn,* passe dans une ouverture pratiquée dans la deuxième branche *np* du ressort, et peut supporter des poids à son extrémité *s* ; l'action de ces poids aura pour effet de rapprocher le point *m* du point C. On marque les divisions de D en C correspondantes à ces divers poids. On a ainsi un instrument gradué qui permet de comparer les forces, du moins un grand nombre de forces, aux poids. Ainsi, supposons qu'une traction exercée en *s* fasse marcher le point *m* jusqu'en I, et qu'en I on trouve 25 ; on dira que cette traction est une force de 25 kilogrammes, en admettant que les divisions marquent le nombre de kilogrammes qu'il faut appliquer en *s* pour faire arriver *s* jusqu'à ces divisions.

Mais l'emploi de cet instrument exige des précautions; la force élastique ou de ressort peut changer depuis le moment de la fabrication et de la première graduation de l'instrument, jusqu'au moment où on veut l'appliquer. Par conséquent, il faudra de temps en temps vérifier l'in-

strument au moyen de poids étalonnés, et changer la graduation, si la force élastique n'est pas restée la même.

*Dynamomètre de Régnier.* Le dynamomètre de Régnier
est fondé sur les mêmes principes, et son application est
soumise aux mêmes précautions que l'emploi du peson à
ressort.

Un ressort, formé par deux branches réunies à leurs extrémités A et B (*fig.* 66), est fixé par le milieu O de l'une
de ses branches ; au milieu C
de l'autre branche on applique
la force dont on veut connaître l'intensité ; il en résulte un
écart des deux branches, qui fait
tourner autour d'un pivot une
tige *ab*, celle-ci met en mouvement l'aiguille *mn*, qui parcourt

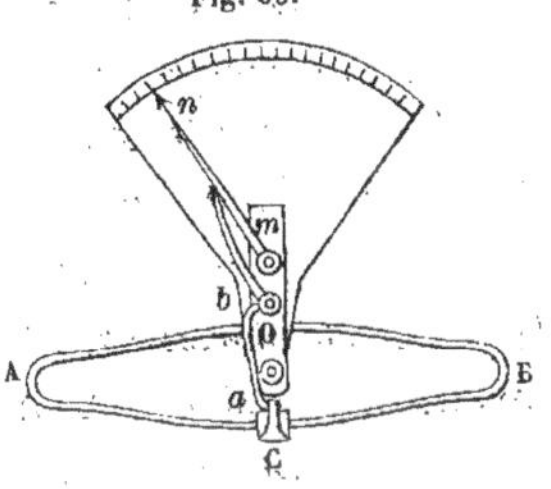


un limbe gradué à l'avance au moyen de poids étalonnés.

L'inconvénient de ces instruments, c'est de ne pas rester
comparables, c'est-à-dire de ne pas donner les mêmes indications dans les mêmes circonstances. Beaucoup de
causes tendent à détruire cette comparabilité : d'abord les
variations de température auxquelles l'instrument est assujetti ; en second lieu, l'élasticité de l'instrument varie
par suite même de l'emploi qu'on en fait. Il faut donc
graduer de nouveau l'instrument, quand on veut en faire
un usage important.

Ces sortes d'instruments sont très-précieux pour les in-
génieurs, ils leur permettent d'établir usuellement une
comparaison entre les diverses forces.

Ainsi Régnier avait, dans le siècle dernier, construit
son dynamomètre, d'après la demande de Buffon, pour

comparer les forces musculaires de divers animaux, au moins à leur état d'intensité maximum.

On peut, au moyen du dynamomètre, démontrer ce théorème important de physique : le poids d'un corps ne change pas, quels que soient les changements physiques auxquels on soumette ce corps.

Mais il ne faut pas considérer d'une manière trop exclusive les dynamomètres, comme étant les seuls instruments au moyen desquels on puisse établir la comparaison des forces aux poids. Ainsi, la force élastique des gaz et des vapeurs, la variation de cette force élastique, d'après les conditions de pression et de température, se comparent aussi à des poids, mais d'après des instruments particuliers, dont on donne en physique la description. Ce sont les divers *manomètres*, l'appareil de Dalton, celui de Gay-Lussac dans l'étude du mélange des gaz.

Enfin, la balance elle-même, le peson proprement dit, la romaine, etc., peuvent, dans un grand nombre de cas, servir à la comparaison des forces aux poids. Il faut donc savoir, dans les diverses circonstances qui se présentent, employer le procédé de comparaison qui tend le plus directement au but, sans s'astreindre exclusivement et routinièrement à certains procédés.

**Lois expérimentales des mouvements communiqués.** — Presque tous les mouvements, ou sont des mouvements communiqués, ou doivent leur être artificiellement assimilés; il en résulte que l'étude des lois fondamentales de ces mouvements, telles que l'expérience nous les dévoile, constitue la base même de la mécanique. Nous allons les exposer succinctement.

Première loi. — *Le point d'application d'une force peut être transporté en un point quelconque de sa direction, pourvu que ces deux points soient liés entre eux d'une manière invariable, sans que l'action de cette force soit changée.*

L'expérience démontre que, quand un homme tire un corps ou le pousse, au moyen d'une tige rigide et. inextensible, l'effet produit est indépendant de la longueur de la tige au moyen de laquelle on opère. Une telle expérience prouve donc que le point d'application de la force peut être, dans ce cas, transporté en un point quelconque de la direction.

Mais comme nous assimilons tous les mouvements communiqués, de même que les mouvements spontanés, aux mouvements produits ainsi par un homme qui tire ou pousse un corps, il en résulte que les *forces imaginées* pour représenter un mouvement doivent toujours être conçues comme jouissant aussi de la propriété que leur point d'application peut être transporté en un point quelconque de la direction de la force.

Deuxième loi. Loi de Képler.—*Un corps à qui l'on communique instantanément une impulsion unique tend à se mouvoir en ligne droite, uniformément et indéfiniment.*

Cette loi de Képler doit être considérée comme un résultat de l'expérience. Elle fait connaître l'effet produit par un seul effort extérieur agissant instantanément sur un corps. Nous allons indiquer les observations sur lesquelles repose cette loi, et les abstractions qu'il a fallu faire pour la découvrir et qu'il faut faire encore pour en comprendre le véritable sens.

1° Il faut faire abstraction de la résistance du milieu, qui tend constamment à diminuer la vitesse du corps, et qui finit par annuler son mouvement.

2° Il faut faire abstraction de l'activité propre du corps.

Ainsi, l'hypothèse de l'inertie était un préambule indispensable à l'établissement de la loi de Képler. En effet, cette loi apprécie l'influence d'une impulsion unique et instantanée sur un corps, en ne tenant aucun compte de l'activité spontanée de ce corps; aussi elle n'a pu être découverte que sur les corps solides, dans lesquels l'activité propre du corps est peu marquée, et qu'on peut placer dans des conditions telles, que cette activité puisse être négligée, comme, par exemple, en faisant mouvoir le corps solide dans des conditions extérieures qui ne tendent à altérer ni son état physique ni sa composition.

Aussi, quoiqu'elle se vérifie essentiellement sur les corps vivants, on n'aurait pu la découvrir sur eux, parce qu'ils tendent toujours à modifier immédiatement un mouvement communiqué; de sorte que le mouvement réel qu'ils nous présentent résulte de l'impulsion externe et des réactions suscitées par l'activité intérieure du mobile.

Ces restrictions étant indiquées, voilà les observations sur lesquelles cette loi est fondée.

On remarque que si l'on imprime à un corps une impulsion, ce corps tend à se mouvoir en ligne droite; c'est le résultat d'une expérience très-générale, et les animaux eux-mêmes finissent par l'observer : un chien sait très-bien s'écarter de la ligne droite que décrit une pierre qui roule.

On a observé aussi que si l'on fait mouvoir un corps par une impulsion unique, sur des plans de plus en plus unis, le mouvement communiqué se continue uniformément, et d'autant plus longtemps que le plan présente moins de frottement.

Enfin, si l'on produit le mouvement dans le vide, de manière à supprimer ou du moins à diminuer beaucoup les résistances extérieures, on remarque que le mouvement communiqué persiste très-longtemps. On observe cela en faisant osciller un pendule dans le vide.

TROISIÈME LOI. Loi de Galilée.

La loi de Galilée sur l'indépendance des mouvements simultanés nous permettra d'apprécier l'influence de deux forces instantanées ou constantes, agissant simultanément sur un même point d'un solide. Elle complète, sous ce rapport, la loi de Képler. Nous y reviendrons à propos du parallélogramme des forces.

Jusqu'ici nous avons considéré l'action des efforts extérieurs exercés sur les mobiles, en négligeant la réaction de ces mobiles. La loi expérimentale de Newton va nous permettre d'en tenir compte.

QUATRIÈME LOI. Loi de Newton. — *Quand un corps agit sur un autre, le second réagit sur le premier, et l'action est égale à la réaction.*

L'expérience la plus générale constate que toutes les fois qu'on agit sur un corps, il y a réaction de la part de celui-ci. Ainsi, si l'on pousse un corps, on éprouve de sa part une répulsion en sens inverse; si l'on tire un corps avec un fil, le fil est également tendu des deux côtés; si l'on chasse une bille sur une table, le bâton dont on se sert est repoussé en arrière par le corps, en même temps que le corps part pour aller en avant.

Toute action amène donc une réaction; mais on doit admettre de plus qu'il y a égalité entre l'action et la réaction; l'expérience démontre directement cette égalité dans un grand nombre de cas.

Ainsi, deux pesons à ressort, placés aux extrémités A et B (*fig.* 67) d'une ficelle, indiquent le même degré de tension, quand une force P vient à agir par leur intermédiaire sur un obstacle fixe placé à l'extrémité opposée.

Fig. 67.

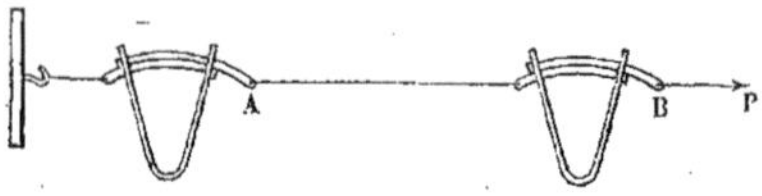

Or, le peson A mesure évidemment la réaction opposée par le fil à l'action de la force P, action mesurée par le second peson B.

De même, lorsque deux corps se choquent, ils se communiquent réciproquement une certaine quantité de mouvement. Si l'on a un corps parfaitement dur, et qu'un autre, également dur et ayant la même masse et la même vitesse que le premier, vienne à sa rencontre en sens directement opposé, les deux mouvements seront anéantis.

En second lieu, ce principe de l'égalité entre l'action et la réaction se démontre d'une manière indirecte, en ce que la mécanique est fondée sur ce principe; or, les conséquences qu'on en tire étant vérifiées par l'expérience, cela démontre évidemment la vérité du point de départ.

**Force d'inertie** (*vis inertia, vis insita.* Newton). — *On appelle force d'inertie la résistance qu'oppose un mobile à son changement d'état, résistance qui est égale à l'effort qu'il faut faire pour produire un tel changement.*

L'expérience la plus générale constate, en effet, la résistance qu'oppose tout corps à tout changement quelconque d'état. Nous allons citer textuellement à ce sujet les paroles de M. Poncelet (*Introduction à la Mécanique industrielle*) :

« Quand on tire un corps libre par le moyen d'une fi-

celle, cette ficelle s'étend, s'allonge et peut même se rom-
pre, si elle est tirée brusquement, et cela d'autant mieux
que le corps est plus pesant ou plus massif ; le même effet
serait produit évidemment si, le corps étant en mouvement, on essayait de le retenir par le moyen de la ficelle.
Si l'on suspend un corps à l'extrémité d'une ficelle verticale, et qu'on place un peson à ressort dans la ligne de
*traction* ou de *tirage* de cette ficelle, le ressort indiquera
le poids du corps dans l'état de repos ; mais si on élève le
corps avec une certaine vitesse, le ressort se pliera davantage, par suite de la résistance opposée par l'inertie de la
matière. Le mouvement étant une fois acquis et demeu-
rant régulier et uniforme, le ressort reprendra et conser-
vera constamment l'état de tension qu'il avait dans le cas
de repos ; attendu que l'inertie ne se fait sentir comme
force qu'autant que la vitesse du corps est altérée, et que
la pesanteur, au contraire, agit sans relâche sur les corps,
qu'ils soient ou non en mouvement. On voit donc que
l'état de tension du ressort peut servir à mesurer les variations de vitesse du corps et la grandeur de la résistance
qu'en vertu de son inertie il apporte à l'action de la puissance qui soulève la ficelle. »

Cette résistance qu'oppose un corps à tout changement
à son état de repos ou de mouvement devient manifeste
encore dans un grand nombre d'autres circonstances.

Nous empruntons encore à M. Poncelet quelques observations à ce sujet.

« Ainsi, le limeur est obligé de vaincre l'inertie de la
matière propre à sa lime ; le cheval attelé à une voiture,
l'inertie de la matière de cette voiture et du fardeau qu'elle
supporte. On utilise souvent cette force d'inertie, par exemple, lorsque, au lieu d'employer directement une force,

on s'en sert pour communiquer à un corps un certain mouvement, mouvement qui produit en lui *une force. d'inertie* qui peut être utilisée au moyen du choc contre les obstacles que l'on veut vaincre.

« En frappant brusquement sur la douve qui porte la bonde d'un tonneau, on imprime à cette douve un mouvment très-rapide, auquel résiste la bonde, comme si elle était retenue fortement par sa tête ; en conséquence, elle est séparée de sa douve en vertu de sa seule inertie, avec un effort supérieur à celui qu'on pourrait obtenir par des moyens plus directs et cependant très-puissants ; c'est à peu près de la même manière encore que les clous, les boulons d'assemblage, etc., sont arrachés par l'effet des chocs et des secousses. On emmanche souvent un outil, par exemple, un marteau, en frappant la queue du manche dans le sens de sa longueur ; ce manche chemine, et l'inertie de la matière, qui tend à maintenir le marteau en repos, résiste au mouvement imprimé, comme si ce marteau était réellement appuyé contre un obstacle. » (PONCELET.)

Ainsi, la résistance qu'oppose un corps à tout changement d'état constitue, sous le nom de *force d'inertie*, une véritable force. Cette force est tantôt une résistance, tantôt une puissance : une résistance lorsque le corps est en repos ; et une puissance s'il est en mouvement.

Enfin, quand un corps se communique à lui-même, par son activité propre, un certain mouvement, on regarde ce mouvement comme produit par une force extérieure, qui aurait été employée à vaincre la *force d'inertie* du corps.

Nous croyons devoir terminer par quelques réflexions empruntées à Carnot, qui présentent cette notion sous un autre point de vue, en la rapprochant du principe de l'égalité entre l'action et la réaction.

Imaginons un système de corps réagissant les uns sur les autres :

« On appelle alors *force d'inertie* de chacun d'eux, à chaque instant, la résistance qu'il oppose à son change-ment d'état, c'est-à-dire la réaction qu'il exerce sur le système des autres corps qui le font passer du repos au mouvement, du mouvement au repos, ou d'un mouve-ment à un autre mouvement ; c'est, en un mot, une force égale et contraire à celle qu'il faut imprimer à ce mobile pour le faire passer de l'état où il était à celui où il se trouvera l'instant d'après. 

« . . . Il faut distinguer l'*inertie* de la *force d'inertie*. L'*inertie* n'est qu'une propriété qui ne peut entrer dans le calcul ; mais la force d'inertie est une vraie quantité sus-ceptible d'une appréciation exacte. La *force d'inertie* est la quantité de mouvement qu'un corps imprime à tout autre corps qui vient le tirer de son état.

« La force d'inertie a donc bien réellement le caractère de ce qu'on nomme une force en général, c'est-à-dire de tout ce qui change l'état de repos ou de mouvement d'un corps. » (CARNOT, *Principes de l'équilibre et du mouvement.*)

## QUESTION 9 DU PROGRAMME.

Principe de la proportionnalité des forces aux vitesses. — Deux forces constantes appliquées successivement à un même point matériel, partant du repos ou animé d'une vitesse initiale de même direction que les forces, sont entre elles comme les accélérations qu'elles produisent. — Conséquence relative au cas où l'une des forces est le poids même du mobile. — Définition de la masse. — Relation entre les forces constantes, les masses et les accélérations.

**Double manière de comparer les forces entre elles.** — *Les forces peuvent être comparées entre elles d'après les résistances qu'elles surmontent, ou d'après les vitesses qu'elles impriment.*

Il y a, en effet, deux manières de comparer les forces entre elles.

On peut d'abord les comparer d'après les résistances auxquelles elles font équilibre. Comme la pesanteur est à cet égard le phénomène le plus général et le mieux connu, nous avons établi que les forces pouvaient être mesurées d'après les poids auxquels elles font équilibre. Cette première manière de mesurer les forces peut être appelée *méthode statique*, parce qu'elle est fondée sur les phénomènes d'équilibre résultant de l'action des forces.

Il existe une autre manière de comparer les forces entre elles, que nous nommerons *méthode dynamique*. Elle fait reposer la mesure des forces sur les phénomènes de mouvement qu'elles déterminent. Alors les forces sont comparées d'après les vitesses qu'elles impriment à un même mobile.

**Principe de la proportionnalité des forces aux vitesses.** — *Deux forces constantes appliquées successive-*

*ment à un même point matériel, partant du repos ou animé d'une vitesse initiale de même direction que les forces, sont entre elles comme les accélérations qu'elles produisent.*

Ce théorème a pour but, au fond, d'établir la coïncidence de la double manière de mesurer les forces. Par conséquent, les forces dont il s'agit ici sont supposées avoir été mesurées d'après les poids auxquels elles font équilibre. Cela posé, voici comment on peut établir ce théorème.

Il faut regarder, d'une manière générale, ce principe comme l'hypothèse la plus simple qu'on pouvait faire dans la comparaison des forces aux vitesses. Cette hypothèse, qui sert de base à la mécanique, se trouve amplement justifiée par la vérification expérimentale des conséquences qu'on en tire; car l'expérience ayant effectivement confirmé un grand nombre de propositions de mécanique fondées plus ou moins directement sur ce théorème, cela suffit pour en admettre la vérité.

Donc, nous admettrons que pour un même point matériel, partant du repos ou animé d'une vitesse initiale de même direction que les forces, les deux forces constantes qui lui sont successivement appliquées sont entre elles comme les vitesses qu'elles communiquent pendant le même temps.

Cette hypothèse doit être admise aussi pour le cas de deux forces instantanées, c'est-à-dire de deux forces qui produisent leur action dans une durée de temps inappréciable.

Il est préférable d'admettre ce principe comme un fait général, démontré essentiellement par la vérification des conséquences qu'on en tire, plutôt que d'essayer des démonstrations qui sont de véritables cercles vicieux

**Mesure des forces variables. — Représentation de la loi de variation d'une force.** — On peut à chaque instant mesurer l'intensité d'une force variable.

Pendant un temps infiniment court on peut considérer une force comme constante ; donc, dans un mouvement varié, la variation d'intensité de la force peut se mesurer par l'accélération de vitesse qu'elle imprime au mobile pendant cet instant infiniment court.

La variation de l'intensité d'une force pouvant être ainsi appréciée, on conçoit la possibilité de représenter la *loi* d'une force, c'est-à-dire la manière dont elle varie avec le temps.

On forme pour cela une table à deux colonnes ; dans l'une d'elles on inscrit le temps, et dans l'autre l'intensité de la force acquise au bout de ce temps.

On peut alors représenter la *loi* d'une force au moyen

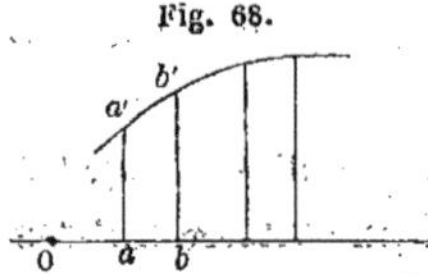


d'une courbe ; les temps sont exprimés par des longueurs O*a*, O*b*, etc. (*fig.* 68), qui leur soient proportionnelles, et les forces par des longueurs *aa'*, *bb'* proportionnelles aux forces, et portées sur des perpendiculaires à la ligne OX. En joignant les extrémités de ces perpendiculaires par un trait continu, on a la courbe qui représente la *loi* de la force.

**Représentation du mouvement uniformément varié, au moyen d'une force.** — *Tout mouvement uniformément varié peut être conçu comme produit par une force constante, qui agirait sur le mobile, par impulsions égales, au bout d'instants infiniment courts.*

Nous avons vu que les mouvements quelconques doivent être assimilés à des mouvements communiqués, produits par des efforts extérieurs au mobile, et que nous avons désignés sous le nom de *forces*.

Nous allons chercher quelle est la force qu'il faudrait imaginer pour produire dans un mobile un mouvement uniformément varié.

Dans un mouvement uniformément varié, la vitesse croît proportionnellement au temps. Donc l'accélération de vitesse est constante; par conséquent, la force qu'on imagine produire le mouvement est constante, c'est-à-dire donne des impulsions égales au bout de temps égaux, qu'on imagine suffisamment courts pour représenter la continuité dans l'accroissement de la vitesse, ce qui démontre le théorème énoncé.

Le mouvement d'un corps pesant étant uniformément varié, on peut donc considérer la chute d'un corps pesant comme due à une force constante qui solliciterait le corps suivant une droite perpendiculaire à la surface des eaux tranquilles; en imaginant que les impulsions égales se produisent au bout de chaque seconde, on peut prendre le nombre représenté par la lettre $g$, ou l'accélération de la chute d'un corps dans 1 seconde, pour mesurer l'intensité de la pesanteur dans chaque lieu de la terre. Mais on ne doit pas oublier que $g$ représente, en dehors de toute hypothèse sur la cause de la pesanteur, l'accélération de vitesse d'un corps en un lieu donné.

**Comparaison des forces variables avec la pesanteur.** — *L'intensité d'une force variable peut à chaque instant être comparée à l'intensité de la pesanteur.*

La pesanteur étant une force constante ([1]), il est na-

([1]) Quand nous dirons que la pesanteur est une force constante, ce sera

turel de comparer l'intensité des forces à celle de la pesanteur. C'est Huygens qui accomplit ce pas important dans la théorie des forces, en comparant l'accélération centrifuge à l'accélération de la pesanteur. De sorte que c'est toujours à la pesanteur que l'on compare les forces, soit qu'on les apprécie au point de vue *statique*, ou au point de vue *dynamique*. Cela était naturel et fort important, la pesanteur étant un phénomène très-général et des mieux connus.

Soit F une force, F représentant la force et l'intensité de cette force à un moment donné; soit $v$ la vitesse qu'elle imprime à un corps d'un poids P, dans un temps infiniment court $t$. F est supposée rester constante dans la durée du temps $t$. Soit $v'$ la vitesse imprimée par la pesanteur à ce même corps, dans le même temps $t$.

On aura :

$$\frac{F}{P} = \frac{v}{v'}.$$

Soit $g$ l'accélération de la pesanteur en 1 seconde, on aura :

$$v' = gt,$$

d'où

$$\frac{F}{P} = \frac{v}{gt};$$

d'où enfin

$$F = \frac{P}{g} \times \frac{v}{t}.$$

Posons

$$\frac{v}{t} = \gamma, \text{ on aura } F = \frac{P}{g}\gamma.$$

$\frac{v}{t}$ est l'accélération due à la force F à l'instant considéré.

On pourra donc mesurer la force F au moyen de la for-

toujours une manière abrégée de dire : que la chute verticale d'un corps pesant dans le vide peut être conçue comme produite par une force constante qui agirait sur un corps inerte.

mule précédente. On déduit de cette formule diverses conséquences.

(1) *Les forces constantes sont entre elles comme les poids auxquels elles communiquent la même accélération de vitesse dans le même temps.*

Soient, en effet, deux forces différentes F et F′, communiquant à des poids différents P et P′ une même accélération de vitesse dans un même temps infiniment court. On aura

$$F = \frac{P}{g}\gamma, \quad F' = \frac{P'}{g} \times \gamma;$$

d'où
$$\frac{F}{F'} = \frac{\dfrac{P\gamma}{g}}{\dfrac{P'\gamma}{g}}, \quad \text{d'où} \quad \frac{F}{F'} = \frac{P}{P'};$$

ce qu'il fallait démontrer.

(2) *Deux forces constantes sont entre elles comme les accélérations de vitesse différentes qu'elles communiquent à des corps de même poids.*

En effet, si l'on nomme $\gamma$ et $\gamma'$ les accélérations communiquées par deux forces F et F′ à deux corps de poids P; $v$ et $v'$ les vitesses acquises au bout des temps $t$ et $t'$, on a $v = \gamma t$ et $v' = \gamma' t'$; mais

$$F = \frac{P}{g} \times \frac{v}{t}, \quad F' = \frac{P}{g} \cdot \frac{v'}{t'};$$

d'où
$$\frac{F}{F'} = \frac{\left(\dfrac{v}{t}\right)}{\left(\dfrac{v'}{t'}\right)}, \quad \text{ou} \quad \frac{F}{F'} = \frac{\gamma}{\gamma'},$$

ce qu'il fallait démontrer.

*Remarque.* — Si les forces F et F′, au lieu d'être supposées des forces accélératrices constantes, sont des forces instantanées, les deux propositions précédentes restent encore vraies. Seulement les accélérations de vitesse sont remplacées par les vitesses imprimées par les forces instantanées.

**Masse.** — *On appelle masse d'un corps le nombre de parties, également pesantes, dont on peut concevoir le corps comme formé.*

*Le rapport $\frac{P}{g}$, qui est constant pour un même corps dans les différents lieux de la terre, peut servir de mesure à la masse d'un corps.*

L'expérience prouve que la pesanteur agit de la même manière sur tous les corps; c'est-à-dire que la vitesse acquise par un corps qui tombe, au bout d'un certain temps, est la même, quel que soit le corps. On peut, par conséquent, se représenter tous les corps comme composés de molécules également pesantes. L'intensité de la pesanteur en un lieu sera mesurée par la vitesse communiquée à un corps au bout de 1 seconde ; $g$ mesurera donc l'intensité de la pesanteur.

Appelons P le poids absolu d'un corps ; ce poids absolu pourra être mesuré par l'effort fait par ce corps pour vaincre une résistance qui soit invariable dans les divers lieux de la terre. On pourrait prendre, pour mesurer le poids absolu d'un corps, la force élastique à laquelle ce corps peut faire équilibre. Considérons le corps comme composé de $m$ parties également pesantes. Il est clair que le poids absolu P du corps sera égal à $gm$. On aura donc $P = mg$.

Si l'on transporte ce corps en un autre lieu, le nombre de ses parties également pesantes restera le même. Si donc on appelle $P'$ le poids absolu de ce corps, et $g'$ l'intensité de la pesanteur dans ce lieu, on aura

$$P' = mg'; \quad \text{d'où} \quad \frac{P}{g} = m, \quad \frac{P'}{g'} = m; \quad \text{d'où} \quad \frac{P}{g} = \frac{P'}{g'}.$$

On pourrait directement vérifier, du reste, que le rapport $\frac{P}{g}$ est constant.

Donc le rapport constant $\frac{P}{g}$ peut représenter le nombre de parties également pesantes, dont on peut concevoir tous les corps comme formés. On désigne ce rapport constant par la lettre **M**.

La formule fondamentale trouvée précédemment peut donc s'écrire ainsi :

$$F = M . \left(\frac{v}{t}\right) . = M\gamma.$$

C'est à Newton qu'est due, en mécanique, l'introduction de la *notion de masse.*

*Deux forces constantes sont entre elles comme les masses de deux corps auxquels elles impriment une même accélération de vitesse.*

On a en effet

$$F = M \frac{v}{t}, \quad F' = M'\frac{v'}{t'},$$

ou

$$F = M\gamma, \quad F' = M\gamma'.$$

Si l'on suppose que $\gamma = \gamma$,

on en déduira

$$\frac{F}{F'} = \frac{M'\gamma}{M\gamma},$$

d'où

$$\frac{F}{F'} = \frac{M}{M'}.$$

*Deux forces constantes sont entre elles comme les accélérations de vitesse qu'elles impriment à deux corps de même masse.*

On a

$$F = M . \frac{v}{t}, \quad F' = M . \frac{v'}{t'};$$

d'où
$$\frac{F}{F'} = \frac{\left(\dfrac{v}{t}\right)}{\left(\dfrac{v'}{t'}\right)} = \frac{\gamma}{\gamma'};$$

ce qu'il fallait démontrer.

Du reste, ces deux propositions avaient déjà été établies précédemment sous une autre forme.

**Force motrice.** — *On appelle force motrice l'effort fait pour communiquer à un corps de masse déterminée une certaine accélération.*

On peut distinguer la *force motrice* de la *force accélératrice* proprement dite, en ce que la seconde est l'effort fait pour produire une certaine accélération de vitesse dans un même corps; tandis que dans la première on tient compte, dans l'effort employé, et de la masse à laquelle il s'applique, et de la vitesse communiquée.

Nous allons déduire de notre formule fondamentale $F = M.\left(\dfrac{v}{t}\right)$, plusieurs théorèmes importants relatifs à la force motrice.

*La force motrice croît proportionnellement à la quantité de mouvement détruite ou acquise dans un temps infiniment court.*

Soient F et F′ deux forces motrices agissant sur deux masses M et M′. Soient $v$ et $v'$ les vitesses communiquées à ces corps, au bout d'un temps infiniment court $t$. On appelle M.$v$ la quantité de mouvement acquise au bout de l'élément de temps $t$. On aura

$$F = M.\frac{v}{t}, \quad F' = M'.\frac{v'}{t}; \quad \text{d'où } \frac{F}{F'} = \frac{Mv}{M'v'};$$

ce qui démontre le théorème énoncé.

Si les forces motrices sont égales, on a $Mv=M'v'$.

Donc, si deux forces motrices, appliquées à des corps différents, demeurent sans cesse égales entre elles pour les mêmes instants, c'est-à-dire si elles varient de la même manière, les *quantités de mouvement totales et finies* qu'elles auront imprimées à ces corps entre deux instants quelconques seront aussi égales entre elles; car les quantités partielles de mouvement $Mv$, $M'v'$ seront constamment égales dans chacun des instants égaux.

**Mesure de la force motrice à un moment donné.** — *Une force motrice variable pourra, à un instant quelconque, être mesurée par la quantité de mouvement qu'elle imprimerait au corps pendant 1 seconde, en admettant qu'elle devînt constante, à partir de cet instant, pendant la durée de cette seconde.*

Supposons, en effet, qu'une force motrice ait imprimé à un corps d'une masse M une certaine vitesse; imaginons ensuite que cette force cesse de varier et demeure constante. Alors elle pourra être mesurée à cet instant par la vitesse finie que, dans cette hypothèse, elle imprimerait au corps au bout de la première seconde; car le corps peut être considéré, relativement à l'action de cette force, comme partant du repos au commencement de cette seconde. Soit $V_1$ la vitesse finie imprimée, dans cette hypothèse au bout de la première seconde, on aura

$$\frac{V_1}{v}=\frac{1}{t},$$

$v$ étant la vitesse imprimée dans le temps infiniment court $t$ par cette même force supposée constante. On tire de là :

$$V_1=\frac{v}{t}; \quad \text{or,} \quad F=M.\frac{v}{t}; \quad \text{d'où} \quad F=MV_1;$$

ce qui démontre le théorème énoncé.

**Force d'inertie.** — Nous avons appelé *force d'inertie*, la résistance qu'éprouve tout corps à un changement quelconque d'état, soit de repos, soit de mouvement.

Nous avons vu que l'existence de cette *force d'inertie* est une conséquence à la fois de la loi de Képler et de celle de Newton. Elle est mise hors de doute par un grand nombre de phénomènes.

Comme nous avons fait abstraction de l'activité propre de la matière, on doit considérer la force motrice comme uniquement employée à vaincre la force d'inertie, c'est-à-dire la tendance du corps à persister dans l'état de repos ou de mouvement dans lequel il se trouve.

D'après cela, les mêmes formules qui donnent la mesure de la force motrice donnent aussi la mesure de la force d'inertie.

**Représentation géométrique des lois relatives à la mesure de la force motrice, ou d'inertie.** — Nous pouvons remplacer par une construction géométrique la formule $F = M.\dfrac{v}{t}$ ou $F = MV_1$.

*Trouver la valeur de la force motrice à un moment donné, connaissant la courbe des vitesses.*

Supposons que la courbe $mn$ (*fig.* 69) soit la courbe des vitesses, c'est-à-dire que les distances $Oa$, $Oa'$..., à partir du point O, représentent les temps, et $ab$, $a'b'$, les vitesses acquises au bout de ces temps. Comme $F = M.\dfrac{v}{t}$, il suffira, pour avoir la valeur de F à un instant donné, d'obtenir géométrique-

Fig. 69.

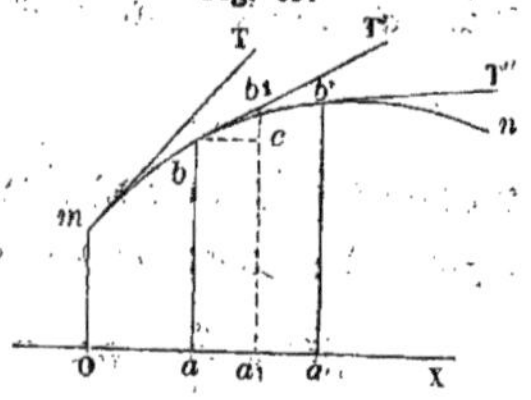

ment la valeur de $\frac{v}{t}$ à ce moment; le coefficient M étant un coefficient constant. Soient $Oa$ un certain temps, $aa_1 = t$ l'accroissement infiniment petit de temps, $ab$ représentant la vitesse au bout du temps $Oa$, $cb_1$ représentera l'accroissement infiniment petit $v$ de cette vitesse; donc $\frac{v}{t} = \frac{b_1 c}{bc}$; c'est-à-dire $\frac{v}{t}$ est égal à la tangente de l'angle que fait avec la ligne OX la tangente à la courbe des vitesses au point $b$.

On pourra donc ainsi construire à chaque instant la valeur de $\frac{v}{t}$, en menant une tangente à la courbe des vitesses.

*Connaissant la loi de la force, construire géométriquement la courbe des vitesses.*

Nous supposons connue la vitesse initiale, ou la vitesse à l'origine du mouvement.

On a, d'après la formule fondamentale,

$$\frac{v}{t} = \frac{1}{M} . F.$$

Donc $\frac{v}{t}$ varie comme F. Donc si l'on connaît les valeurs successives de F au bout d'une suite d'instants successifs, on aura la valeur de $\frac{v}{t}$ au bout de ces mêmes instants. Or, $\frac{v}{t}$ représente l'inclinaison de la tangente à la courbe des vitesses sur l'axe OX; on aura donc la direction des tangentes aux points de la courbe correspondants aux temps $O$, $Oa$, $Oa'$; les tangentes MT, $bT'$, $b''T''$ étant construites, on pourra construire la courbe tangente en ces points $m$, $b$, $b'$ aux droites MT, $bT'$, $b''T''$.

Ainsi, si l'on connaît la force à l'origine du mouvement, on pourra construire au point $m$ la tangente $mn$,

dont l'inclinaison mesure $\frac{v}{t}$. En prenant le point $a$ suffisamment rapproché du point O, le point de la tangente
correspondante à la perpendiculaire menée à OX par le
point $a$ donnera le point de la courbe des vitesses. Rai-
sonnant pour ce point comme pour le point $m$, on pourra
obtenir un troisième point de la courbe. On construira
ainsi par points la courbe des vitesses.

## QUESTION 10 DU PROGRAMME.

Travail d'une force constante agissant sur un point matériel qui se meut en ligne droite dans la direction de la force. — Cas d'une force constante appliquée tangentiellement à la circonférence d'une roue. — Unités de travail. — Kilogrammètre. — Force de cheval-vapeur.

**Définition du travail mécanique.** — *On appelle travail mécanique d'une force, une résistance constamment détruite le long d'un chemin parcouru, par le point où elle s'exerce, et dans la direction propre de ce chemin.*

Ainsi si l'on veut fendre un morceau de bois avec un outil, il y a deux choses nécessaires pour qu'il y ait *travail mécanique;* il faut non-seulement que la résistance du bois soit à chaque instant vaincue, mais il faut aussi faire avancer le point d'action de l'outil dans la direction même de la résistance.

L'exemple le plus net du *travail mécanique* consiste dans l'élévation verticale d'un poids donné ; on voit alors l'intervention nécessaire des deux éléments qui constituent le travail mécanique : on conçoit immédiatement que le travail sera d'autant plus grand pour un même fardeau, qu'il aura été élevé verticalement à un plus grand nombre de mètres au-dessus du sol. De même, pour des fardeaux élevés à une même hauteur, on voit évidemment que le travail varie comme les poids soulevés.

On appréciera donc le travail produit par une machine ou par un moteur quelconque, en mesurant la résistance vaincue et le chemin parcouru par le point résistant.

Plusieurs avantages importants sont la conséquence de cette conception du travail mécanique.

Elle permet de concevoir le travail d'une machine ou d'un moteur, indépendamment de la complication plus ou moins grande des procédés par lesquels agissent le moteur ou la machine. Le travail est alors apprécié en lui-même. Ainsi dans le travail du limeur, par exemple, il y a une assez grande complication : d'abord il faut qu'il appuie pour faire mordre la lime, puis qu'il la fasse glisser le long du corps, en lui imprimant une vitesse plus ou moins grande ; l'ouvrage effectué est le résultat de ces divers efforts, qui sont eux-mêmes le produit de réactions internes très-complexes de l'agent. De même, une machine à vapeur peut être appliquée à produire une infinité de résultats différents : soulever des poids, imprimer des mouvements de rotation, lancer de l'air dans une direction donnée, au moyen de ventilateurs, etc., etc. La considération du *travail mécanique* élimine une telle complication, en ne considérant que le résultat effectif de tout cela, c'est-à-dire, une résistance vaincue le long d'un certain chemin. En second lieu, l'emploi de la notion de *travail mécanique* permet de faire abstraction de la diversité des ouvrages auxquels peut s'appliquer une même machine. Ainsi, par exemple, la puissance d'une machine à vapeur pourra être appréciée par le *travail mécanique* qu'elle est en état de produire, indépendamment des opérations auxquelles on peut l'employer (mouvement des ventilateurs, des locomotives, des marteaux, etc., etc.).

En résumé, la notion de *travail mécanique* fait abstraction : 1° de la diversité des procédés employés ; 2° de la nature de l'ouvrage produit. Par suite, le travail mécanique fournit un terme de comparaison pour apprécier les machines diverses et les ouvrages différents.

Ainsi, si la confection de deux ouvrages de nature différente, et effectués par deux machines, exige le même *travail mécanique*, on pourra considérer la confection comme équivalente dans les deux cas. En général, les confections des ouvrages seront entre elles, comme le *travail mécanique* employé, quelle que soit la machine dont on s'est servi, et quelle que soit la nature des ouvrages.

**Mesure du travail quand la résistance est constante. — Cas d'une force constante agissant sur un point matériel qui se meut en ligne droite dans la direction de la force. — Travail mécanique effectué.**

*Le travail mécanique que nécessite directement une certaine résistance constante, et qui se reproduit le long d'un certain chemin, a pour mesure le produit de cette résistance par le chemin que décrit son point d'application dans sa direction propre.*

Le théorème précédent donne la mesure du travail mécanique effectué, sans considérer le travail mécanique employé pour le produire.

Ce théorème est une conséquence immédiate de la notion même de travail mécanique. Il est clair que pour un même chemin parcouru par un point résistant, le travail sera d'autant plus grand que la résistance vaincue a été plus considérable; au contraire, pour une même résistance le travail sera d'autant plus considérable que le chemin parcouru a été plus grand, le *travail mécanique* variera donc comme le produit de ces deux éléments. On peut exprimer algébriquement ce qui précède.

En effet, soit $T_m$ le *travail mécanique* effectué pour une résistance vaincue $r$, le long d'un chemin $l$, et $T'_m$ le travail mécanique correspondant à la résistance $r'$ et au chemin $l'$.

Soit $T''_m$ le travail mécanique correspondant à la résistance $r$ et au chemin $l'$, on aura

$$\frac{T_m}{T''_m} = \frac{l}{l'}, \quad \frac{T''_m}{T'_m} = \frac{r}{r'};$$

d'où, en multipliant ces deux égalités membre à membre,

$$\frac{T_m}{T'_m} = \frac{rl}{r'l'}.$$

Donc, si l'on prend pour unité de *travail mécanique* le travail mécanique correspondant à l'unité de résistance et à l'unité de chemin, on aura

$$\frac{T_m}{1} = \frac{rl}{1.1}, \quad \text{ou} \quad T_m = rl;$$

ce qu'il fallait démontrer.

**Travail mécanique employé**. — *Quand une force est constante et agit sur un point matériel qui se meut en ligne droite, dans la direction de la force, le travail mécanique employé est égal au chemin parcouru multiplié par la force.*

Ce théorème est une conséquence du théorème précédent. Il est évident que si le point se meut dans la direction même de la force, on peut considérer la résistance comme directement opposée et égale à la puissance; par conséquent, le travail employé à produire un certain effet est égal au travail effectué, c'est-à-dire au produit de l'effort par le chemin parcouru en ligne droite par le point résistant.

**Cas d'une force constante appliquée tangentiellement à la circonférence d'une roue.** — *Le travail mécanique effectué par une force constante appliquée tangen-*

*tiellement à la circonférence d'une roue est égal à cette force multipliée par l'arc de cercle décrit par le point résistant.*

Supposons, en effet, que la résistance constante soit d'abord vaincue le long du chemin AB, puis le long du chemin BC, puis le long du chemin CD, etc. (*fig.* 70). Il est évident que le travail de la force sera finalement égal à

$$R (AB + BC + CD - \ldots),$$

en appelant R la résistance constante ou la force qui lui est égale et directement opposée. Si l'on conçoit que AB, + BC, CD, —... soient les côtés d'un polygone régulier inscrit à un arc de cercle, la proposition restera vraie; elle sera encore vraie, quelle que soit la grandeur des côtés décrits, par suite lorsqu'ils seront infiniment petits. Mais alors la force aura agi tangentiellement à l'arc, puisqu'à chaque instant elle agissait suivant un de ses éléments, et de plus le chemin parcouru sera la longueur $l$ de l'arc. On aura donc :

$Tm = R. l;$ ce qu'il fallait démontrer.

**Unités de travail. — Kilogrammètre. — Force de cheval-vapeur.** — *On prend pour unité de travail le travail nécessaire pour élever verticalement d'un mètre un poids de 1 kilogramme.*

On donne à cette unité de travail le nom de *kilogrammètre* et on la désigne ainsi : $1^{k. m.}$

Ainsi le travail nécessaire pour élever 25 kilog. de 8 mètres est égal à $25 \times 8 = 200^{k. m.}$ ou 200 kilogrammètres.

Cette unité de travail est purement conventionnelle.

Ainsi si l'on avait des travaux considérables à apprécier, on pourrait prendre pour unité de travail celui qui est nécessaire pour élever un tonneau métrique (1,000 kilog.) de 1 mètre. Cette unité de travail se nommerait alors *tonneau-mètre* et pourrait s'écrire aussi 1^t. m.

Les mécaniciens, à l'exemple de Watt, de Boulton et des mécaniciens anglais, admettent souvent pour unité de travail ce qu'on nomme le *cheval-vapeur;* c'est le travail mécanique que suppose un effort de 75 kilogr. exercé le long d'un chemin de 1 mètre, supposé parcouru uniformément dans chaque seconde. Alors le travail du cheval-vapeur en une seconde sera 75^k. m., en adoptant notre unité de travail.

Quand un travail est continué d'une manière uniforme pendant un certain temps, au lieu de considérer le travail total, on considère celui produit pendant une certaine unité de temps. Il est facile ensuite, en multipliant par un temps donné ce travail, d'avoir le travail produit pendant ce temps. C'est seulement dans ce cas que s'introduit, dans la notion de travail, la notion de temps. Car, considérée d'une manière très-générale, cette notion est indépendante de celle de temps.

Si l'on voulait tenir compte effectivement du temps employé à produire le travail, on pourrait en écrire ainsi les résultats :

830^k. m., 783^k. m. pour exprimer le travail fait pendant une seconde ;

325^k. m. le travail produit pendant une minute, et ainsi de suite.

**Mesure du travail quand la résistance est variable.** — Supposons maintenant que la résistance est variable et voyons comment on pourra, dans ce cas, apprécier le travail effectué.

Soient O$a$, $ab$, $bc$ (*fig.* 71) les petits espaces parcourus par le point résistant dans chaque élément de temps. Supposons que $aa'$ représente la résistance au moment où le point commence à décrire l'espace $ab$, et $bb'$ la résistance au moment où le point finit de décrire cet espace. On peut admettre que cet espace très-petit $ab$ a été décrit avec un effort constant égal à la demi-somme des deux efforts extrêmes $\frac{aa'+bb'}{2}$, donc le travail sera égal à $ab \times \frac{aa'+bb'}{2}$, ou la surface du trapèze infiniment petit $aa'b'b$. On ferait le même raisonnement pour le travail développé pendant que le point résistant décrit $bc$ avec des efforts extrêmes égaux à $bb'$ et $cc'$. Si donc on suppose que les chemins $ab$, $bc$ sont infiniment petits, les points $a'$, $b'$, $c'$ formeront une courbe continue; la quadrature de l'espace $aa'c'c$ représentera le travail effectué pendant que le point résistant a décrit une longueur égale à $ac$ ([1]).

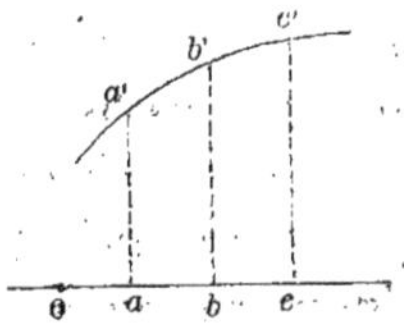

**Mesure du travail des forces motrices et d'inertie.** — *On appelle force vive d'un corps en mouvement le produit de la masse de ce corps par le carré de la vitesse.*

Ainsi si M est la masse d'un corps, V la vitesse de ce corps à un moment donné, la force vive est à ce moment, d'après notre définition, égale à $MV^2$.

*La quantité de travail correspondante à la vitesse acquise V, et consommée par l'inertie du corps, est égale à la moitié*

_______________

([1]) Voir, dans les Traités de Géométrie, les méthodes employées pour évaluer les surfaces terminées par des lignes courbes.

*de la force vive communiquée à ce corps depuis l'instant de son départ.*

Soit une force motrice agissant sur une masse **M**. Cette force, toujours égale et contraire à la force d'inertie, dépense un certain travail pour imprimer une certaine vitesse à ce corps.

Le travail de la force motrice, pendant un instant trèspetit $t$, sera mesuré par le produit de sa valeur moyenne **F** durant cet instant et du chemin élémentaire décrit dans ce même instant par le point d'application de la force.

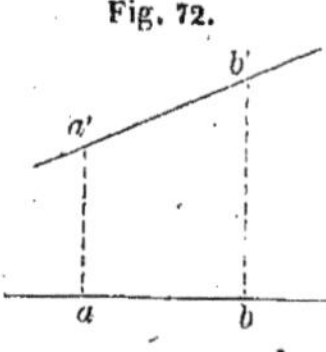
Fig. 72.

Si nous représentons (*fig*. 72) par $ab$ le temps $t$ et par $aa'$ la vitesse du mobile au commencement de cet instant, et par $bb'$ la vitesse à la fin, il est clair que la vitesse moyenne **V** sera égale à $\frac{1}{2}(aa' + bb')$; donc le chemin parcouru par le mobile dans ce temps $t$ sera égal à la surface de ce trapèze, c'est-à-dire $Vt$. Donc le travail de la force motrice sera $FVt$; et cela aura lieu dans chacun des instants infiniment petits égaux à $t$.

**V** étant la vitesse imprimée au mobile pendant le temps infiniment petit $t$, nous avons vu que l'on avait $F = M\frac{v}{t}$. Donc le travail produit par la force motrice dans le temps $t$ est égal à $FVt = M\frac{v}{t}Vt = MVv$.

La somme de toutes ces quantités de travail partielles donnera le travail total. Or, **M** est un facteur commun; par conséquent, pour avoir le travail produit, il suffira d'avoir la somme des produits $Vv$.

A partir du point O (*fig*. 73) portons les longueurs $Oa$, $ab$, $bc$ égales aux accroissements successifs de vitesse $v$ dans les instants infiniment petits égaux à $t$. Ces accroissements seront inégaux dans le mouvement varié. Les longueurs $Oa$, $Ob$, $Oc$ seront les vitesses totales acquises au bout de ces instants. Puis prenons sur les perpendiculaires élcvées à OX aux points $a$, $b$, des longueurs égales à $Oa$, $Ob$, de telle sorte que l'on ait $Oa = aa'$, $Ob = bb'$, les points $a'$, $b'$, $c'$ seront sur une même ligne droite faisant avec OX un angle de 45°. Ainsi soit $d'd'' = v$, on a :

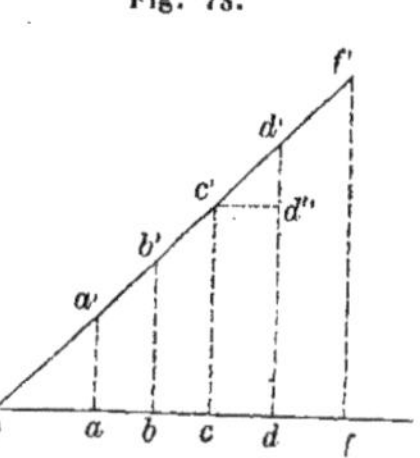

Fig. 73.

$$V = \frac{1}{2}(cc' + dd');$$

donc
$$Vv. = \frac{1}{2}(cc' + dd')\,d'd'';$$

donc $Vv$ est représenté par la surface du trapèze $cdd'c'$. Donc le travail total développé par la force motrice, depuis le moment où le mobile a une vitesse égale à $Oa$, jusqu'à celui où il a une vitesse égale à $Od$, est mesuré par la surface du trapèze $add'a'$.

Supposons que le corps parte du repos. Calculons le travail développé par la force motrice jusqu'au moment où elle lui a communiqué la vitesse $Od'$, que nous désignerons par $V'$. Ce travail est égal à $M.Odd'$. Or,

$$Odd' = \frac{Od.dd'}{2} = \frac{V'^2}{2} = \frac{V'.V'}{2}; \quad \text{d'où} \quad T = \frac{1}{2}MV'.$$

*Donc la quantité de travail, correspondante à la vitesse acquise $V'$ et consommée par l'inertie du corps, sera égale à la moitié de la force vive communiquée à ce corps depuis l'instant de son départ.*

Soit une vitesse $Of = V''$ plus grande que $V'$, la con

sommation de travail employé pour communiquer au corps cette vitesse $V''$ sera égale aussi à $\frac{1}{2}MV''^2$.

Donc le travail consommé par le mobile pour passer de la vitesse $V''$ à la vitesse $V'$ est égal à $\frac{1}{2}MV''^2 - \frac{1}{2}MV'^2 = \frac{1}{2}M(V''^2 - V'^2)$; or, $MV'^2$, $MV''^2$ sont les *forces vives* possédées par le mobile, au commencement et à la fin de l'instant considéré. On peut en conclure le théorème suivant, qui facilite dans un grand nombre de cas la mesure du travail [1].

*La quantité de travail dépensée par une force motrice quelconque qui agit, dans le sens même du mouvement d'un corps libre, pour accélérer ce mouvement, est mesurée par la moitié de la force vive acquise entre les instants où l'on considère le travail.*

C'est évidemment aussi la mesure du travail consommé par l'inertie du corps.

**Effort moyen.** — Supposons qu'on ait ainsi trouvé le travail développé par une force contre une résistance variable, travail représenté par la surface *aa'cc'*. Si l'on divise cette surface par l'espace *ac* décrit par le point d'application de la force, le quotient représentera ce qu'on appelle l'*effort moyen*.

Cet *effort moyen* est tel, qu'en faisant parcourir à un point d'application d'une résistance qui lui soit constamment égale l'espace *ac*, il aurait développé le même travail que celui produit pour vaincre la résistance variable.

La considération de l'*effort moyen* est utile comme celle de la vitesse moyenne, parce qu'elle permet de mieux se

[1] Poncelet, *Introduction à la Mécanique industrielle*.

représenter un travail variable, en le comparant avec un travail qui s'effectue d'une manière uniforme.

**Exemples de travail mécanique.** — L'exemple le plus simple de travail mécanique consiste, comme nous l'avons déjà vu, dans l'élévation verticale des fardeaux.

Voyons en second lieu, comme exemple, la manière dont on pourrait calculer le travail développé pour bander un ressort ou pour comprimer de l'air dans un tube.

Supposons un ressort que l'on comprime en A (*fig.* 74) ou de l'air renfermé dans un tube (*fig.* 75), que l'on comprime aussi au moyen d'une certaine force. On pourra à chaque instant mesurer l'espace parcouru par *mn* et l'effort employé pour pro-duire ce mouvement. L'effort pourra être mesuré en kilogrammes, au moyen du dynamomètre. Si l'on porte sur la ligne OX (*fig.* 76) des longueurs O*a*, *ab*, *bc*, égales aux chemins parcourus par *mn* dans des instants très-courts, et sur des perpendiculaires à OX aux points *a*, *b* et *c*, des longueurs *am*, *bn*, *cp* proportionnelles aux efforts déve-loppés au commencement et à la fin du moment employé par *mn* à parcourir un espace *ab*, on obtiendra la courbe dont la quadrature représentera le travail employé à bander le ressort ou à comprimer l'air dans le tube.

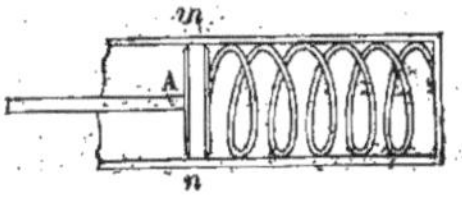

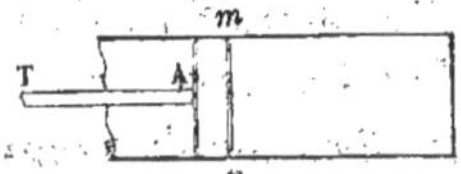

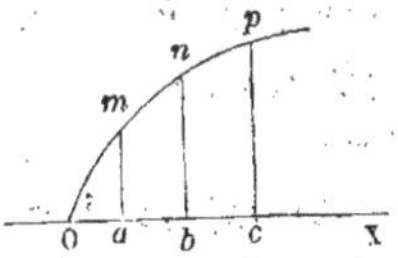

**Conditions du travail mécanique.—Insuffisance nécessaire d'une telle conception du travail pour représenter les travaux industriels.** — Pour qu'il y ait travail mécanique, il faut, d'après la définition que nous en avons donnée, deux conditions : une résistance vaincue et un chemin parcouru par le point d'application de l'effort. Mais il faut que ces deux conditions ne soient pas indépendantes l'une de l'autre ; c'est-à-dire il faut que le chemin parcouru le soit par l'action même de l'effort. Ainsi un individu qui exercerait un effort considérable sur un point d'un bateau en mouvement, sans faire mouvoir ce point, ne produirait pas de travail, quoique le point se déplaçât dans l'espace.

D'après notre définition du travail mécanique, ce travail sera nul toutes les fois que l'un des deux facteurs qui servent à le produire le deviendra. Ainsi il n'y a pas de travail mécanique produit toutes les fois que l'effort exercé ne fait pas mouvoir le point contre lequel il s'applique, attendu qu'alors l'un des facteurs du travail devient nul ; de même lorsqu'une force s'exerce perpendiculairement à la direction du mouvement, le travail est nul. Ainsi une force qui pousserait une voiture perpendiculairement à la direction du chemin qu'elle décrit ne produirait pas de travail mécanique ; pas plus qu'un individu qui pousserait une *roue à manége*, dans le sens de la longueur de la barre.

De même il n'y a pas de travail mécanique toutes les fois qu'il y a un chemin parcouru, sans qu'il y ait une résistance vaincue le long de ce chemin. Ainsi une machine qui marcherait à vide, c'est-à-dire dont l'*outil* ne rencontrerait pas de résistance, ne confectionnerait pas d'ouvrage et ne donnerait pas lieu à du travail mécanique.

Cependant, dans beaucoup de cas semblables, il y a un effet utile produit et industriellement appréciable. Ainsi un individu qui soutient un objet sans le mouvoir ne développe pas de *travail mécanique*, et cependant le résultat produit n'en est pas moins utile.

De même, il n'y a pas de *travail mécanique* produit lorsqu'un homme chemine horizontalement en portant un fardeau, car l'action du poids du fardeau est perpendiculaire à la direction du chemin décrit. Cependant il y a là un effet très-utile que l'industrie apprécie et paye.

Il faut donc reconnaître franchement, avec M. Poncelet, que notre conception du *travail mécanique* ne représente pas tous les travaux industriels, et, par conséquent, restreindre attentivement l'emploi d'une telle notion à l'ensemble des cas, très-nombreux d'ailleurs, qui le comportent.

## QUESTION 11 DU PROGRAMME.

Composition de deux forces appliquées à un même point matériel, déduite de la composition des vitesses.—Les distances d'un point de la résultante aux deux composantes sont en raison inverse des intensités de ces composantes. — Conséquence pour la composition des forces parallèles. — Extension des propositions qui précèdent au cas de plusieurs forces concourantes ou parallèles. — Conditions d'équilibre d'un point matériel.—Ces conditions sont indépendantes de l'état de mouvement ou de repos du point considéré.

**Composition de deux forces appliquées à un même point, déduite de la composition des vitesses.** — Lorsqu'un point matériel est soumis à l'action simultanée de plusieurs forces, il prend un certain mouvement; or, on peut toujours imaginer une force unique qui ferait prendre à ce point le même mouvement; cette force unique est ce qu'on nomme la *résultante* de toutes les forces qui agissent sur le point : celles-ci sont les *composantes*; et on appelle *composition des forces* l'opération par laquelle on cherche la résultante de plusieurs forces données agissant sur un point ou sur un corps matériel.

*Si deux lignes représentent en grandeur et en direction deux forces agissant simultanément sur un point, la diagonale du parallélogramme construit sur ces deux lignes représente, en grandeur et en direction, la résultante de ces deux forces.*

On démontre ce théorème comme conséquence du principe de Galilée sur l'indépendance des mouvements simultanés.

Soit un point matériel A (*fig.* 77) soumis à l'action de deux forces F et F′ constantes de grandeur et de direction pendant un temps $t$. La force F, si elle agissait seule, ferait mouvoir le point A dans la direction AB d'un mouvement uniformément accéléré, et on suppose que la longueur AB représente en grandeur et en direction l'accélération de ce mouvement. La force F', si elle agissait seule, ferait de même parcourir au point A un certain espace dans la direction AD, d'un mouvement uniformément accéléré, et AD représente également l'accélération de ce mouvement; d'après le principe de la composition des mouvements, le point A soumis simultanément à l'action des deux forces F et F' se mouvra d'un mouvement uniformément accéléré, suivant la diagonale AC, et l'accélération de ce mouvement sera représentée par la longueur AC; or, ce mouvement peut être attribué à une force unique R, agissant dans la direction AC et donnant au point A, dans le même temps, une accélération représentée par la longueur AC. Il en résulte que, d'après le principe de la proportionnalité des forces aux accélérations, les quantités F, F' et R sont entre elles comme les accélérations AB, AD et AC, et par suite si AB et AD sont les intensités des forces F et F', AC est l'intensité de la force R. Donc, enfin, la résultante des deux forces F et F' est représentée en grandeur et en direction par la diagonale du parallélogramme formé sur les deux forces.

Nous avons supposé les forces F et F' constantes de grandeur et de direction; si cela n'a pas lieu, comme la démonstration que nous avons donnée est indépendante du temps $t$, et qu'on peut prendre ce temps aussi petit que l'on voudra, on pourra concevoir que les forces variables restent constantes pendant un temps infiniment court; et si pendant ce temps on représente leur intensité par deux longueurs, comme dans le cas précédent, leur résultante s'obtiendra de la même manière.

Enfin, nous avons supposé le point A à l'état de repos; s'il était animé d'une vitesse initiale, les forces agissant sur le point en mouvement de la même manière que s'il était en repos, on pourrait encore les composer d'après la même loi.

De même qu'on a remplacé deux forces agissant sur un point par une force unique produisant le même effet, on pourrait remplacer une force agissant sur un point par deux autres forces composantes, qui produiraient le même effet que cette force unique, et faire la *décomposition de la force*. On conçoit que dans ce cas le problème est indéterminé : il suffirait, en effet, de mener par le point A deux droites de direction quelconque, AB et AD; et si AC représente la grandeur de la force qu'on veut décomposer, mener par le point C des parallèles CB et CD, qui détermineraient des longueurs AB et AD représentant les intensités des composantes pour les directions que l'on s'est données. Mais si ces directions étaient connues, on pourrait toujours, par ce moyen, trouver les deux composantes AB et AD agissant dans ces directions et pouvant remplacer la résultante AC.

**Composition des forces concourantes en un même point.** — Supposons maintenant un nombre quelconque de forces (*fig.* 78) agissant sur un même point A et représentées en grandeur et en direction par les lignes AB, AC, AD, AE, et proposons-nous de trouver la résultante de toutes ces forces. On peut, par la règle du parallélogramme, com-

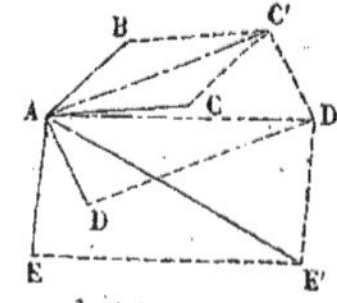

Fig. 78.

poser les deux premières AB et AC, en une seule AC′ ;
puis celle-ci avec la suivante AD, ce qui donnera la résultante AD′ ; puis enfin AD′ avec la dernière AE, ce qui
donnera la résultante finale AE′, qui sera ainsi connue en
grandeur et en direction.

En réduisant à ce qu'elle a d'indispensable la construction qui nous a servi à déterminer AE′, il est facile de voir
qu'on l'obtiendrait en construisant un polygone (*fig.* 79)
formé en menant par un point A une
ligne A′B′ égale et parallèle à AB ; par
l'extrémité B′, une ligne B′C′ égale et
parallèle à AC ; par l'extrémité C′, une
ligne C′D′ parallèle et égale à AD ; et
enfin, par D′, une ligne D′E′ égale et
parallèle à AE ; en fermant le polygone A′B′C′D′E′ par une
ligne A′E′, celle-ci représenterait précisément en longueur
et en direction la résultante précédemment obtenue.

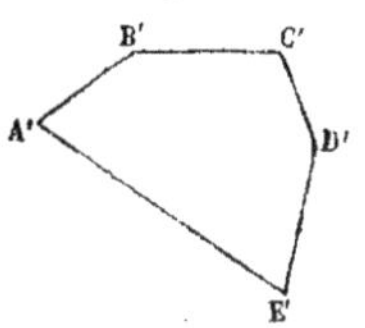

Fig. 79.

On aurait pu construire ce même polygone des forces
en prenant des longueurs proportionnelles aux différentes
forces, le côté résultant serait toujours dans une direction
parallèle à la résultante des forces et aurait une longueur
proportionnelle à son intensité.

Il faut remarquer que cette construction ne suppose en
rien que les forces sont dans un même plan ; elle s'applique donc pour le cas général de forces concourantes
quelconques.

Dans le cas particulier de trois forces concourantes non
situées dans un même plan (*fig.* 80), si on construit le parallélipipède qui aurait pour arêtes contiguës les trois lignes
AB, AC, AD représentant la direction et l'intensité des
trois forces, la diagonale AF de ce parallélipipède sera la
résultante des trois forces. En effet, AE diagonale du pa

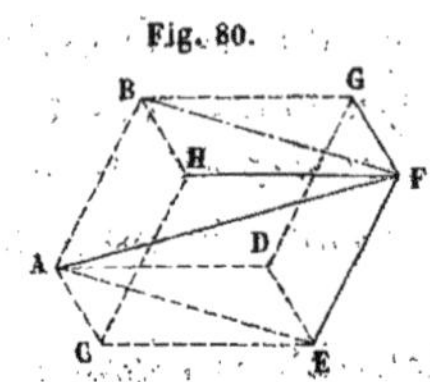

Fig. 80.

rallélogramme ACED, construit sur les deux forces AC et AD, est la résultante de ces deux forces; mais la figure AEFB étant un parallélogramme, AF est la résultante des deux forces AB et AE et par suite des trois forces AB, AC, AD.

Réciproquement, si on voulait décomposer une force AF en trois composantes dirigées suivant trois droites AB, AC, AD, on mènerait par le point F des parallèles FG, FH, FE à chacune des trois lignes jusqu'au plan des deux autres et on achèverait le parallélipipède. Les arêtes AB, AC, AD, seraient les grandeurs des composantes.

On peut alors ramener au cas du parallélipipède la composition d'autant de forces que l'on voudra appliquées en un même point. En effet, soient (*fig.* 81) des forces P, P', P''...

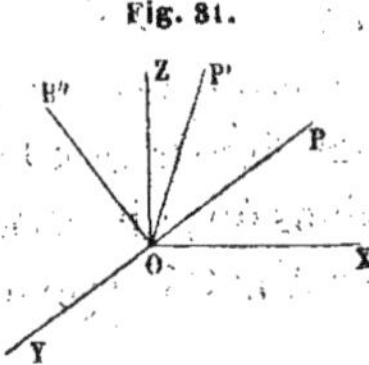

Fig. 81.

des forces quelconques appliquées en un point O. Concevons qu'on ait mené par le point O trois axes quelconques non situés dans le même plan. On pourra décomposer chacune des forces en trois autres dirigées respectivement suivant chacun des trois axes, on aura ainsi suivant chacun des axes OX, OY et OZ, une somme de forces ayant la même direction, qui s'ajoutent ou se retranchent selon qu'elles agissent dans un sens ou dans le sens contraire et qui se réduiront à trois forces dirigées suivant les trois axes. On construira alors la diagonale du parallélipipède formé par ces trois résultantes partielles et l'on aura enfin la résultante générale du système.

**Les distances d'un point de la résultante de**

**deux forces aux deux composantes sont en raison inverse des intensités de ces composantes.** — Soient deux forces concourantes P et Q, représentées en grandeur et en direction (*fig.* 82) par les lignes AB et AC, soit AD la diagonale du parallélogramme formé sur ces deux lignes : du point D extrémité de la diagonale abaissons des perpendiculaires DE et DF sur les directions des forces P et Q. Nommons $p$ et $q$ les longueurs de ces perpendiculaires : les triangles rectangles BDE, CDF sont semblables, on a donc la proportion :

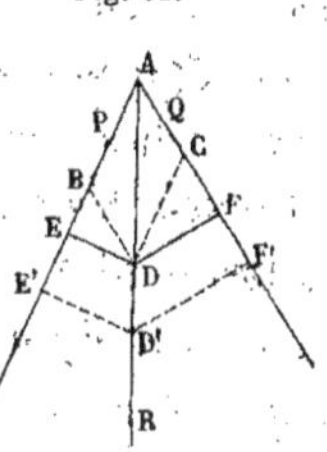


$$\frac{BD}{CD} = \frac{p}{q} \quad \text{ou} \quad \frac{Q}{P} = \frac{p}{q}.$$

Si d'un autre point quelconque D′, de la résultante, on abaisse des perpendiculaires D′E′ $= p′$ et D′F′ $= q′$ sur les deux composantes, comme :

$$\frac{p}{q} = \frac{p'}{q'}, \quad \text{on a encore} \quad \frac{Q}{P} = \frac{p'}{q'}.$$

Donc les deux composantes sont inversement proportionnelles aux distances d'un point quelconque de la résultante à leurs directions.

**Conséquence du lemme précédent, pour la composition de deux forces parallèles.** — Si deux forces de direction parallèle agissent sur deux points d'un même corps ou invariablement liés entre eux, on peut encore remplacer ces deux forces par une résultante unique agissant en un point invariablement lié avec les premiers; et le principe que nous venons d'énoncer nous permettra de déterminer la grandeur et la direction de cette résultante; nous allons en effet démontrer la règle suivante qui est le principe de la composition des forces parallèles :

*La résultante de deux forces parallèles et de même sens est égale à leur somme, et sa direction est parallèle à celle des composantes; son point d'application est sur la ligne qui joint les points d'application des deux composantes et la partage en deux parties inversement proportionnelles à ces deux forces.*

On voit d'abord dans la figure qui précède que, lorsque les forces sont concourantes, la valeur de la résultante AD est le côté d'un triangle ABD, dont les deux autres côtés sont égaux aux deux forces P et Q et dont l'angle opposé ABD est supplémentaire de DBE, égal à l'angle BAC des deux forces. Donc, d'après une formule de trigonométrie, on a :

$$R^2 = P^2 + Q^2 + 2\,PQ \cos in\,(P, Q),$$

Comme cette relation a lieu quel que soit l'angle des deux forces, on peut admettre qu'elle aura lieu à la limite, c'est-à-dire lorsque les forces seront parallèles et que par conséquent leur angle sera égal à 0; auquel cas le cosin (P, Q) est égal à 1. On a alors :

$$R^2 = P^2 + Q^2 + 2PQ = (P + Q)^2,$$

ou
$$R = P + Q.$$

La valeur de la résultante est donc égale à la somme des valeurs des composantes, supposées agir dans le même sens. Cherchons maintenant sa direction et son point d'application.

Si nous supposons encore les forces P et Q concourantes et agissant aux extrémités de la droite AB (*fig.* 83), HR qui est la résultante de ces deux forces va passer par leur point de rencontre; si donc cette rencontre a lieu à l'infini, c'est-à-dire si les forces sont parallèles, HR ira aussi les rencontrer à l'infini, c'est-à-dire sera dans une direction parallèle à chacune d'elles ; soit enfin H son point d'application, $p$ et $q$ les perpendiculaires abaissées de H sur la direction des deux forces. On a, d'après le théorème précédent :

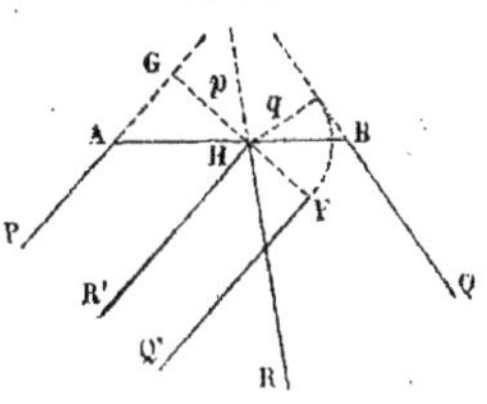
Fig. 83.

$$\frac{P}{Q} = \frac{q}{p}.$$

Or, si l'on imagine que la force Q tourne autour du point H, de manière que les deux perpendiculaires $p$ et $q$ viennent sur le prolongement l'une de l'autre en GH et HF, la force Q prenant la direction Q′ parallèle à P, la résultante R′ passera toujours par le point H. Ces deux nouvelles forces P et Q′, appliquées aux points G et F, auront donc une résultante R, appliquée en H ; et ce point H partagera la ligne GF en deux parties $p$ et $q$ inversement proportionnelles à P et à Q′ = Q.

Si donc on a deux forces parallèles P et Q (*fig.* 84) appliquées aux extrémités de la droite AB aux points A et B, leur résultante doit être telle que si d'un de ses points E, on abaisse des perpendiculaires EC et ED égales à $p$ et $q$ sur la direction des deux forces, on a :

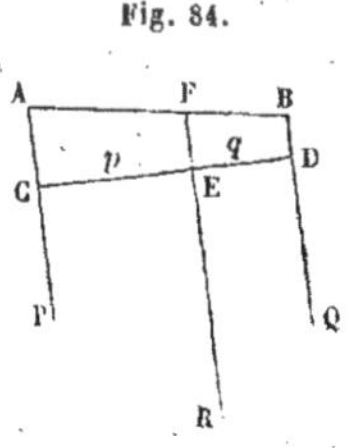
Fig. 84.

$$\frac{P}{Q} = \frac{q}{p},$$

mais, en prolongeant la direction de la résultante jusqu'à la ligne AB qui joint les points d'application des deux forces, cette résultante est appliquée au point F, et l'on aura :

$$\frac{AF}{FB} = \frac{CE}{ED} = \frac{p}{q};$$

mais $\dfrac{p}{q}=\dfrac{Q}{P}$, donc $\dfrac{Q}{P}=\dfrac{AF}{FB}$;

donc enfin la résultante de deux forces parallèles et agissant dans le même sens est parallèle aux directions des composantes, égale à leur somme, et peut être considérée comme appliquée en un point de la ligne qui joint leurs points d'application, tel que cette ligne y soit partagée en parties inversement proportionnelles aux forces.

On pourrait maintenant résoudre la question inverse ; soit, par exemple, une force R (*fig.* 85) agissant sur une

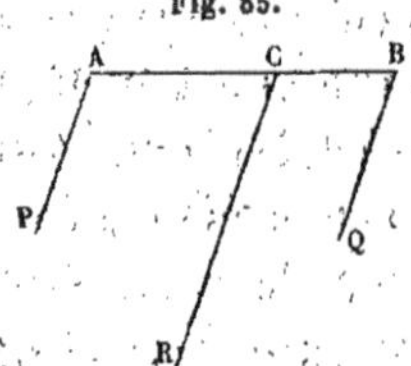


droite dans une direction donnée, on veut la décomposer en deux forces parallèles de manière que l'une d'elles agisse en un point A de la droite et ait une intensité représentée par P, quelle sera la valeur de l'autre composante parallèle et en quel point de la droite faudra-t-il l'appliquer?

Si Q est cette seconde composante, on devra d'abord poser $Q = R - P$. De plus, il faudra, d'après la règle précédente, que :

$$\frac{Q}{P} = \frac{AC}{CB};$$

d'où $\quad CB = AC \times \dfrac{P}{Q}\quad$ ou $\quad CB = AC \times \dfrac{P}{R-P}.$

Si on donnait seulement la résultante R et les deux points d'application, il faudrait pour trouver P et Q résoudre les deux équations :

$$P + Q = R,$$

et $\quad\quad P \times CB = Q \times AC;$

d'où l'on tirerait facilement :

$$P = R \times \frac{AC}{AB} \quad \text{et} \quad Q = R \times \frac{CB}{AB}.$$

**Composition de deux forces parallèles agissant
en sens inverse.** — Si les deux forces P et Q (*fig.* 86) parallèles, agissant aux extrémités de la
droite AB, sont dirigées en sens inverse
l'une de l'autre, la résultante sera toujours parallèle aux composantes ; elle
sera égale à leur différence et dirigée
dans le sens de la plus grande.

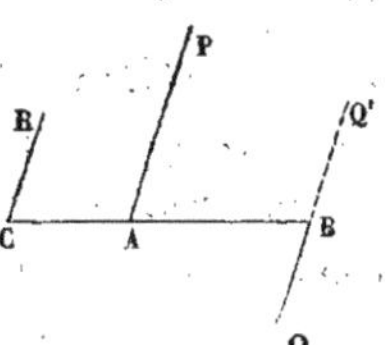

Fig. 86.

Décomposons la plus grande des deux forces P en deux
autres forces parallèles, l'une Q′, appliquée en B et égale
à Q, l'autre R, appliquée en un certain point C sur le prolongement de la droite AB et égale à la différence P — Q.
Le système des deux forces P et Q sera remplacé par les
trois forces R, Q′ et Q ; ces deux dernières étant égales et
directement opposées se détruisent, il ne reste donc plus
que la force R, appliquée en C ; R est donc la résultante
des deux forces P et Q.

D'ailleurs Q′ et R étant les composantes de P, on a :

$$\frac{R}{Q'}=\frac{AB}{AC}, \quad \text{d'où } AC=AB\times\frac{Q}{R},$$

ou
$$AC=AB\times\frac{Q}{P-Q}.$$

La résultante est donc déterminée de grandeur et de
direction.

**Couple.** — On nomme couple *un système de deux
forces égales, parallèles, agissant aux extrémités d'une droite
et dirigées en sens inverse.* Un semblable système ne comporte pas de résultante unique ; car si on cherche le point
C d'application de cette résultante comme dans le cas précédent, on trouve :

$$AC=AB\times\frac{Q}{P-Q};$$

et comme $P = Q$,    $AC = AB \times \dfrac{Q}{0} = \infty$ ;

on a de plus        $R = P - Q = 0$.

Il faudrait donc, pour remplacer l'action de ces deux forces, appliquer une résultante nulle en un point de la droite infiniment éloigné, c'est-à-dire que cette résultante n'existe pas.

### Composition d'un nombre quelconque de forces parallèles.

— Sachant composer deux forces parallèles, on peut trouver la résultante d'autant de forces que l'on voudra agissant sur un ensemble de points invariablement liés. Soient (*fig.* 87) des forces parallèles P, P′, P″, P‴, P$^{IV}$,

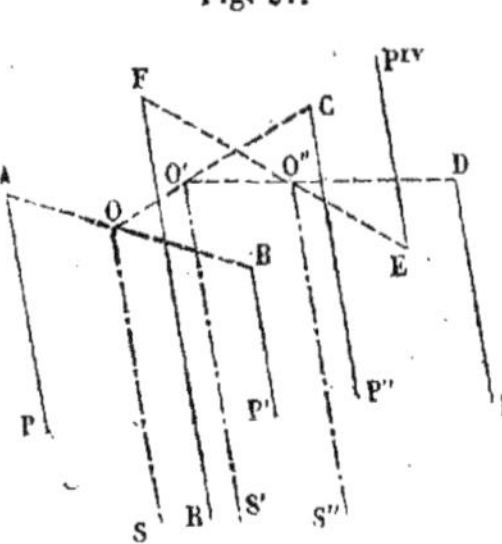

Fig. 87.

appliquées respectivement aux points A, B, C, D, E, agissant dans un sens ou dans le sens opposé. On composera les deux forces P et P′ en une seule S, appliquée en un point O de la droite AB, lequel partage cette droite en raison inverse des intensités des deux forces.

Puis on composera S avec la troisième P″ de la même manière ; on obtiendra S′ appliquée en O′, puis S′ avec P‴ ce qui donnera S″, puis enfin S″ avec P$^{IV}$ ce qui donnera la résultante finale R, appliquée en F ; on tiendra compte bien entendu, dans les constructions, du sens dans lequel agissent les forces. Dans ce cas la valeur de R sera égale à S″ — P$^{IV}$,

mais $S'' = S' + P''' = S + P'' + P''' = P + P' + P'' + P'''$,

donc enfin      $R = P + P' + P'' + P''' - P^{IV}$,

la résultante est égale à la somme algébrique des composantes.

Les points d'application O, O', O'' et finalement F ayant
été successivement obtenus par des constructions qui ne
dépendent aucunement de la direction des forces, mais
seulement de leurs intensités respectives, si l'on venait à
faire varier cette direction en les laissant parallèles, appliquées aux mêmes points, de même intensité ou seulement d'intensités ayant entre elles les mêmes rapports que
les premières, il est évident que le point d'application de
la résultante ne serait pas changé et qu'elle serait parallèle
à la nouvelle direction en passant toujours par le point F.

**Seconde démonstration de la composition de
deux forces parallèles**. — On peut encore composer
deux forces parallèles par une méthode indépendante du
lemme dont nous nous sommes servi, sur la distance d'un
point de la résultante à la direction des deux composantes.
Elle est due à d'Alembert. Soient deux forces P et Q
(*fig*. 88) parallèles, agissant aux extrémités de la droite
AB; appliquons aux extrémités
de la droite AB et en sens inverse
deux forces égales P', P'; ces
forces se détruiront, et l'effet des
deux forces P et Q ne sera pas
altéré; par conséquent, la résultante de P et Q sera encore la
même que celle des quatre forces
P, Q, P' et P'. Composons les deux

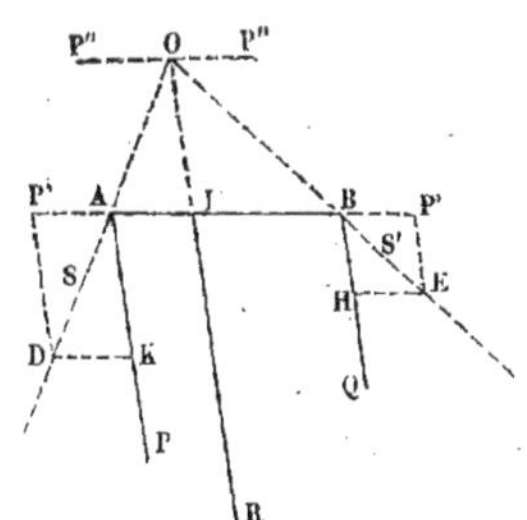


forces P et P' en une seule S, dirigée suivant la diagonale
AD du parallélogramme formé sur les deux lignes qui représentent les intensités de ces forces. Composons de même

P′ et Q en une seule S′, les deux forces S et S′ produiront le même effet que les quatre forces primitives.

Mais ces deux forces pouvant être appliquées en un point quelconque de leur direction, soit O, le point de rencontre de leurs directions prolongées, si l'on suppose ce point O invariablement lié aux deux points A et B, on pourra regarder les deux forces S et S′ comme agissant au point O [1].

Je décompose au point O l'une des deux forces S en deux composantes dirigées suivant deux directions OP″ et OI, parallèles à AB et à la direction des forces P et Q, ces deux composantes seront évidemment les mêmes que celles qui ont servi à déterminer la force S au point A, c'est-à-dire que l'une d'elles P″ sera égale à P′, et l'autre dirigée suivant OI sera égale à P. En faisant la même décomposition pour la force S′, on aura encore une nouvelle force P″ égale et directement opposée à la première, et une force égale à Q et dirigée suivant OI. De sorte que les deux forces P″ se détruisant, il reste les deux forces P et Q dirigées suivant OI, dans le même sens, qui s'ajoutent et donnent une résultante unique R = P + Q dirigées suivant OI. En supposant cette direction prolongée et rencontrant AB au point I, on peut considérer la force R comme appliquée en ce point de la droite. La résultante des deux forces P et Q est donc finalement une force R égale à leur somme, agissant dans une direction parallèle et appliquée au point I. Il ne reste plus qu'à déterminer la position de ce point. Or, les triangles ADK, AOI sont semblables et donnent la proportion :

$$\frac{DK}{AK} = \frac{AI}{OI} \quad \text{ou} \quad \frac{P'}{P} = \frac{AI}{OI};$$

[1] En vertu du lemme démontré page 157.

de même, les deux triangles semblables BHE, OIB donnent :

$$\frac{HE}{BH} = \frac{IB}{OI} \quad ou \quad \frac{P'}{Q} = \frac{IB}{OI} ;$$

en divisant ces deux proportions terme à terme on obtient :

$$\frac{Q}{P} = \frac{AI}{IB} ,$$

ce qui donne le théorème déjà établi sur le point d'application de la résultante de deux forces parallèles.

**Conditions d'équilibre d'un point matériel. — Ces conditions sont indépendantes de l'état de mouvement ou de repos du point considéré. —** Lorsqu'un nombre quelconque de forces agissent sur un point matériel, et que l'effet de toutes ces forces sur ce point est nul, on dit que ces forces se font équilibre ; si le point est à l'état de repos, ce repos ne sera point troublé, et le point sera en équilibre sous l'action de toutes ces forces. Si le point est assujetti à un certain mouvement, l'effet des forces que l'on considère étant nul, son mouvement ne pourra en aucune manière en être altéré, et l'on dira encore que ces forces se font équilibre sur ce point.

Pour trouver les conditions que doivent remplir des forces appliquées en un point, pour que ce point soit en équilibre, il faut évidemment chercher les conditions que doivent remplir ces forces pour que leur résultante soit nulle ; et par suite, il faudra, pour connaître ces conditions, avoir recours aux règles qui donnent la résultante d'un système de forces appliquées en un même point.

Nous avons établi que si, par un point quelconque de l'espace, on mène une parallèle à l'une des forces, égale ou proportionnelle à son intensité, puis par l'extrémité de cette ligne une seconde ligne parallèle et égale ou proportionnelle à la seconde force, et que l'on continue cette construction jusqu'à la dernière, on forme un polygone tel que le côté qui ferme le polygone, c'est-à-dire, qui joint l'extrémité de la dernière parallèle qu'on a menée avec l'origine d'où l'on est parti, est précisément la résultante du système; or, si le polygone ainsi construit se ferme de lui-même, le côté résultant et par suite la résultante des forces du système est nulle, et par conséquent les forces sont en équilibre; on pourra donc effectuer cette construction et s'assurer si le polygone est fermé. Cette condition sera suffisante pour affirmer que les forces se font équilibre.

La seconde méthode que nous avons indiquée pour construire la résultante de plusieurs forces nous conduira d'une autre manière aux conditions d'équilibre; il est d'ailleurs facile de prévoir *à priori*, et le calcul se vérifie aisément, que ces deux méthodes n'en forment au fond qu'une seule et conduisent aux mêmes conditions, lorsqu'on exprime numériquement les relations de grandeur et de position qui doivent exister entre ces forces pour que l'équilibre existe.

Nous avons dit qu'en faisant passer par le point où sont appliquées les forces trois axes quelconques non situés dans le même plan, on pouvait toujours ramener toutes les forces du système à trois forces dirigées suivant chacun des trois axes. Or, pour que l'équilibre existe, il faut et il suffit que chacune de ces trois forces soit séparément nulle. En effet, si cette condition est remplie, elle est suffisante, car la résultante de trois forces nulles sera nulle, et par suite le point sera en équilibre. Elles sont d'ailleurs nécessaires, car si elles n'étaient pas nulles à la fois, on pourrait toujours construire la résultante de celles qui ne se détruiraient pas, et le point resterait soumis à l'action de cette résultante, il ne serait donc pas en équilibre

Les conditions de l'équilibre étant la conséquence de la valeur nulle de la résultante, et les moyens employés pour trouver celle-ci étant indépendants de l'état de repos ou de mouvement dans lequel se trouve le point, il est évident, comme cela était facile à prévoir, que si un système de forces se fait équilibre sur un point en repos, l'équilibre existera encore pour ce système de forces s'il est appliqué sur un point animé d'un mouvement quelconque.

**Composition d'un système quelconque de forces appliquées à un corps solide. — Leur réduction à deux forces dont l'une passe par un point donné. — Pour qu'il y ait équilibre, ces forces doivent être égales et directement opposées.** — Après avoir considéré un système de forces appliquées en un point, il ne nous reste plus qu'à étudier la composition d'autant de forces que l'on voudra, dirigées d'une manière quelconque dans l'espace, et appliquées à différents points d'un corps solide ou invariablement liés entre eux.

Pour établir cette composition on s'appuie sur ce principe, évident par lui-même, qu'*une force appliquée en un point d'un corps solide peut être considérée comme appliquée en un point quelconque de sa direction, pourvu que ce point soit invariablement lié au premier.* Ainsi, une force F appliquée en un point A (*fig.* 89) d'un corps solide pourra être transportée en un point B, de sa direction ; car la force ne peut donner un mouvement au point A qu'en entraînant dans ce mouvement toutes les molécules du corps situées sur sa direction AB; or, si la force F est

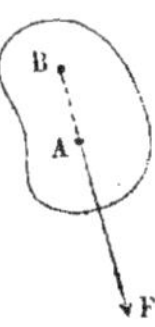

appliquée en B, l'effet produit sera le même, puisque le mouvement de la molécule B entraînera dans le même mouvement toutes les molécules du corps situées sur la direction AB de la force.

Soit maintenant (*fig.* 90) un système quelconque de forces F, F′, F″, F‴, etc., appliquées en des points O, O′, O″, O‴, etc., d'un corps solide. Prenons arbitrairement dans le corps solide trois points A, B, C, et joignons le point O à chacun de ces points. Nous pouvons, par la règle du paral-

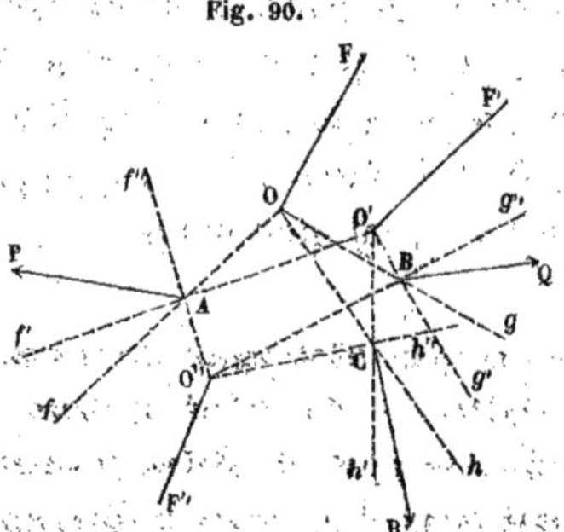

Fig. 90.

lélipipède, décomposer la force F en trois autres *f*, *g*, *h* passant par les trois directions OA, OB, OC, et supposer chacune de celles-ci transportées sur leurs directions aux points A, B, C ; joignons de même O′ avec ces trois points, et faisons une décomposition analogue en trois forces *f*′, *g*′, *h*′, qu'on pourra encore transporter aux points A, B, C, et agissons de même pour toutes les forces du système. On aura remplacé toutes les forces de ce système par trois groupes de composantes appliquées aux points A, B, C, lesquelles se composeront entre elles en trois forces P, Q, R appliquées aux points A, B, C. Donc enfin : *toutes les forces qui agissent sur un corps solide peuvent se réduire à trois forces appliquées à trois points pris arbitrairement dans le corps.*

Considérons les trois forces, R appliquée en A (*fig.* 91), P appliquée en B, Q appliquée en C. Par le point A et la direction BP, faisons passer un plan MN ; par ce même point A et la direction CQ, faisons passer un plan MN′ ; ces

deux plans se coupent suivant la ligne **AD**. Joignons **BD**
et **CD**. Les trois lignes **BP**,
**BD**, **BA**, étant dans un
même plan, on peut dé-
composer la force **P** en
deux autres dirigées sui-
vant les lignes **BD** et **BA**,
ou leurs prolongements ;
soient $p$ et $p'$ ces composantes, on peut les sup-
poser appliquées l'une
en **D**, l'autre en **A**. De même, les trois lignes **CQ**, **CD**, **CA**
étant dans un même plan, on peut décomposer la force **Q**
en deux autres $q$ et $q'$, suivant **CD** et **CA** ou leurs prolongements ; celles-ci peuvent être appliquées l'une en **D**,
l'autre en **A**. Il nous reste donc, à la place des trois forces
**R**, **P**, **Q**, les forces $p$ et $q$ appliquées en **D** et qui peuvent
se réduire en une seule **F**, et les forces **R**, $q'$ et $p'$ appliquées en **A** et qu'on peut réduire en une seule **F'**. D'ailleurs, les points **A**, **B**, **C** ayant été pris à volonté, le point
**A** peut être quelconque. De là ce théorème général :

*Toutes les forces appliquées à un corps solide peuvent tou-*
*jours se réduire à deux forces dont l'une passe par un point*
*donné du corps.*

Les deux forces **F** et **F'** étant les résultantes de toutes
les forces, si elles ne sont pas nulles séparément, le corps
ne peut être en équilibre que si ces deux forces sont égales
et directement opposées ; car alors elles se détruisent.
Pour qu'elles soient directement opposées, il faut qu'elles
agissent toutes les deux suivant la ligne **AD** qui joint leurs
points d'application. Or, si la force **F** est dirigée suivant
**AD**, comme elle est la résultante des deux forces $p$ et $q$,

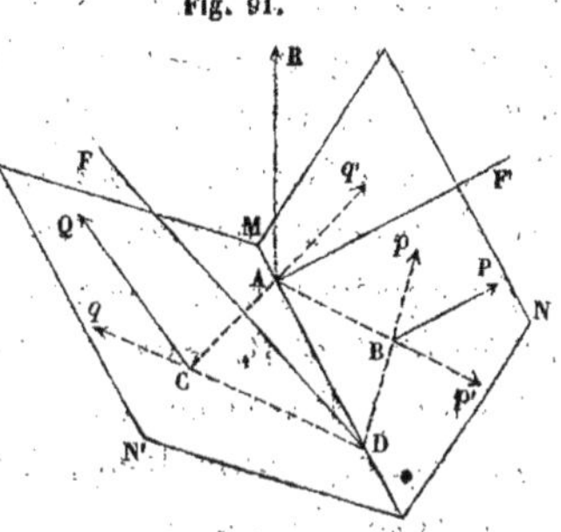

agissant suivant les lignes DC et DB, elle est dans le plan de ces lignes. Donc AD, DC et DB sont dans un même plan : et, par conséquent, AB et AC sont dans ce plan, c'est-à-dire que les deux plans MN et MN′ se confondent, et les forces P et Q sont dans un même plan. Mais si les forces P et Q sont dans un même plan, elles ont une résultante, et comme il y a équilibre cette résultante doit être détruite par la troisième force R, donc R est situé aussi dans le plan des deux forces P et Q. Donc enfin, si un corps est en équilibre sous l'action d'autant de forces que l'on voudra, il faut : *qu'on puisse les réduire à trois forces situées dans un même plan ; celles-ci doivent alors pour se faire équilibre être parallèles ou concourir au même point, et l'une d'elles être égale et directement opposée à la résultante des deux autres ;* car si trois forces P, P′, P″ (*fig.* 92) agissent en trois points A, B, C d'un corps, dans le même plan, les deux forces P et P′ prolongées jusqu'à leur rencontre O auront une résultante R, qui rencontrera P″ en un point O′ ; et pour que R et P″ se fassent équilibre, il faut qu'elles soient égales et directement opposées.

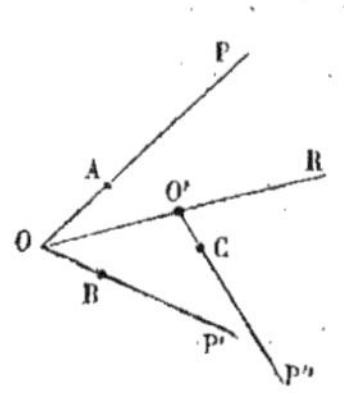



***Composition des forces concourantes. — Solution analytique.** — Nous avons appris à trouver, par des constructions géométriques, la résultante d'un système de forces concourantes, dans le cas où les forces qui composent le système seraient données en nombres, ainsi que les angles qu'elles font entre elles. Le calcul conduit également à connaître la valeur numérique de la résultante, ainsi que celle des angles qui déterminent sa direction.

**Composition de deux forces**. — Prenons pour premier cas celui de deux forces concourantes P et Q, agissant suivant AB et AD (*fig.* 93) et faisant entre elles un angle donné DAB, que nous nommerons

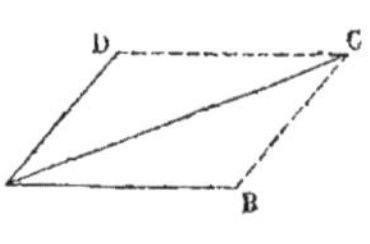

Fig. 93.

α. P et Q étant les nombres qui représentent les intensités des deux forces, R sera la valeur de la résultante, $\beta$ et $\gamma$ les angles CAB, DAC qu'elle fait avec la direction des deux forces P et Q.

Construisons le parallélogramme des forces ABDC; dans le triangle ABC, le côté BC est égal à AD, et par suite égal à Q. L'angle ABC est le supplément de DAB ou de α.

Or, on a vu, en trigonométrie, qu'on a entre les côtés et les angles d'un triangle la relation suivante :

$$\overline{AC}^2 = \overline{AB}^2 + \overline{BC}^2 - 2.AB.BC\cos in\,ABC\,;$$

et comme $\cos in\,ABC = \cos in\,(180 - \alpha) = -\cos in\,\alpha$

on aura :     $R^2 = P^2 + Q^2 + 2.P.Q\cos in\,\alpha.$

d'où     (1)     $R = \sqrt{P^2 + Q^2 + 2PQ\cos in\,\alpha},$

ce qui permet de calculer R.

On ne met pas ici le signe ± devant le radical, puisqu'il s'agit de la valeur absolue de R.

Cherchons maintenant la valeur des angles que la résultante fait avec chacune des composantes; le même triangle donne les relations :

$$\frac{AC}{AB} = \frac{\sin ABC}{\sin ACB};$$

mais     $\sin ABC = \sin(180° - \alpha) = \sin \alpha\,;$

et     $ACB = DAC = \gamma\,;$

donc     (2)     $\dfrac{R}{P} = \dfrac{\sin \alpha}{\sin \gamma}\,;$

d'où
$$\sin \gamma = \frac{P \sin \alpha}{R};$$

on a encore     (3)
$$\frac{R}{Q} = \frac{\sin \alpha}{\sin \beta};$$

d'où
$$\sin \beta = \frac{Q \sin \alpha}{R}.$$

On connaîtra ainsi la direction de la résultante par rapport à chacune des composantes.

Si l'on faisait l'angle $\alpha$ égal à zéro, auquel cas les deux forces tireraient le point A suivant la même ligne droite, on aurait $\cos \alpha = 1$ et la formule (1) deviendrait

$$R = \sqrt{P^2 + Q^2 + 2PQ},$$

ou
$$R = P + Q,$$

résultat connu ; la résultante est égale alors à la somme des composantes.

Si elles agissaient en sens inverse, il faudrait faire $\alpha = 180^\circ$, et la formule (1) donne :

$$R = \sqrt{P^2 + Q^2 - 2PQ},$$

ou
$$R = P - Q;$$

la résultante est alors la différence des deux composantes. Dans tous les cas, l'angle variant entre $0^\circ$ et $180^\circ$, la valeur de la résultante varie entre $P + Q$ et $P - Q$, ce qu'on aurait pu prévoir, puisque, dans un triangle, un côté quelconque est toujours plus petit que la somme des deux autres, et plus grand que leur différence.

Si on donnait la résultante et deux droites faisant avec sa direction des angles $\beta$ et $\gamma$ dont la somme est égale à $\alpha$, et qu'on voulût connaître la valeur des deux composantes menées suivant ces deux lignes, les formules (2) et (3) donneraient immédiatement :

$$P = \frac{R \sin \gamma}{\sin \alpha},$$

$$Q = \frac{R \sin \beta}{\sin \alpha}.$$

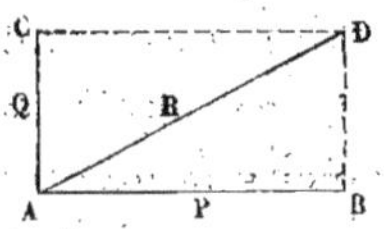

Dans le cas où les forces P et Q sont rectangulaires (*fig. 94*), les formules prennent une forme plus simple ; on trouve en effet, d'après les propriétés connues du triangle rectangle :

$$R^2 = P^2 + Q^2,$$

d'où
$$R = \sqrt{P^2 + Q^2}.$$

Si l'on désigne maintenant par $\alpha$ l'angle que la résultante fait avec la force P, on a :

$$P = R \cos \alpha$$

et
$$Q = R \sin \alpha$$

d'où l'on peut tirer, en divisant terme à terme ces deux égalités :

$$\tan \alpha = \frac{Q}{P},$$

ou bien encore
$$\sin \alpha = \frac{Q}{R} = \frac{Q}{\sqrt{P^2 + Q^2}};$$

et
$$\cos \alpha = \frac{P}{R} = \frac{P}{\sqrt{P^2 + Q^2}}.$$

Ces relations sont suffisantes pour résoudre toutes les questions qu'on peut se proposer sur la composition de deux forces concourantes.

**Composition de trois forces non situées dans le même plan.** — Supposons maintenant trois forces P, Q, S, non situées dans le même plan. On sait que, pour avoir la résultante, il faut construire le parallélipipède des lignes qui les représentent en grandeur et en direction ; et la résultante est la diagonale de ce parallélipipède. La question se réduit donc à calculer la longueur de la diagonale d'un parallélipipède, et les angles qu'elle fait avec chacune des trois arêtes, connaissant ces arêtes et les angles qu'elles font entre elles. Les expressions que donnerait la solution du cas général étant assez compliquées et n'étant nullement employées, nous nous bornerons à résoudre la question dans le cas le plus usuel, celui de trois forces rectangulaires, c'est-à-dire faisant entre elles trois angles droits.

Soient P, Q, S, trois forces rectangulaires (*fig.* 95), agissant au point A, AG la diagonale du parallélipipède que je suppose égale à R et qui fera des angles $\alpha$ avec la force P dirigée suivant AB, $\beta$ avec la force Q dirigée suivant AC, $\gamma$ avec la force S dirigée suivant AD. On sait que dans un parallélipipède rectangle on a :

Fig. 95.

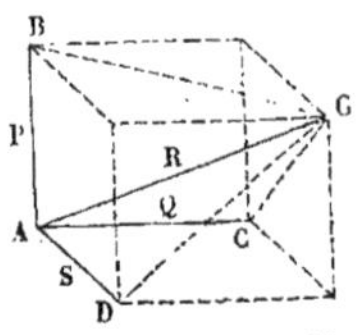

$$R^2 = P^2 + Q^2 + S^2 ;$$

d'où
$$R = \sqrt{P^2 + Q^2 + S^2} ;$$

de plus, si on joint GB, le triangle AGB est rectangle en B et donne :

$$P = R \cos in \, \alpha ;$$

de même ACG est rectangle en C et donne :

$$Q = R \cos in \, \beta ;$$

enfin ADG est rectangle en D et donne :

$$S = R \cos in \, \gamma ;$$

P, Q, S sont les projections de la résultante sur chacun des trois axes AB, AC, AD.

Les trois égalités précédentes donnent les angles $\alpha$, $\beta$, $\gamma$.

$$\cos \alpha = \frac{P}{R}, \quad \text{ou} \quad \cos \alpha = \frac{P}{\sqrt{P^2+Q^2+S^2}},$$

$$\cos \beta = \frac{Q}{\sqrt{P^2+Q^2+S^2}} \quad \text{et} \quad \cos \gamma = \frac{S}{\sqrt{P^2+Q^2+S^2}}.$$

Nous ferons remarquer que quoiqu'on calcule ainsi la valeur des trois angles, deux suffisent pour déterminer la direction de la résultante. L'une des égalités rentre dans les deux autres, car on sait que lorsque les arêtes d'un parallèlipipède sont rectangulaires, on a toujours :

$$\cos^2 \alpha + \cos^2 \beta + \cos^2 \gamma = 1,$$

ce qui se vérifie d'ailleurs sur les trois expressions précédentes.

Enfin, si on veut résoudre la question inverse, qu'on donne une force R à décomposer suivant trois axes rectangulaires, OX, OY, et OZ, avec lesquels elle fait les angles $\alpha$, $\beta$, $\gamma$, en appelant X, Y, Z les trois composantes inconnues, les relations précédentes donnent immédiatement :

$$X = R \cos \alpha.$$
$$Y = R \cos \beta.$$
$$Z = R \cos \gamma.$$

**Composition d'un nombre quelconque de forces.**
— Supposons, enfin, un système composé d'un nombre quelconque de forces P, P′, P″, etc. (*fig.* 96), appliquées en un point O. Menons par ce point trois axes rectangulaires quelconques et déterminons la position de chacune des forces par les angles qu'elles font avec ces trois axes. $\alpha$, $\beta$, $\gamma$ seront les angles que la force P fait avec les axes OX, OY, OZ ; $\alpha'$,

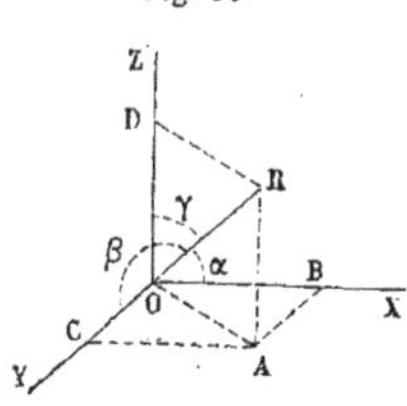
Fig. 96.

$\beta'$, $\gamma'$ ceux de la force $P'$; $\alpha''$, $\beta''$, $\gamma''$ ceux de la force $P''$, et ainsi de suite.

Décomposons la force P en trois autres dirigées suivant les trois axes, et faisons de même pour chacune des forces $P'$, $P''$, etc. Elles seront toutes remplacées par leurs trois composantes dont les valeurs respectives seront :

pour P      $P \cosin \alpha$,      $P \cosin \beta$,      $P \cosin \gamma$,

pour $P'$      $P' \cosin \alpha'$,      $P' \cosin \beta'$,      $P' \cosin \gamma'$,

pour $P''$      $P'' \cosin \alpha''$,      $P'' \cosin \beta''$,      $P'' \cosin \gamma''$,

les composantes dirigées suivant l'axe des X se réduiront à une seule égale à leur somme algébrique, et si nous la désignons par X, on aura :

$$X = P \cosin \alpha + P' \cosin \alpha' + P'' \cosin \alpha'' + \text{etc.}$$

En représentant par $\Sigma.P \cosin \alpha$ la somme de termes semblables au premier, on pourra écrire pour abréger :

$$X = \Sigma.P \cosin \alpha.$$

On aurait de même la composante totale dirigée suivant l'axe des Y :

$$Y = P \cosin \beta + P' \cosin \beta' + P'' \cosin \beta'' + \text{etc.}$$

ou $$Y = \Sigma.P \cosin \beta$$

et enfin, suivant l'axe des Z :

$$Z = P \cosin \gamma + P' \cosin \gamma' + P'' \cosin \gamma'' + \text{etc.}$$

ou $$Z = \Sigma.P \cosin \gamma.$$

La résultante R du système sera alors la résultante des trois forces rectangulaires X, Y et Z ; et, d'après ce qui a été vu, on aura :

$$R = \sqrt{X^2 + Y^2 + Z^2}.$$

Il reste à déterminer sa direction : appelons $a$, $b$, $c$, les angles qu'elle fait avec les trois axes OX, OY, OZ, on trouvera, en s'appuyant sur le cas précédent :

$$X = R \cosin a, \quad \text{d'où} \quad \cosin a = \frac{X}{\sqrt{X^2 + Y^2 + Z^2}},$$

$$Y = R \cosin b, \quad \text{d'où} \quad \cosin b = \frac{Y}{\sqrt{X^2 + Y^2 + Z^2}},$$

$$Z = R \cosin c, \quad \text{d'où} \quad \cosin c = \frac{Z}{\sqrt{X^2 + Y^2 + Z^2}}.$$

Si toutes les forces étaient situées dans un même plan, on pourrait supposer que ce plan est celui de XOY, et alors elles feraient toutes avec l'axe des Z des angles $\gamma$, $\gamma'$, $\gamma''$ égaux à 90°; les cosinus sont nuls, la composante Z se réduit à 0 et on a toujours pour les composantes dirigées suivant OX et OY :

$$X = \Sigma.P \cosin \alpha,$$
$$Y = \Sigma.P \cosin \beta.$$

Par conséquent, $\quad R = \sqrt{X^2 + Y^2}$,

et de plus,

$$\cosin a = \frac{\Sigma.P \cosin \alpha}{R} \quad \text{et} \quad \cosin b = \frac{\Sigma.P \sin \alpha}{R} = \sin a;$$

ou bien $\quad\quad \tang a = \frac{Y}{X}.$

Cherchons maintenant, au moyen de ces relations, à exprimer les conditions d'équilibre d'un système quelconque de forces concourantes.

Pour que le système soit en équilibre, il faut que la résultante de toutes les forces qui agissent sur le point soit nulle, et on a :

$$R^2 = X^2 + Y^2 + Z^2.$$

somme de trois carrés qui ne peut être nulle que tout autant que chacun d'eux est nul séparément. Il faut donc nécessairement qu'on ait :

$$X = 0, \quad Y = 0, \quad Z = 0$$

ou bien :

$$\Sigma.\text{P cosin}\,\alpha = 0, \quad \Sigma.\text{P cosin}\,\beta = 0, \quad \Sigma.\text{P cosin}\,\gamma = 0.$$

La première condition exprime que le point ne saurait se mouvoir sur l'axe des X, la seconde qu'il ne saurait se mouvoir sur l'axe des Y, la troisième, sur l'axe des Z. Ces conditions sont donc nécessaires et suffisantes.

On peut encore arriver à ces conditions en exprimant que l'une des forces du système, P par exemple, est égale et directement opposée à la résultante de toutes les autres. En effet, désignons par S la résultante des forces P', P'', etc.; $\lambda$, $\mu$, $\nu$, les angles qu'elle fait avec les trois axes. On aura :

$$S \cos\text{in}\,\lambda = P'\cos\text{in}\,\alpha' + P''\cos\text{in}\,\alpha'' + \text{etc.};$$
$$S \cos\text{in}\,\mu = P'\cos\text{in}\,\beta' + P''\cos\text{in}\,\beta'' + \text{etc.};$$
$$S \cos\text{in}\,\nu = P'\cos\text{in}\,\gamma' + P''\cos\text{in}\,\gamma'' + \text{etc.}$$

Les deux forces P et S devant être directement opposées, on doit avoir :

$$\lambda = 180^\circ + \alpha, \; \mu = 180^\circ + \beta, \; \nu = 180^\circ + \gamma;$$

dès lors,

$$S\cos\text{in}\,\lambda = -\,P\cos\text{in}\,\alpha, \quad S\cos\text{in}\,\mu = -\,P\cos\text{in}\,\beta,$$
$$S\cos\text{in}\,\nu = -\,P\cos\text{in}\,\gamma.$$

En remplaçant, il vient :

$$-\,P\cos\text{in}\,\alpha = P'\cos\text{in}\,\alpha' + P''\cos\text{in}\,\alpha'' + \text{etc.},$$
$$-\,P\cos\text{in}\,\beta = P'\cos\text{in}\,\beta' + P''\cos\text{in}\,\beta'' + \text{etc.},$$
$$-\,P\cos\text{in}\,\gamma = P'\cos\text{in}\,\gamma' + P''\cos\text{in}\,\gamma'' + \text{etc.}$$

Et finalement, en faisant tout passer dans le second membre, on retrouve les premières conditions :

$$\Sigma.\text{P cosin}\,\alpha = 0,$$
$$\Sigma.\text{P cosin}\,\beta = 0,$$
$$\Sigma.\text{P cosin}\,\gamma = 0.$$

Ces conditions renferment comme cas particulier celui où les forces sont situées dans le même plan ; elles se réduisent alors à deux :

$$\Sigma.\mathrm{P}\cosin \alpha = 0,$$
$$\Sigma.\mathrm{P}\cosin \beta = 0.$$

Enfin, si les forces agissent suivant la même ligne, les conditions se réduisent à une seule :

$$\Sigma.\mathrm{P} = 0.$$

La somme algébrique des forces doit être nulle pour qu'il y ait équilibre.

Dans le cas général, les conditions d'équilibre s'énoncent ainsi : *Pour qu'un système de forces agissant sur un point soit tel qu'elles se fassent équilibre, il faut et il suffit qu'en décomposant ces forces suivant trois axes rectangulaires quelconques passant par ce point, la somme algébrique des composantes suivant ces trois axes soit nulle séparément.*

Pour compléter cette théorie, il faudrait examiner le cas d'un système quelconque de forces parallèles, ou dirigées dans l'espace d'une manière quelconque et agissant sur les différents points d'un corps solide ; mais cette recherche nous conduirait beaucoup trop loin des bornes que nous voulons donner à ce traité élémentaire. Nous n'ajouterons donc rien aux indications que nous avons données à ce sujet, et qui sont indépendantes de la méthode analytique. Nous allons seulement exposer la théorie des moments, à l'aide de laquelle on peut résoudre un grand nombre de questions sur l'équilibre des forces, et qui est aussi d'un grand secours dans beaucoup d'autres questions de mécanique.

# DES MOMENTS.

La théorie des moments permet d'établir les conditions d'équilibre des forces, sous des formes commodes ; elle facilite aussi la détermination de la résultante de forces données. Cette théorie repose entièrement sur un théorème dû à Varignon, et que nous allons d'abord démontrer.

*On appelle moment d'une force, par rapport à un point, le produit de cette force par la distance du point à cette force.*

**Théorème de Varignon.** — *Le moment de la résultante de deux forces concourantes, par rapport à un point situé dans leur plan, est égal à la somme algébrique des moments des composantes par rapport au même point.*

Soient deux forces concourantes P et Q, R leur résultante, et O un point situé dans le plan des deux forces.

Le point O, par rapport auquel on prend les moments, peut occuper trois positions ; il peut être en dehors de l'angle BAC des deux forces P et Q, ou bien entre P et R dans l'angle BAD, ou enfin entre R et Q dans l'angle DAC.

*Première position du point O.*

$$AB = P, \quad AC = Q, \quad AD = R.$$

J'appelle $p$ la distance du point O à la force P, $q$ la distance de O à la force Q, et $r$ la distance de O à la résultante R ; $Pp$ représente le moment de la force P par rapport au point O. $Pp$ est proportionnel à la surface du triangle AOB, de même que $Rr$, $Qq$ sont proportionnels aux surfaces des triangles AOC, AOD. La relation à établir entre les moments des forces est donc la même que celle qui existe entre les triangles AOB, AOC, AOD. Or, je dis que le triangle AOD est équivalent à la somme des deux triangles AOB, AOC. Ces trois triangles ont en effet la même base AO; le théorème revient donc à démontrer que la hauteur

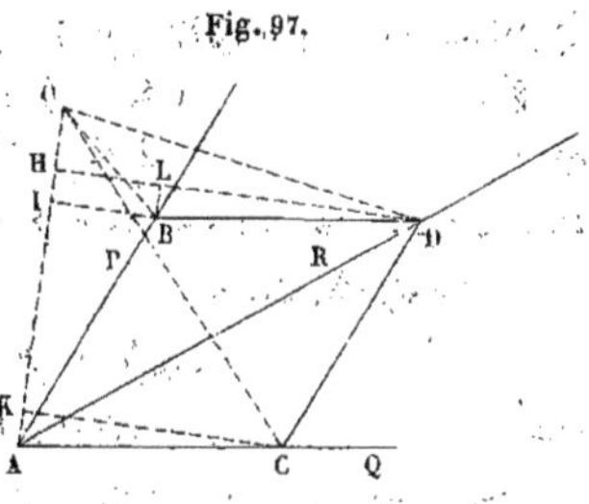


du triangle AOD est la somme des hauteurs des deux autres triangles par rapport à la même base AO.

Des points B, C, D, abaissons des perpendiculaires sur la ligne AO, et du point B menons BL parallèle à AO et par suite perpendiculaire à DH; on a BI $=$ HL. Le triangle BDL est égal au triangle AKC, car ils ont les hypoténuses égales AC, BD et un angle aigu égal. Donc DL $=$ CK; et la hauteur du triangle ADO est la somme des hauteurs des triangles AOB, AOC. D'ailleurs les triangles ayant même base AO, on aura :

$$AOD = AOB + AOC$$

ou $\qquad$ (1) $\quad Rr = Pp + Qq.$

*Deuxième position du point O.*

Je dis que l'on a, d'après une construction analogue à la précédente :

AOD $=$ AOC $-$ AOB.

Ces triangles ont même base AO.

Je dis que DH $=$ CK $-$ BI. En effet, les triangles

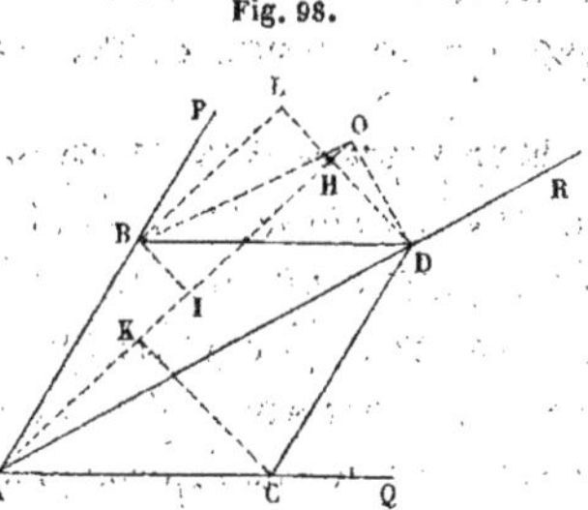

BLD, ACK sont égaux, comme ayant les hypoténuses égales, et un angle aigu égal.

Donc $\qquad CK = LD = HD + BI,$

d'où $\qquad DH = CK - BI.$

Par suite, la même relation existant entre les surfaces des triangles, on a :

$$AOD = AOC - AOB,$$

ou $\qquad Rr = Qq - Pp \qquad (2).$

*Troisième position du point O.*

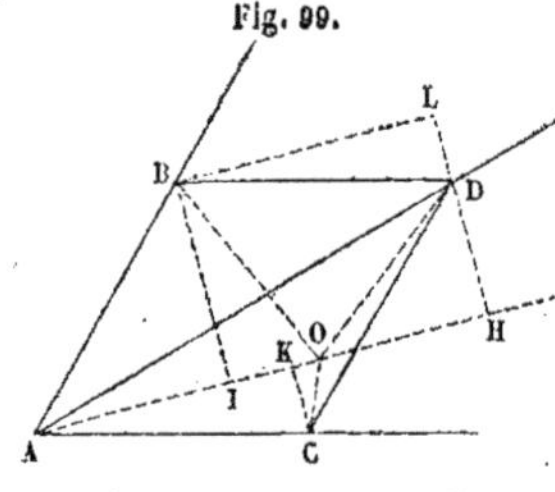


On fait la même construction que précédemment et on démontre de la même manière que l'on aura :

$$AOB = AOC + AOD ;$$

d'où

$$AOD = AOB - AOC,$$

ou enfin, $\qquad Rr = Pp - Qq \qquad (3).$

On obtient donc ainsi les trois relations :

$$Rr = Pp + Qq,$$
$$Rr = Qq - Pp,$$
$$Rr = Pp - Qq.$$

Donc le moment de la résultante est égal à la somme algébrique des moments des composantes.

**Des signes des moments.** — On arrive à donner un signe aux moments des forces, d'après une hypothèse très-simple : pour cela on regarde le moment comme exprimant une rotation, et comme une rotation est susceptible de directions contraires, elle est susceptible de signe. — Si donc deux rotations se font en sens contraire, les moments qui les représentent devront être affectés de signes contraires.

Si nous prenons positivement les rotations qui s'effectuent de gauche à droite, nous prendrons négativement les rotations qui s'effectuent de droite à gauche.

Dans la disposition (*fig.* 100), on voit que l'effet du point O, considéré comme attaché d'une manière invariable aux trois forces P, Q, R, serait de donner lieu à trois rotations qui s'effectueraient dans le même sens de droite à gauche. Les trois moments auraient donc le même signe; et l'on aurait alors :

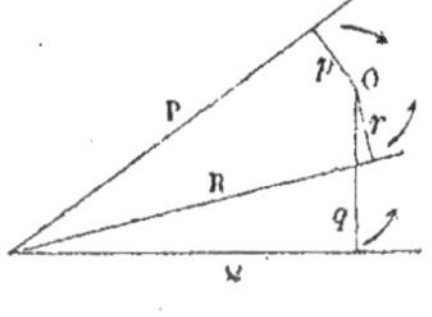

Fig. 100.

$$Rr = Pp + Qq.$$

Dans la disposition (*fig.* 101), les deux moments relatifs aux forces Q et R sont de même signe, et celui de la forcé P doit être de signe contraire; on a effectivement :

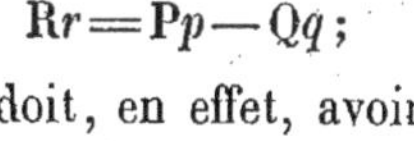

Fig. 101.

$$Rr = Qq - Pp.$$

Dans la disposition (*fig.* 102) on a :

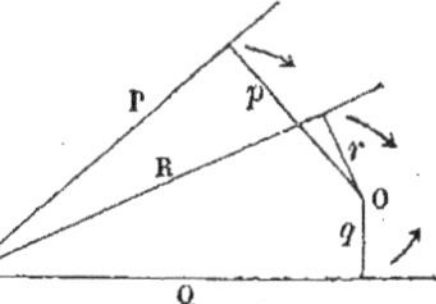

Fig. 102.

$$Rr = Pp - Qq;$$

ce qui doit, en effet, avoir lieu en tenant compte des signes des moments.

Donc, en tenant compte des signes des moments, on peut dire : *Le moment de la résultante de deux forces concourantes, par rapport à un point situé dans leur plan, est égal à la somme des moments des composantes.*

**Moments de deux forces parallèles.** — *Le moment de la résultante de deux forces parallèles, par rapport à un* *point situé dans le plan de ces deux forces, est égal à la somme des moments des composantes.*

Soit un point O, situé dans le plan de deux forces P et Q. Du point O abaissons une perpendiculaire OAB sur les deux

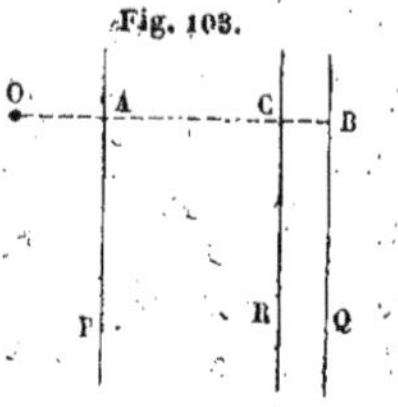


forces P et Q. On peut considérer les deux forces P et Q comme appliquées aux deux points A et B, le point d'application de leur résultante sera en un point C, tel que l'on aura :

$$(1) \qquad P.AC = Q.BC.$$

Faisons $\qquad OA = p, \quad OC = r, \quad OB = q,$

on a $\qquad\qquad R = P + Q;$

d'où $\qquad\qquad Rr = Pr + Qr.$

Mais $\qquad r = p + AC, \quad r = q - CB.$

Remplaçant dans la relation précédente, on aura :

$$Rr = P(p + AC) + Q(q - CB);$$

d'où $\qquad Rr = Pp + Qq + P.AC - Q.CB;$

d'où, enfin, en tenant compte de la relation (1),

$$Rr = Pp + Qq.$$

Le théorème serait vrai, quelle que fût la position du point O, en établissant convenablement les signes des moments, d'après les conventions que nous avons indiquées précédemment.

*Si l'on a un nombre quelconque de forces situées dans un même plan, le moment de la résultante par rapport à un point situé dans ce plan est égal à la somme des moments des composantes.*

Cette proposition se démontre facilement en composant les forces deux à deux.

Soient P, P′, P″, etc., des forces situées dans un même

plan, $p$, $p'$, $p''$, etc., les distances de ces forces à un même point O.

Appelons $A_1$ la résultante des deux forces P et P'; et $a_1$ sa distance au point O; $A_2$ la résultante des deux forces $A_1$ et P'', et $a_2$ sa distance au point O, et ainsi de suite. Soit R la résultante de $A_{n-1}$ et $P_n$. R représentera évidemment la résultante de toutes les forces. Soit $r$ la distance de R au point O. On aura, d'après les théorèmes précédents : -

$$A_1 a_1 = Pp + P'p';$$
$$A_2 a_2 = A_1 a_1 + P''p'',$$
$$A_3 a_3 = A_2 a_2 + P'''p''',$$

$$\cdots \cdots \cdots \cdots$$

$$\cdots \cdots \cdots \cdots$$

$$Rr = A_{n-1}a_{n-1} + P^n p^n.$$

Additionnant ces égalités membre à membre, et supprimant les termes communs, on aura finalement :

$$Rr = Pp + P'p' + P''p'' \ldots + P^n p^n.$$

Ce qu'il fallait démontrer.

**Application de la théorie des moments à la détermination de la résultante, en grandeur et direction, d'un système de forces situées dans le même plan.** — Prenons pour cela le moment des forces situées dans le même plan, par rapport à trois points $O_1$, $O_2$, $O_3$ pris dans ce plan. On aura, d'après le théorème précédent, en désignant par $\Sigma Pp_1$ la somme des moments des forces par rapport au point $O_1$, $Rr_1$ le moment de la résultante ;

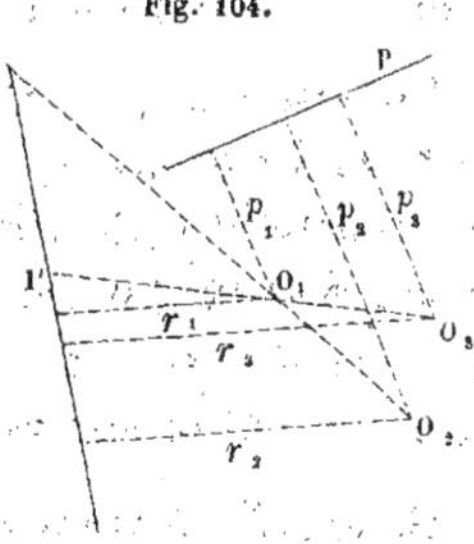

Fig. 104.

en désignant de même par $\Sigma P p_2$ et $\Sigma P p_3$ la somme des moments par rapport à $O_2$ et à $O_3$, et par $R r_2$, $R r_3$ les moments correspondants de la résultante :

$$R r_1 = \Sigma P p_1,$$
$$R r_2 = \Sigma P p_2,$$
$$R r_3 = \Sigma P p_3.$$

De sorte que l'on aura :

$$\frac{r_1}{r_2} = \frac{\Sigma P p_1}{\Sigma P p_2}, \quad \frac{r_1}{r_3} = \frac{\Sigma P p_1}{\Sigma P p_3}.$$

On cherchera sur la ligne $O_1$, $O_2$ un point $1$ tel que l'on ait

$$\frac{1 O_1}{1 O_2} = \frac{r_1}{r_2};$$

on cherchera de même sur la ligne $O_1$, $O_3$ un point $1'$ tel que l'on ait :

$$\frac{1' O_1}{1' O_3} = \frac{r_1}{r_3}.$$

En joignant le point $1'$ au point $1$, on aura évidemment la direction de la résultante, puisque cette droite satisfera aux deux relations :

$$\frac{r_1}{r_2} = \frac{\Sigma P p_1}{\Sigma P p_2}, \quad \frac{r_1}{r_3} = \frac{\Sigma P p_1}{\Sigma P p_2}.$$

En appelant $r_1$, $r_2$, $r_3$, les distances des points $O_1$, $O_2$, $O_3$ à la droite $11'$, l'intensité de la résultante sera donnée d'ailleurs par la relation $R = \dfrac{\Sigma P p_1}{r_1}$.

On saura par le signe du moment de cette résultante dans quel sens elle agit. Il n'y a donc d'incertitude que sur le point d'application de cette résultante. Ce qui, d'ailleurs, doit être, puisque, dans les moments, par rapport à un point, on tient compte de la direction de la force, et nullement de son point d'application.

*On appelle moment d'une force par rapport à un plan,*

*le produit de cette force par la distance de son point d'application à ce plan.*

Ainsi, soit la force **P**, **A** son point d'application, $AH = p$ la distance du point d'application **A** au plan MN. P$p$ est ce qu'on appelle le moment de la force **P** par rapport au plan MN.

*Le moment de la résultante de deux forces parallèles par rapport à un plan, est égal à la somme des moments des composantes par rapport au même plan.*

Soient $AA' = p$, $BB' = q$, $CC' = r$, et la ligne EB parallèle à la ligne AA'; les deux forces données **P** et **Q** sont parallèles entre elles, et ont pour points d'application **A** et **B**. Le triangle AEB donne la proportion

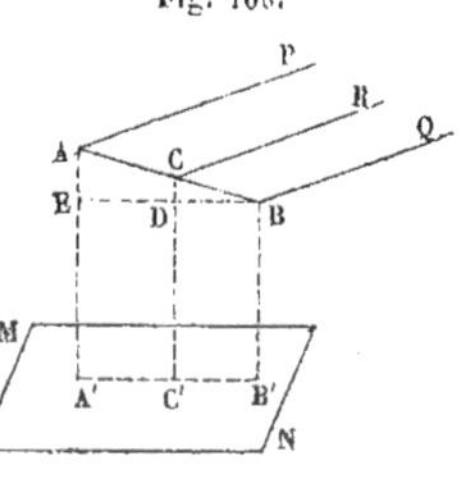

Fig. 105.

Fig. 106.

$$\frac{AE}{CD} = \frac{AB}{CB}, \quad \text{ou} \quad \frac{p-q}{r-q} = \frac{AB}{CB};$$

d'où

$$\frac{p-r}{r-q} = \frac{AB-CB}{CB} = \frac{AC}{CB}.$$

Mais **C** étant le point d'application de la résultante des deux forces parallèles, on a :

$$P \times AC = Q \times CB, \quad \text{ou} \quad \frac{Q}{P} = \frac{AC}{CB};$$

d'où

$$\frac{p-r}{r-q} = \frac{Q}{P},$$

ou encore

$$Pp - Pr = Qr - Qq;$$

ou bien

$$r(P + Q) = Pp + Qq.$$

Mais $\qquad$ $R = P + Q$.

On aura enfin : $\qquad$ $Rr = Pp + Qq$.

Ce qu'il fallait démontrer.

La proposition est vraie, quelle que soit la position des points A et B par rapport au plan MN, et quelles que soient les positions des forces parallèles P et Q, pourvu qu'on tienne compte convenablement des signes des moments, d'après les principes que nous avons précédemment posés.

On démontrerait, d'une manière analogue à ce que nous avons fait pour le moment de la résultante d'un nombre quelconque de forces par rapport à un point, que le moment de la résultante par rapport à un plan, de plusieurs forces parallèles, est égal à la somme des moments des composantes.

Si on appelle P, P', P''... les forces parallèles, $p$, $p'$, $p''$... les distances de leurs points d'application à un même plan MN, R la résultante, $r$ la distance de son point d'application au même plan MN, on aura :

$$Rr = Pp + P'p' + P''p'' + \ldots = \Sigma Pp.$$

**Application de la théorie des moments à la détermination de la résultante d'un certain nombre de forces parallèles.** — La résultante R de ces forces parallèles est donnée en intensité par la relation

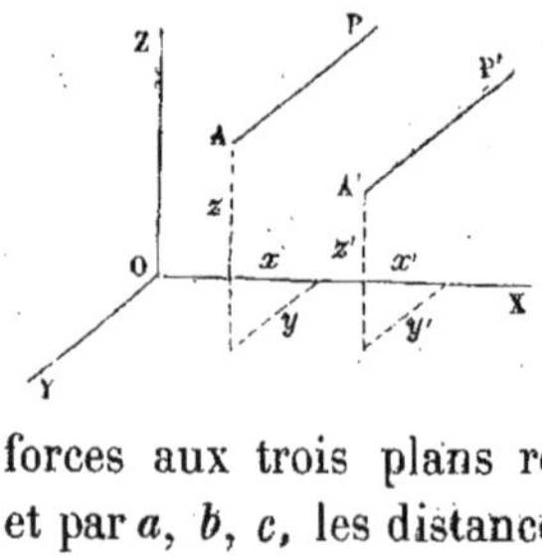

$$R = P + P' + P'' + \ldots$$

Il reste donc à trouver son point d'application. Désignons par $x$, $y$, $z$, $x'$, $y'$, $z'$..., les distances des points d'application des forces aux trois plans rectangulaires ZOX, ZOY, XOY, et par $a$, $b$, $c$, les distances du point d'application de la

Fig. 107.

résultante à ces mêmes plans, on aura, d'après la théorie des moments :

$$Ra = \Sigma Px, \quad R = \Sigma P,$$
$$Rb = \Sigma Py,$$
$$Rc = \Sigma Pz;$$

d'où
$$a = \frac{\Sigma Px}{\Sigma P}, \quad b = \frac{\Sigma Py}{\Sigma P}, \quad c = \frac{\Sigma Pz}{\Sigma P}.$$

La résultante se trouve ainsi déterminée en grandeur, et dans son point d'application.

## QUESTION 15 DU PROGRAMME.

Centre des forces parallèles. — Centre de gravité.— Cas où le corps a un plan, un axe de symétrie, un centre de figure.—Sphère.— Parallélipipède. — Méthode pratique pour déterminer le centre de gravité des corps solides.

**Centre des forces parallèles.** — On appelle *centre des forces parallèles*, le point d'application de la résultante de forces parallèles entre elles.

Ce centre des forces parallèles s'obtient facilement par une construction géométrique. On compare pour cela les forces deux à deux, et le point d'application de la dernière résultante ainsi obtenue est le centre des forces parallèles. Ainsi soient les forces P, P′, P″... parallèles entre elles et appliquées aux points A, A′... On cherche d'abord le point d'application de la résultante des deux forces P et P′; puis on compose cette résultante partielle avec la force P″, et ainsi de suite; on arrivera ainsi au point d'application de la résultante de toutes ces forces.

Si les forces, en restant parallèles entre elles et en conservant les mêmes points d'application, changent cependant de direction, le centre des forces parallèles reste le même. Cela est évident, puisque la détermination de ce centre ne dépend que des points d'application des forces et de leur intensité.

Le centre des forces parallèles reste encore le même, si les forces changent d'intensité, mais toutes dans la même proportion. Cela est encore évident, puisque pour avoir le point d'application de la résultante de deux forces parallèles, il suffit de partager la ligne qui joint les points d'application de ces deux forces en deux parties inversement proportionnelles à ces forces. Ce point d'application dépend donc du rapport des forces parallèles, et non de leur grandeur absolue.

* Nous avons vu dans le chapitre précédent comment on peut obtenir par le calcul ce centre des forces parallèles.

En appelant $a$, $b$, $c$, les distances de ce centre à trois plans perpendiculaires entre eux, et $x$, $y$, $z$, $x'$, $y'$ $z'$... les distances des points d'application des forces parallèles P, P', P″... à ces mêmes plans, nous avons trouvé que l'on avait :

$$a = \frac{\Sigma Px}{R}, \quad b = \frac{\Sigma Py}{R}, \quad c = \frac{\Sigma Pz}{R}, \quad R = P + P' + P'' + \dots = \Sigma P.$$

**Centre de gravité.** — On appelle *centre de gravité* le point d'application de la résultante de plusieurs forces parallèles et égales entre elles, et dirigées dans le même sens.

Le centre de gravité n'est donc rien autre que le centre des forces parallèles, dans le cas particulier où ces forces sont égales entre elles et dirigées dans le même sens.

Le centre de gravité se détermine d'après les mêmes procédés généraux que le centre des forces parallèles. Il y a seulement, dans ce cas particulier, des simplifications que nous devons indiquer.

**Détermination géométrique.** — Soient A, A', A″, les points d'application de plusieurs forces parallèles entre elles, égales, et dirigées dans le même sens; soient B, B', B″ les points d'application des résultantes partielles obtenues en composant successivement les forces deux à deux. — Le point B partage AA'

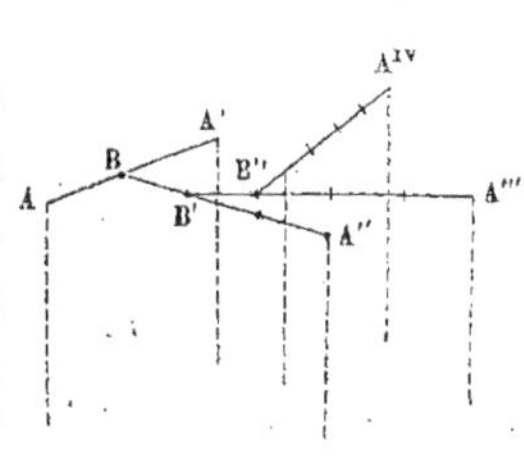

Fig. 108.

en deux parties égales ou dans le rapport de 1 à 1. De sorte que l'on a :

$$\frac{AB}{A'B} = \frac{1}{1}.$$

On joint B à A″, et l'on obtient B′, de telle sorte que l'on ait

$$\frac{BB'}{B'A''} = \frac{1}{2}.$$

On joint B′ à A‴, et l'on obtient B″, de telle sorte que

$$\frac{B'B''}{B''A'''} = \frac{1}{3}.$$

De même, en joignant B″ à $A^{\mathrm{IV}}$, on aura B‴, en posant

$$\frac{B''B'''}{B'''A^{\mathrm{IV}}} = \frac{1}{4},$$

et ainsi de suite; de sorte que le dernier point d'application $B^{n-1}$ ou centre de gravité s'obtiendra en partageant une ligne droite dans le rapport de $\frac{1}{n}$.

*Détermination algébrique.* — Pour avoir le centre de gravité par le calcul, il suffira de supposer les forces égales entre elles, dans les formules qui donnent les distances du centre des forces parallèles à trois plans perpendiculaires entre eux; en appelant $a$, $b$, $c$, les distances du centre de gravité de $n$ forces parallèles et égales à P, à trois plans perpendiculaires entre eux, on aura, d'après les formules précédemment indiquées :

$$a = \frac{Px + Px' + Px'' + Px''' + \ldots}{nP} = \frac{x + x' + x'' + \ldots}{n},$$

$$b = \frac{Py + Py' + Py'' + \ldots}{nP} = \frac{y + y' + y'' + \ldots}{n},$$

$$c = \frac{Pz + Pz' + Pz'' + \ldots}{nP} = \frac{z + z' + z'' + \ldots}{n}.$$

On voit en même temps d'après ces formules : *que la*

*distance du centre de gravité d'un système de points à un plan est égal à la moyenne distance de tous ces points à ce même plan.*

Un corps peut toujours être considéré comme composé d'un certain nombre de molécules également pesantes, c'est-à-dire sollicitées par des forces égales et parallèles ; le corps pesant pourra, d'après cela, être considéré comme sollicité par une force unique égale à son poids, et qui passerait par le centre de gravité du corps.

C'est à cause de cela qu'on appelle quelquefois le centre de gravité d'un corps *centre de masse.*

Dans un corps homogène, la position du centre de gravité du corps ne dépend que des positions des molécules du corps les unes par rapport aux autres, par suite, ne dépend que de la figure du corps. On donne, d'après cela, quelquefois le nom de *centre de figure* d'un corps homogène à son centre de gravité.

**Centres de gravité de quelques corps.** — On détermine d'une manière élémentaire le centre de gravité de quelques corps. Nous allons indiquer les procédés par lesquels on y arrive, en établissant d'abord quelques principes généraux.

1. *Quand une figure est plane, son centre de gravité est dans le plan de cette figure.*

En effet, si on a une suite de forces parallèles dont les points d'application soient dans un même plan, en composant ces forces deux à deux d'après la méthode déjà indiquée, les points d'application de ces résultantes resteront toujours dans ce même plan ; il en sera donc de même du point d'application de la résultante finale ; par suite, le centre des forces parallèles est situé dans le plan où se trouvent les points d'application de ces diverses forces ; il en est donc de même du centre de gravité.

2. *Le centre de gravité d'une ligne droite est au point milieu de cette ligne droite.*

Soit une ligne AB, dont tous les points sont sollicités par des forces égales et parallèles.

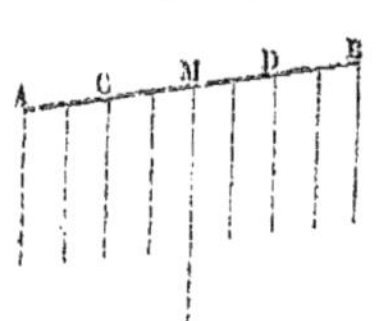


Les forces égales, à égale distance du point M, par exemple les forces appliquées en C et D, se composeront en une seule parallèle et égale à leur somme passant par le point M. Donc, la résultante totale provenant de la composition de ces forces deux à deux passera par le point M ; le point M est donc le centre de gravité de la ligne droite AB : ce qu'il fallait démontrer.

3. *Si plusieurs forces parallèles ont leurs points d'application sur une même ligne droite, le centre de ces forces parallèles est sur cette ligne droite.*

En effet, si on compose ces forces deux à deux, les résultantes successives que l'on obtiendra auront leurs points d'application sur la ligne droite qui passe par les points d'application de toutes ces forces ; donc, cela aura lieu aussi pour la résultante finale : ce qui démontre le théorème énoncé.

**Définition de la symétrie.** — On dit en général que deux points sont symétriques par rapport à un plan, quand ils sont situés sur une même perpendiculaire au plan et à égale distance de ce plan. Un corps est symétri-

que par rapport à un plan, quand tous ses points sont symétriques par rapport au plan. Nous généraliserons cette
notion de symétrie, et nous dirons qu'un corps est symétrique par rapport à un plan, quand tous ses points, deux
à deux, sont situés sur des droites parallèles entre elles, et
à des distances égales du plan, comptées sur ces droites.
Nous définirons de la même manière un corps symétrique
par rapport à un axe.

On dit qu'un corps est symétrique par rapport à un
point, lorsque tous les points du corps sont situés deux à
deux sur des droites passant par ce point et à des distances
égales de ce point, comptées sur ces droites.

Quand un corps est symétrique par rapport à un point,
on nomme ce point centre de symétrie ou plus simplement
centre du corps.

4. *Quand un corps est symétrique par rapport à un plan,
le centre de gravité du corps est dans ce plan.*

Soit un corps symétrique par rapport au plan MN.
Si le corps a un point A d'un
côté du plan, il en a un autre A′
de l'autre côté, de telle sorte que
AA′ parallèle à une certaine droite
est divisé au point O du plan en
deux parties égales. Mais les deux
points A, A′, étant sollicités par des
forces égales, donnent lieu à une
résultante unique 2P passant par

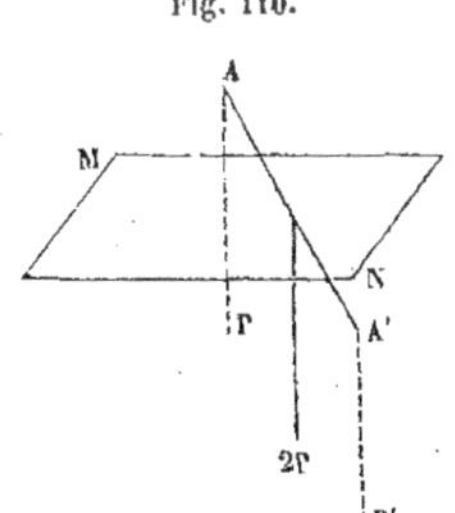


le point. Donc, toutes les forces égales qui sollicitent
le corps sont remplacées par d'autres égales entre elles
et parallèles, et dont les points d'application sont dans le
plan MN; par suite le centre de ces forces parallèles, qui

est le centre de gravité du corps, sera aussi dans le plan MN : ce qu'il fallait démontrer.

5. *Quand un corps est symétrique par rapport à un axe, le centre de gravité du corps est sur cet axe.*

Le corps étant symétrique par rapport à un axe LL', s'il

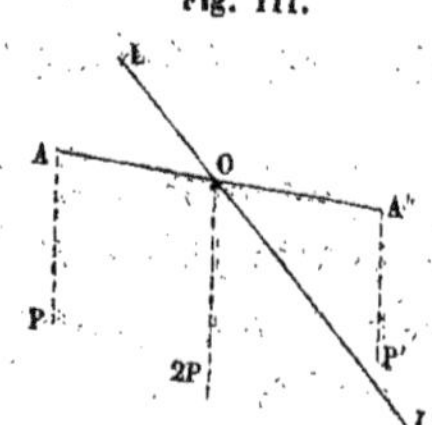

Fig. 111.

existe un point A d'un côté de l'axe, il en existe nécessairement un autre A' de l'autre côté, de telle sorte que la ligne AA' est partagée au point O de LL', en deux parties égales; mais les deux points A et A', étant sollicités par des forces égales et parallèles, donneront lieu à une résultante unique passant par le point O. Donc, toutes les forces du corps pourront être remplacées par une suite de forces égales et parallèles entre elles, et dont les points d'application seront sur la ligne LL'; par suite, le centre de ces forces parallèles, qui est le centre de gravité du corps, sera aussi sur la ligne LL' : ce qu'il fallait démontrer.

6. *Quand un corps est symétrique par rapport à un point, ce point est le centre de gravité du corps.*

Cette proposition se démontre d'une manière complétement analogue aux deux propositions précédentes.

7. *Si un corps, au lieu d'être homogène, se compose d'un système de corps de densités différentes, chacun de ces corps étant séparément homogène, on donne, par extension, au centre des forces parallèles de ce système, le nom de centre de gravité.*

Le centre de gravité se détermine, dans ce cas-là, comme nous l'avons déjà indiqué pour le centre des forces parallèles, soit en composant les forces deux à deux, soit en employant la théorie des moments.

Si on appelle $m$, $m'$, $m''$... les masses des divers corps du système, chacune de ces masses représentera l'intensité des forces parallèles qui agissent sur chacun des corps du système.

De sorte que si on appelle $x$, $x'$, $x''$... les distances des centres de gravité de ces masses, $m$, $m'$, $m''$... à un même plan, et X la distance du centre de gravité du système à ce plan, on aura :

$$X = \frac{mx + mx' + mx'' + \dots}{m + m' + m'' + \dots}.$$

8. *Donc, la distance du centre de gravité du système à un plan est égale à la somme des moments des masses de ce système par rapport à ce plan, divisé par la somme des masses.*

9. *Si les divers corps d'un système ont leur centre de gravité dans un même plan, la distance du centre de gravité du système à une droite située dans ce plan est égale à la somme des moments des masses de ces corps par rapport à cette droite, divisée par la somme des masses.*

Soit MN le plan dans lequel se trouvent les centres de gravité des corps du système, les distances de ces centres de gravité à la droite $ab$ tracée dans le plan sont égales aux distances de ces points au plan PQ, mené perpendiculairement à MN par la droite $ab$ ; donc, $x$, $x'$, $x''$... les distances des diverses masses $m$, $m'$ $m''$,..., et X la distance du centre de gravité du système à la droite $ab$, étant les mêmes que les distances au plan

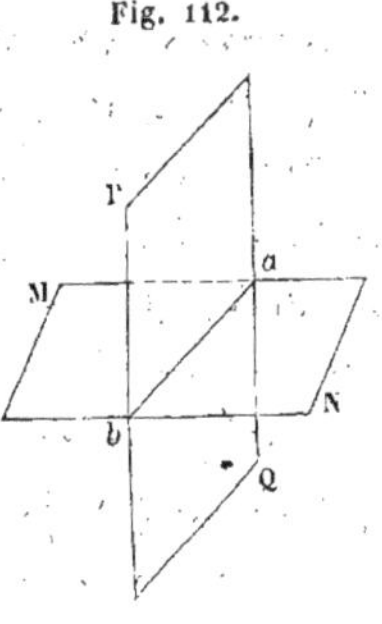
Fig. 112.

PQ, on peut leur appliquer le théorème précédent, et l'on aura :

$$X = \frac{mx + mx' + mx'' + \dots}{m + m' + m'' + \dots}.$$

Ce qu'il fallait démontrer.

10. On démontre encore facilement le théorème suivant :

*Quand les divers corps d'un système ont leurs centres de gravité sur une droite, la distance du centre de gravité du système à un point de cette droite est égale à la somme des moments des masses des corps par rapport à ce point, divisée par la somme des masses.*

Car les masses étant proportionnelles aux forces parallèles qui animent ces divers corps, on aura, d'après le théorème des moments des forces parallèles contenues dans un plan,

$$X = \frac{mx + m'x' + m''x'' + \dots}{m + m' + m''};$$

$x, x'\ x''\dots$ X désignant les distances des centres de gravité à un même point O de la droite qui passe par tous ces centres de gravité.

**Centre de gravité des lignes.** — *Trouver le centre de gravité d'un contour polygonal.*

Pour cela on supposera appliquée au milieu de chaque côté du contour polygonal, une force proportionnelle à la longueur de ce côté; on regardera ces forces comme parallèles entre elles, et, en les composant deux à deux, on obtiendra le point d'application de la résultante finale, qui sera le centre de gravité du contour polygonal.

On peut, dans quelques cas, obtenir le centre de gravité du contour de certains polygones, par des considérations particulières.

**1.** *Trouver le centre de gravité du contour d'un triangle* ABC.

On prend les milieux $m$, $m'$, $m''$ des côtés du triangle ABC, on forme le triangle $mm'm''$; le centre de gravité du périmètre de ABC est au point de rencontre des bissectrices des angles du triangle $mm'm''$.

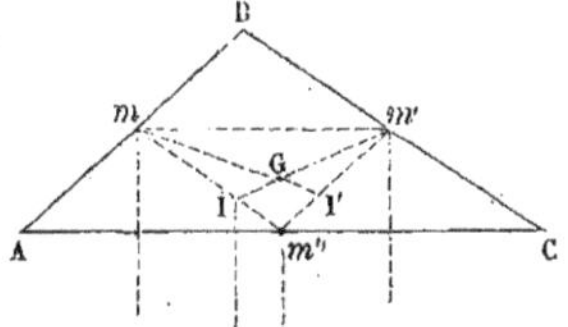
Fig. 113.

Pour le démontrer, remarquons qu'en $m$ est appliquée une force représentée en intensité par le côté AB, en $m'$, une force égale à BC, et en $m''$ une force égale à AC : ces forces sont parallèles entre elles.

Si nous composons les deux forces AB, BC en une seule, le point d'application sera en I, tel que l'on a :

$$\frac{mI}{m''I} = \frac{AC}{AB}; \quad \text{mais} \quad \frac{AC}{AB} = \frac{mm'}{m'm''};$$

d'où
$$\frac{mI}{m''I} = \frac{mm'}{m''m'};$$

donc, la ligne $m'I$ est la bissectrice de l'angle $mm'm''$; et la résultante finale des trois forces parallèles qui passent par $m$, $m'$, $m''$ se trouvera sur la ligne $m'I$. Mais en commençant la composition des forces parallèles par les deux forces passant aux points $m''$, $m'$, on démontrerait de même que la résultante finale doit se trouver sur la ligne $mI'$, bissectrice de l'angle $m''mm'$ ; donc, le centre de gravité du périmètre du triangle se trouvera au point G de rencontre des deux bissectrices $m'I$, $mI'$ : ce qu'il fallait démontrer.

**2.** On voit sans difficulté que le centre de gravité d'une circonférence est au centre de cette circonférence. De même le centre de gravité du contour d'un parallélogramme est au milieu de la ligne qui joint les milieux de deux côtés opposés du parallélogramme.

3. On démontrerait de même facilement, sans qu'il soit besoin d'insister là-dessus, que le centre de gravité du contour d'un polygone, dont les côtés sont égaux deux à deux et parallèles, se trouve au point milieu de la ligne qui joint les milieux de deux quelconques de ces côtés opposés.

**4. Centre de gravité d'un arc de cercle. — LEMME.**
*On a une demi-circonférence décrite sur AB comme diamètre.*

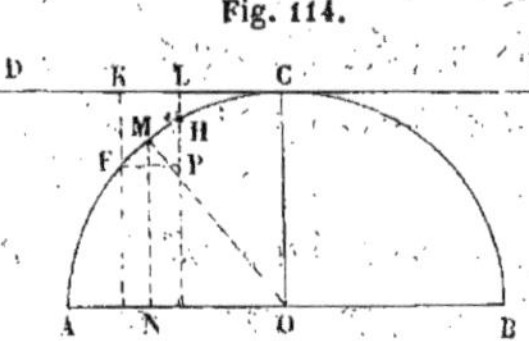

Fig. 114.

*DE est une tangente parallèle à AB. Je dis que le moment d'un arc infiniment petit FH par rapport à AB est égal au moment de la projection KL, de FH sur DE, par rapport à la même ligne AB.*

FH étant infiniment petit peut être assimilé à une ligne droite, et son centre de gravité sera le point M milieu de FH. Le moment de FH par rapport à AB sera $FH \times MN$. Le moment de KL par rapport à AB sera $KL \times OC$ ou $FP \times OM$. Il suffit donc de démontrer que $FM \times OM = FH \times MN$. Or, les deux triangles FHP, OMN sont semblables à cause de la perpendicularité de leurs côtés ; on aura donc :

$$\frac{FP}{MN} = \frac{FH}{OM}, \quad \text{d'où} \quad FP \times OM = FH \times MN ;$$

ce qu'il fallait démontrer.

CoROLLAIRE. Il suit de là que si on considère l'arc FC comme composé d'arcs infiniment petits, et KC comme composé d'éléments infiniment petits correspondants à ces arcs, le moment de FC par rapport à AB sera égal au moment de KC par rapport à la même droite.

**Centre de gravité d'un arc de cercle**. — Soit l'arc
FH. Faisons une construction analogue à celle de la proposition précédente. La ligne CO
partage l'arc FH en deux parties
symétriques, donc le centre de
gravité de l'arc FH se trouve sur
la ligne CO. Soit G le centre de
gravité de l'arc FH. Le moment

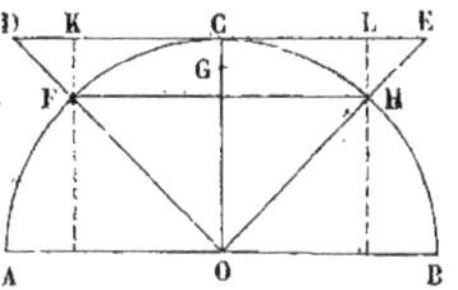
Fig. 115.

de cet arc par rapport à AB est égal au moment de KL par
rapport à la même ligne; on aura donc :

$$\text{arc FH} \times \text{GO} = \text{KL} \times \text{OC};$$

d'où
$$\text{GO} = \frac{\text{KL} \times \text{OC}}{\text{arc FH}}.$$

Si donc on désigne la longueur de l'arc par $a$, celle de la
corde qui le sous-tend par $c$, et par $r$ le rayon de la circonférence à laquelle appartient l'arc, on aura la proportion

$$\text{GO} = \frac{cr}{a},$$

d'après laquelle on trouvera le point G par une quatrième
proportionnelle.

**5. Centre de gravité des surfaces planes. —
Centre de gravité de l'aire d'un triangle.** — Le centre
de gravité de l'aire d'un triangle est au point de rencontre
des trois médianes du triangle.
Cela se démontre facilement.

Menons la médiane BD. Il est
clair que le triangle ABC est symétrique par rapport à cette médiane, puisqu'il est composé de

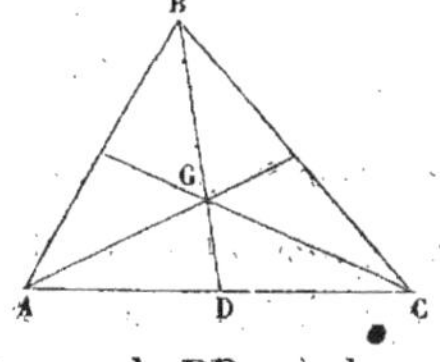
Fig. 116.

points situés deux à deux à égale distance de BD sur des parallèles à la ligne AC, donc le centre de gravité du triangle
se trouvera sur cette médiane. Comme il doit, d'après le

même raisonnement, se trouver sur les deux autres, il se trouvera à leur point de rencontre G.

6. On démontrerait de la même manière que le centre

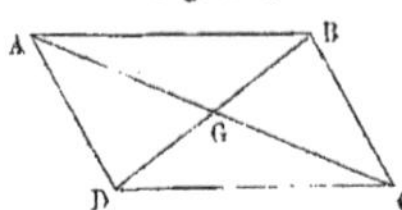
Fig. 117.

de gravité d'un parallélogramme ABCD est au point de rencontre G de ses diagonales, celui d'un cercle au centre de ce cercle.

### 7. Centre de gravité d'un polygone quelconque.

— On décompose ce polygone en triangles, on cherche les centres de gravité de chacun de ces triangles. On imagine appliquées à ces centres de gravité des forces parallèles entre elles et proportionnelles aux aires de ces triangles. Le centre de ces forces parallèles obtenu par la composition des forces deux à deux, ou par la théorie des moments, sera précisément le centre de gravité du polygone.

### 8. Centre de gravité du trapèze. 

—Appelons H, $h$ les hauteurs des deux triangles AED, BEC; les surfaces de

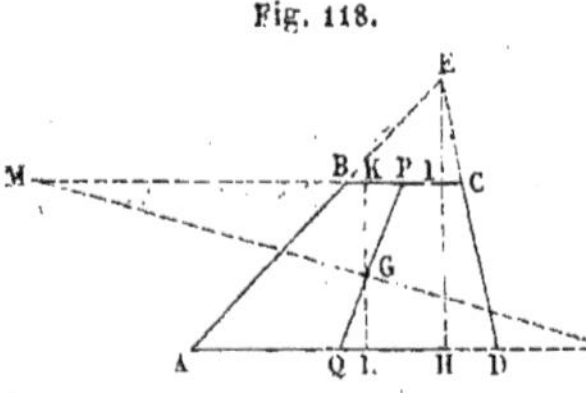
Fig. 118.

ces triangles semblables sont proportionnelles à $H^2$, $h^2$; par suite les poids de ces triangles pourront être représentés par $H^2$, $h^2$, et le poids du trapèze ABCD par $H^2 - h^2$. Le moment du triangle AED par rapport à AD est égal à la somme des moments de BEC, et de ABCD par rapport à cette même base. Appelons $x$ la distance du centre de gravité du trapèze à la base AD. On sait de plus, par une conséquence très-simple du théorème relatif au centre de gravité du triangle, que la distance du centre de gravité d'un triangle à sa base est égale au tiers de la hauteur de ce triangle. On aura donc :

$$H^2 \times \frac{H}{3} = h^2\left(H - h + \frac{h}{3}\right) + (H^2 - h^2)x,$$

ou
$$(H^2 - h^2)x = H^2 \times \frac{H}{3} - \frac{h^2}{3}(3H - 2h),$$

$$3(H^2 - h^2)x = H^3 - 3Hh^2 + 2h^3. \qquad (1)$$

Si l'on cherche de même la distance $y$ du centre de gravité du trapèze à la base supérieure de ce trapèze, on aura l'équation :

$$3(H^2 - h^2)y = h^3 - 3H^2h + 2H^3. \qquad (2)$$

Divisant les deux équations (1) et (2) membre à membre, en supprimant les facteurs communs, on aura :

$$\frac{x}{y} = \frac{H^3 - 3Hh^2 + 2h^3}{h^3 - 3H^2h + 2H^3} = \frac{(H-h)^2(H+2h)}{(H-h)^2(h+2H)} ;$$

d'où
$$\frac{x}{y} = \frac{H+2h}{h+2H},$$

et, comme les hauteurs de ces triangles sont proportionnelles aux bases B, $b$, de ces triangles ou du trapèze, on aura :

$$\frac{x}{y} = \frac{B+2b}{b+2B}.$$

Mais on doit remarquer que le centre de gravité de chacun de ces triangles se trouve sur leur médiane commune : il en est donc de même du centre de gravité du trapèze. Donc le centre de gravité du trapèze se trouve sur la ligne qui joint les points milieux des deux côtés non parallèles.

Il résulte de là ce théorème :

*Le centre de gravité d'un trapèze est sur la ligne qui va du milieu de l'une de ses bases au milieu de l'autre, et il coupe cette ligne dans le rapport des deux sommes qu'on trouve, en ajoutant, d'un côté, à la première base, deux fois la seconde, et, d'un autre côté, à la seconde base, deux fois la première.*

On obtient d'après cela le centre de gravité du trapèze par une construction très-simple. On prolonge vers la droite la base inférieure AD, d'une longueur DN, égale à BC, et la base supérieure vers la gauche d'une longueur BM, égale à la base inférieure; on mène la ligne MN, qui joint les extrémités de ces deux prolongements; elle coupera PQ, qui joint les milieux des deux bases au centre de gravité, G, du trapèze. Cette construction se démontre immédiatement par les triangles semblables, car on a

$$\frac{GP}{GQ} = \frac{PM}{QN} = \frac{\frac{b}{2}+B}{\frac{B}{2}+b} = \frac{b+2B}{B+2b};$$

ou, en renversant,    $\dfrac{GQ}{GP} = \dfrac{GL}{GK} = \dfrac{x}{y}.$

### *9. Centre de gravité d'un secteur circulaire. —

Soit le secteur circulaire AOB. Nous pouvons le considérer comme formé d'un nombre infini de secteurs égaux entre eux et infiniment petits, et ceux-ci comme des triangles, dont les centres de gravité seront sur un rayon du secteur, aux $\frac{2}{3}$, à partir du centre. Du

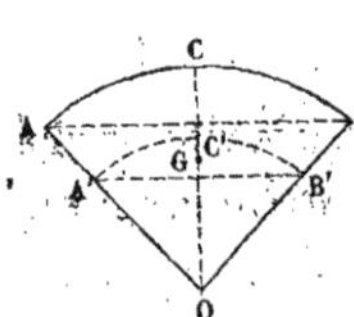



point O comme centre avec un rayon $OA' = \frac{2}{3}AO$, décrivons un arc de cercle A'B'; tous les centres de ces secteurs infiniment petits seront sur A'B' et également disposés sur cet arc. Il suit de là que le centre de gravité du secteur AOB sera le même que le centre de gravité de l'arc A'B'. Or, d'après ce que nous avons vu, le centre de gravité de l'arc $A'B'$ sera sur le rayon OC en un point G tel, que l'on ait

$$GO = \frac{OA'.A'B'}{arc.A'B'},$$

mais $\quad OA' = \frac{2}{3}OA$ et $arc\,A'B' = \frac{2}{3}arc\,AB.$

donc $\quad GO = \frac{2}{3}OA \times \frac{3}{2.arc\,AB} \times A'B',\quad$ où $\quad GO = \frac{OA.A'B'}{arc\,AB},$

mais $\quad \frac{A'B'}{AB} = \frac{OA'}{OA} = \frac{\frac{2}{3}OA}{OA} = \frac{2}{3};$

on en tire $\quad A'B' = \frac{2AB}{5};$

d'où, en substituant, $\quad GO = \frac{2OA.AB}{5.arc\,AB}.$

Si donc on appelle $r$ le rayon de la circonférence, $c$ la corde qui sous-tend l'arc de base du secteur, et $a$ la longueur de cet arc, on aura :

$$GO = \frac{2cr}{3a}.$$

**Centre de gravité des volumes.** — On voit d'abord évidemment que le centre de gravité d'une sphère est au centre de cette sphère. En effet, tout plan passant par le centre de la sphère la partage en deux parties symétriques. Donc le centre de gravité de la sphère, devant se trouver dans un plan quelconque passant par le centre, est au centre.

10. Le centre de gravité d'un cylindre est sur l'axe du cylindre, et au point milieu de cet axe. Car, l'axe partageant le cylindre en deux parties symétriques, le centre de gravité est sur cet axe. Mais par la même raison le centre de gravité du cylindre doit se trouver sur le plan mené à égale distance des deux bases. Il sera donc au point de rencontre de ce plan et de l'axe, c'est-à-dire au milieu de l'axe.

11. Le centre de gravité d'un parallélipipède se trouve

au point de rencontre des quatre diagonales, ou au milieu
de l'une d'elles. Il est facile de démontrer que le point
milieu O de la diagonale AB est un centre de symétrie.
Joignons un point I quelconque de la base supérieure au
point O et prolongeons cette droite jus-
qu'en I′ où elle rencontre la base inférieure. Je dis que IO = I′O ; en effet, les
deux triangles AOI, BOI′ sont égaux. Car
AO = OB et AI est parallèle à I′B, comme
intersections de deux plans parallèles par
un troisième. Or, ce que l'on démontre
pour les deux bases serait vrai pour deux
plans quelconques parallèles à ces bases,

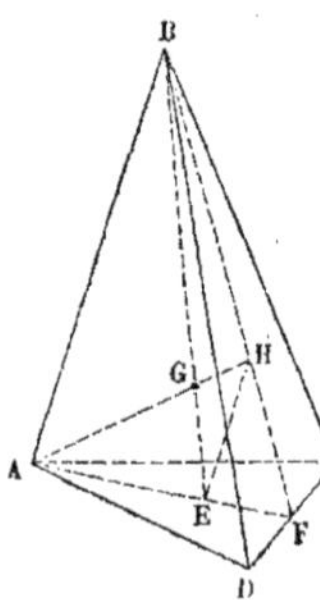
Fig. 120.

menés à égale distance du point O ; donc le parallélipipède
est symétrique par rapport au point O, et ce point est le
centre de gravité du parallélipipède.

12. On prouverait de même très-facilement que le centre
de gravité d'un prisme est sur la ligne qui joint les centres de
gravité des deux bases, et à égale distance des deux bases.

**13. Centre de gravité de la pyramide triangu-
laire.** — On démontrera facilement qu'un plan passant
par l'arête AB et la médiane AF est un
plan de symétrie de la pyramide : le
centre de gravité se trouve donc dans
ce plan ; par la même raison, il se trouvera dans chacun des plans analogues
menés par les deux autres arêtes : il est
donc sur leur intersection BE, qui n'est
autre que la ligne menée du sommet
de la pyramide au centre de gravité de
la base opposée. En prenant le point A

Fig. 121.

pour sommet et pour base BDC, on conclurait pareillement que le centre de gravité doit se trouver sur la ligne AH ; il est donc au point G, intersection de ces deux lignes.

Je dis que ce point G est au quart de la ligne BE à partir de la base, ou aux trois quarts à partir du sommet.

En effet, $EF = \frac{1}{3} AF$, $HF = \frac{1}{3} BF$ ; donc la ligne EH est parallèle à la ligne BA, et $EH = \frac{1}{3} BA$ ; donc, à cause des triangles semblables BGA, EGH, $EG = \frac{1}{3} BG$ ou $EG = \frac{1}{4} BE$ : ce qu'il fallait démontrer.

*Donc, le centre de gravité d'une pyramide triangulaire est sur la ligne qui joint un sommet de la pyramide au centre de gravité de sa base ; il est au quart de cette ligne à partir de la base, ou aux trois quarts à partir du sommet.*

**14. Centre de gravité d'un polyèdre quelconque.** — Pour avoir le centre de gravité d'un polyèdre quelconque, il faudra le décomposer en pyramides triangulaires. On cherchera ensuite le centre de gravité de chacune de ces pyramides, et on imaginera, appliquées à ces centres de gravité, des forces parallèles entre elles et proportionnelles aux volumes de ces pyramides. On cherchera ensuite le centre de ces forces parallèles, et on aura ainsi le centre de gravité du polyèdre.

**Méthode pratique pour déterminer le centre de gravité des corps solides.** — *Propriété générale du centre de gravité.*

Si le centre de gravité d'un corps solide est fixe, il est évident que le corps sera en équilibre dans toutes les positions qu'il pourra affecter autour de ce point fixe ; car la résultante de toutes les forces parallèles qui agissent sur ce corps, passant par le centre de gravité, qui est un point fixe, ce point, par sa résistance, détruit l'action de cette résultante. On peut dire que, réciproquement, lorsqu'un corps pesant est en équilibre, c'est que son centre de gravité se trouve fixé.

**Première méthode pratique pour déterminer le centre de gravité d'un corps solide.** — On suspend le corps par un fil, et on attend qu'il soit en équilibre. Lorsqu'il est en équilibre, il est évident que la ligne de suspension passerait, si elle était prolongée, par le centre de gravité du corps. On a ainsi une ligne sur laquelle se trouve le centre de gravité. On suspend le corps en un autre point, on obtient ainsi une deuxième ligne sur laquelle se trouve aussi le centre de gravité. Le centre de gravité se trouve donc au point de rencontre de ces deux lignes droites.

Fig. 122.

**Deuxième procédé pratique pour déterminer le centre de gravité d'un corps solide.** — On place le corps sur un plan horizontal, de manière qu'il le touche en un point M. On appuie latéralement ce corps sur un plan incliné, qu'on soulève jusqu'au moment où le corps tend à se renverser du côté opposé. Il est évident qu'alors le centre de gravité se trouve sur la verticale menée par le point **M**. On a ainsi une ligne droite contenant le centre de gravité du corps. On en cherche une seconde de la même manière, et le point demandé se trouve au point G de rencontre de ces deux droites.

Fig. 123.

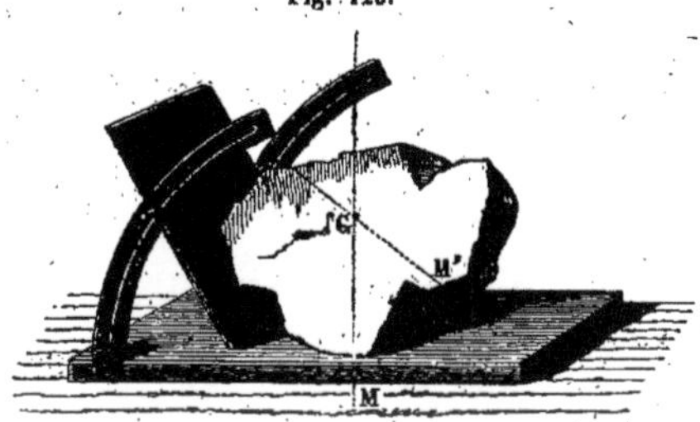

Ce moyen a été réellement employé par **M**. Pond, astronome royal de Greenwich.

**Applications de la théorie des centres de gravité.** — Nous allons présenter une application de la théorie des centres de gravité due au jésuite Guldin, qui l'a publiée en 1635. Cette application fut perfectionnée par Leibnitz, et présentée enfin de la manière la plus générale par Varignon.

*La surface engendrée par une courbe qui tourne autour d'un axe est égale à la longueur de la courbe génératrice, multipliée par la circonférence décrite autour de l'axe par le centre de gravité de la courbe.*

Soit $mn$ un élément infiniment petit de la courbe génératrice, la surface engendrée par $mn$ sera celle d'un tronc de cône. Donc, $i$ étant le point milieu de la droite infiniment petite $mn$, on aura :

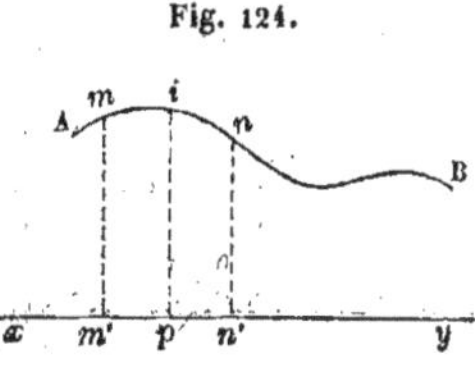

Fig. 124.

$$\text{Surf. } mn = mn \times 2\pi ip.$$

Si on imagine la courbe partagée en éléments infiniment petits égaux à $mn$, et qu'on appelle $i'p'$, $i''p''$... les distances des points milieux de ces éléments à la droite $xy$, on aura pour la surface engendrée par la courbe AB,

$$\text{Surf. AB} = mn \times 2\pi (ip + i'p' + i''p'' + \ldots).$$

Supposons qu'il y ait un nombre $p$ d'éléments égaux à $mn$, on aura :

$$\text{Surf. AB} = p \cdot mn \times 2\pi \frac{(ip + i'p' + i''p'' + \ldots)}{p}$$

mais $\qquad\qquad p \times mn = \text{AB}.$

De plus, $\dfrac{ip + i'p' + i''p'' + \ldots}{p'}$ est la moyenne distance des divers points de AB à l'axe $xy$. Donc, c'est la distance du centre de gravité de la courbe à l'axe $xy$. En appelant D la distance du centre de gravité de la courbe à $xy$, on aura finalement :

$$\text{Surf. AB} = \text{AB} \times 2\pi\text{D} ;$$

ce qui démontre le théorème énoncé.

*Le volume engendré par une surface plane tournant autour d'un axe est égal à l'aire de la surface génératrice, multipliée par la circonférence décrite par le centre de gravité de cette aire.*

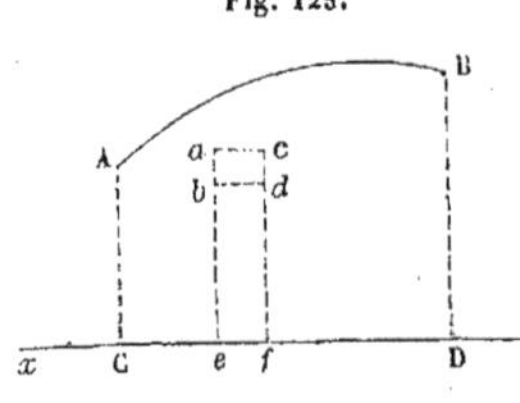

Fig. 125.

Soit $abcd$ un élément rectangulaire de la surface génératrice ABCD qui tourne autour de $xy$. Le volume engendré par $abcd$ est égal à la différence des volumes engendrés par $aefc$ et $befd$, qui sont deux cylindres. On a alors :

$$\text{Vol. } abcd = \pi \cdot \overline{ae}^2 \times ac - \pi \cdot \overline{be}^2 \times ac = \pi \left( \overline{ae}^2 - \overline{be}^2 \right) ac.$$

Mais $be = ae - ab$, d'où $be^2 = \overline{ae}^2 - 2ae \times ab + \overline{ab}^2$.

Substituant dans l'expression du volume $abcd$, on aura ·

$$\text{Vol. } abcd = \pi \left(\overline{ae}^2 - \overline{ae}^2 + 2ae \times ab - ab^2\right) ac$$

$$\text{Vol. } abcd = \pi \left(2ae \times ab - ab^2\right) ac = \pi ab \left(2ae - ab\right) ac.$$

$$\text{Vol. } abcd = 2\pi \times \left(ae - \frac{ab}{2}\right) ab \times ac.$$

$ae - \dfrac{ab}{2}$ est la distance du centre de gravité de l'élément $abcd$ à l'axe $xy$, et $ab \times ac$ représente la surface S de cet élément. Donc, en appelant $z$ la distance du centre de gravité de l'élément $abcd$ à l'axe $xy$, on aura :

$$\text{Vol. } abcd = \text{S} \times 2\pi z.$$

Si on imagine la surface génératrice partagée en éléments rectangulaires égaux à $abcd$, et qu'on appelle $z'$, $z''$... les distances des centres de gravité de ces éléments à $xy$, on aura :

$$\text{Vol. ABCD} = \text{S} \times 2\pi \left(z + z' + z'' \times ...\right)$$

Si on suppose qu'il y a $n$ éléments, on aura :

$$\text{Vol. ABCD} = n\text{S} \times 2\pi \left(\frac{z + z' + z'' + ...}{n}\right).$$

Mais $\dfrac{z + z' + z'' + ...}{n}$ est la distance Z du centre de gravité de l'aire génératrice à $xy$, $n$S est la surface ABCD de cette aire génératrice, on aura donc finalement :

$$\text{Vol. ABCD} = \text{surf. ABCD} \times 2\pi \text{Z}.$$

Ce qu'il fallait démontrer.

# TROISIÈME PARTIE.

## DES MACHINES.

### QUESTIONS 14 ET 15 DU PROGRAMME.

Du mouvement uniforme des machines. — Énoncé du principe de la transmission du travail dans ce cas. — Le travail moteur est toujours plus grand que l'effet utile. — Impossibilité du mouvement perpétuel et de la multiplication du travail moteur. — Rendement d'une machine : c'est le rapport du travail ou effet utile transmis au travail moteur dépensé. — Il constitue la valeur industrielle de l'appareil. — Il est toujours inférieur à l'unité. — Énoncé des lois expérimentales du frottement, 1° à l'instant du départ, 2° pendant le mouvement.

**Définition générale des machines.** — On nomme *machine* tout appareil quelconque par l'intermédiaire duquel une ou plusieurs puissances servent à surmonter une ou plusieurs résistances.

Il faut soigneusement distinguer deux points de vue sous lesquels on peut considérer les machines. On peut, en effet, étudier les machines au point de vue *statique*, ou bien au point de vue *dynamique*. Au point de vue *statique*, une *machine* sert à tenir une résistance en équilibre au moyen d'une certaine puissance. Au point de vue *dynamique*, la machine sert non-seulement à vaincre une résistance, mais encore à faire parcourir un certain chemin au point résistant. Ce n'est que dans ce second cas que la machine est employée à produire un certain *travail mécanique*, dans le sens spécial que nous avons donné à ce mot.

En d'autres termes, on peut considérer les machines, ou en équilibre, ou en mouvement. Quoique les machines servent dans l'un et l'autre cas, c'est cependant au point de *vue dynamique* qu'elles ont le plus grand degré d'utilité.

C'est faute d'avoir considéré les machines sous ce double point de vue, qu'on leur a attribué une sorte de puissance mystérieuse, pour produire par elles-mêmes du *travail*, quand elles ne servent qu'à le transmettre.

**Des machines au point de vue STATIQUE, ou des machines en équilibre.** — Lorsqu'on considère une *machine* comme destinée à tenir des résistances en équilibre, on remarque que des forces qui, appliquées à un système entièrement libre dans l'espace, ne se feraient pas équilibre, se font cependant équibre par l'intermédiaire de la machine. D'où il suit nécessairement qu'il faut, dès lors, que la machine contienne certains points fixes où puisse passer la résultante des diverses forces appliquées à cette machine, résultante qui se trouve détruite par la résistance d'un de ces points.

C'est d'après cette considération que M. Poinsot a saisi dans les machines en équilibre ce caractère général d'être des *corps ou systèmes gênés dans leur mouvement par des obstacles quelconques.*

C'est cette propriété générale des machines que M. Poinsot avait prise pour définition, ce qui est très-convenable, lorsqu'on ne considère les machines que dans les phénomènes d'équilibre qu'elles présentent.

D'après cela, on voit qu'il y a nécessairement, au point de vue statique, trois sortes de machines simples : 1° celles dans lesquelles l'obstacle est un *point fixe,* autour duquel le corps a la liberté de tourner; 2° celles dans lesquelles l'obstacle est une *droite fixe* ; 3° enfin, celles dans lesquelles l'obstacle est un *plan fixe*. De là trois sortes de machines simples, le levier, le treuil et le plan incliné.

Il y a des cas très-importants où la machine, sans produire de *travail mécanique* proprement dit, a néanmoins une très-grande utilité, tout en ne servant que par l'équilibre qu'elle concourt à déterminer. La *balance* et ses nombreux usages en sont un exemple frappant.

On voit ici la source immédiate des illusions trop répandues sur la puissance mystérieuse des machines ; une machine présentant, par exemple, un point fixe, on conçoit très-bien, *à priori*, qu'on peut disposer la puissance par rapport à la résistance, de manière que leur résultante commune passe par le point fixe. Dès lors la machine servira effectivement à maintenir une très-grande force en équilibre au moyen d'une très-petite ; la machine sert donc ici à utiliser la résistance du point fixe. Mais s'il s'agissait de faire marcher le point résistant le long d'un certain chemin, il est clair que la résistance du point fixe ne pourrait plus être utilisée, puisque c'est une force purement *passive* qui ne peut servir à produire un mouvement. Il faut donc ici d'autres considérations que pour la machine en équilibre, et l'assimilation de ces deux cas, source de toutes les rêveries sur la multiplication du travail au moyen de la machine, est tout à fait vicieuse.

**Des machines au point de vue DYNAMIQUE, ou des machines en mouvement.** — Au point de *vue dynamique*, la machine sert à vaincre une résistance le long d'un chemin, au moyen d'une certaine puissance.

Il y a d'après cela deux choses essentielles à considérer dans une machine en mouvement : 1° la puissance, appli-

quée en un certain point, lui fait parcourir un espace déterminé dans un temps donné. Il y a donc un *travail mécanique* produit par la puissance; nous le nommerons travail moteur, et nous le désignerons par la notation $Tm$.
2° La résistance est vaincue par l'intermédiaire de la machine le long d'un certain chemin : il y a donc là un travail effectué. Nous le nommerons *travail résistant.*

Mais une machine se meut nécessairement dans un certain milieu fluide ou liquide, il y a des frottements produits entre les parties mobiles de la machine. Cela constitue deux sortes de résistances qu'il faut vaincre, et qui ne concourent pas à l'effet utile de la machine. Pour distinguer le *travail résistant* produit dans ce cas, du *travail résistant utile,* nous nommerons le premier dont nous avons parlé, *travail résistant principal,* et le second, *travail résistant secondaire;* nous les noterons ainsi $Trp$, $Trs$.

D'après cela nous pourrons, *au point de vue dynamique,* définir les machines : *comme servant à effectuer un certain travail résistant au moyen d'un travail moteur.*

Mais il y a deux cas à considérer dans les machines : ou bien leur mouvement est varié, ou il est uniforme.

Si le mouvement était varié, un certain travail serait employé à vaincre l'inertie de la machine, à chaque variation même du mouvement; par conséquent, il y aurait un élément de plus à considérer dans la théorie des machines, à savoir, le travail développé par l'inertie de la machine. Nous ne considérerons que les machines animées d'un mouvement uniforme.

**Du mouvement uniforme des machines.** — Nous considérerons seulement le mouvement uniforme des machines, et cela pour trois raisons.

D'abord il est évident que c'est le cas le plus simple, et même le seul suffisamment simple et élémentaire, attendu que, dans ce cas, nous n'avons pas besoin de tenir compte du travail dû à l'inertie de la machine. Le travail dû à cette inertie dépend de la masse de la machine ; par conséquent, on voit qu'en supposant la machine animée d'un mouvement uniforme, c'est comme si l'on faisait abstraction de la masse de cette machine.

On peut dire, en second lieu, qu'en général les machines, après une action plus ou moins prolongée, tendent à prendre effectivement un mouvement uniforme. Nous ne pouvons mieux faire qu'en transcrivant textuellement les réflexions de Carnot à ce sujet (*Principes fondamentaux de l'équilibre et du mouvement*).

« La plupart des machines sont mues par des agens qui ne peuvent exercer que des forces mortes ou de pression. Tels sont les animaux, les ressorts, les poids, etc., etc., ce qui fait que la machine change ordinairement par degrés insensibles ; il arrive même, le plus souvent, que cette machine passe bien vite à l'uniformité ; en voici la raison :

« Les agents qui font mouvoir cette machine, se trouvant d'abord un peu au-dessus des forces résistantes, font naître un petit mouvement qui s'accélère ensuite peu à peu ; mais, soit que, par une suite nécessaire de cette accélération, la force sollicitante diminue, soit que la résistance augmente, soit, enfin, qu'il survienne quelque variation dans les directions, il arrive presque toujours que le rapport des deux forces s'approche de plus en plus de celui en vertu duquel elles pourraient se faire mutuellement équilibre ; alors ces deux forces se détruisent, et la machine ne se meut plus qu'en vertu du mouvement acquis, lequel,

à cause de l'inertie de la matière, reste ordinairement uniforme.

« Pour comprendre encore mieux comment cela doit
arriver, il n'y a qu'à faire attention au mouvement que
prend un navire qui a le vent en poupe ; c'est une espèce
de machine animée par deux forces contraires, qui sont
l'impulsion du vent et la résistance du fluide sur lequel il
vogue ; si la première de ces deux forces, qu'on peut regarder comme sollicitante, est la plus grande, le mouvement du navire s'accélérera ; mais cette accélération a nécessairement des bornes par deux raisons ; car plus le
mouvement du navire s'accélère, 1° plus il est soustrait à
l'impulsion du vent ; 2° plus, au contraire, la résistance
de l'eau augmente : par conséquent, ces deux forces tendent
à l'égalité ; lorsqu'elles y sont parvenues, elles se détruiront mutuellement, et partant le navire sera mû comme
un corps libre, c'est-à-dire que sa vitesse sera constante. Si
le vent venait à baisser, la résistance de l'eau surpasserait
la force sollicitante ; le mouvement du navire se ralentirait ;
mais, par une suite nécessaire de ce ralentissement, le vent
agirait plus efficacement sur les voiles, et la résistance de
l'eau diminuerait en même temps. Ces deux forces ten-
draient donc encore à l'égalité, et la machine arriverait
de même à l'uniformité de mouvement.

« La même chose arrive lorsque les forces mouvantes
sont des hommes, des animaux ou autres agents de cette
nature ; dans les premiers instants, le moteur est un peu
au-dessus de la résistance ; de là naît un petit mouvement
qui s'accélère peu à peu par les coups répétés de la force
mouvante ; mais l'agent lui-même est obligé de prendre
un mouvement accéléré, afin de rester attaché au corps
auquel il imprime le mouvement. Cette accélération, qu'il

se procure lui-même, consomme une partie de son effort ; de sorte qu'il agit moins efficacement sur la machine, et que le mouvement de celle-ci s'accélérant de moins en moins, finit par devenir uniforme. Par exemple, un homme qui pourrait faire un certain travail dans le cas d'équilibre, en ferait un beaucoup moindre, si le corps auquel il est appliqué lui cède, et qu'il soit obligé de le suivre pour agir sur lui ; ce n'est pas que le travail absolu de cet homme soit moindre, mais c'est que son effort est partagé en deux, dont l'un est employé à mettre la masse même de l'homme en mouvement et l'autre transmis à la machine. Or, c'est de ce dernier seul que l'effet se manifeste dans l'objet qu'on s'est proposé. »

Enfin, en troisième lieu, le mouvement ne varie en général dans les machines que par soubresauts plus ou moins intenses, consommant toujours inutilement une certaine quantité de travail. Il faut donc s'attacher à donner aux machines un mouvement uniforme ; c'est ce qu'on fait autant que possible. Par conséquent, le cas du mouvement uniforme des machines se présente fréquemment.

Ainsi, d'après ces diverses raisons, nous ne considérerons que le mouvement uniforme des machines.

**Principe de la transmission du travail, dans le cas du mouvement uniforme des machines.** — La théorie des machines peut, dans le cas de leur mouvement uniforme, être établie d'après deux principes : dans le premier, nous considérons les forces qui agissent sur la machine, indépendamment de toute notion de travail ; dans le second, au contraire, nous nous appuyons directement sur une telle notion. Le second principe sera le plus fréquemment employé par nous ; néanmoins, le premier a trop d'importance et d'utilité pour que nous puissions le passer sous silence.

PREMIER PRINCIPE. — *Lorsqu'une machine a acquis un mouvement uniforme, les forces mouvantes et les forces résistantes satisfont aux conditions de l'équilibre.*

En effet, quand une ou plusieurs forces mouvantes sont destinées à mettre une machine en mouvement, elles ont à vaincre trois sortes de résistances : d'abord l'inertie de la matière sur laquelle on agit, puis les résistances proprement dites (poids, frottement, etc.), soit principales, soit secondaires. Or, à l'origine, les forces mouvantes sont employées d'abord à vaincre l'inertie de la matière pour lui communiquer un certain mouvement, puis à surmonter les résistances proprement dites. Ce mouvement étant une fois acquis, si on imagine que les forces mouvantes, les résistances principales et secondaires disparaissent, il est évident que la machine continuera, d'après la loi de Kepler, à se mouvoir d'un mouvement uniforme avec la vitesse acquise. Donc, si la machine se meut effectivement de ce mouvement uniforme, c'est que les forces mouvantes et les résistances sont comme si elles n'existaient pas, c'est-à-dire dans les relations convenables pour se faire équilibre. Ce qui démontre le principe énoncé.

On voit aussi d'après la démonstration précédente comment, à l'origine, il faut une impulsion plus puissante que lorsque la machine a acquis son mouvement uniforme ; parce que, pendant le mouvement uniforme de la machine, les forces mouvantes contre-balancent seulement les forces résistantes, tandis qu'au point de départ les forces mouvantes doivent surmonter aussi la force d'inertie de la machine.

Second principe. — *Dans le mouvement uniforme d'une machine, le travail moteur est égal à la somme du travail résistant principal et du travail résistant secondaire.*

Ce principe, d'après les notations précédemment indiquées, peut s'écrire ainsi :

$$T_m = T_{rp} + T_{rs}, \quad \text{ou} \quad T_m - T_{rp} - T_{rs} = 0; \quad (A).$$

Ce théorème est une conséquence d'un principe plus général connu sous le nom d'*équation du travail*, et dans la démonstration duquel nous ne pouvons entrer.

Mais nous pouvons le démontrer comme conséquence du premier principe précédemment énoncé.

En effet, il est évident que le travail moteur et le travail résistant, soit principal, soit secondaire, doivent être opposés l'un à l'autre et par suite de signes contraires. Donc si $T_m$ est positif, on aura $-T_{rp}$, $-T_{rs}$, pour les travaux résistants. Cela étant, dans le mouvement uniforme d'une machine, les forces motrices et résistantes sont dans les relations convenables pour se faire équilibre, par conséquent leur résultante est nulle. Le travail de cette résultante est donc aussi nul. Par conséquent, la somme des travaux moteurs et résistants est nulle. On a donc : $T_m - T_{rp} - T_{rs} = 0$. Ce qu'il fallait démontrer.

**Le travail moteur est toujours plus grand que l'effet utile. — Rendement de la machine. — Valeur industrielle de la machine.** — Il est évident que l'effet utile d'une machine, c'est le *travail résistant principal* effectué par cette machine dans un temps donné ; c'est là, à proprement parler, l'ouvrage produit par la machine. Mais, dans une machine, il est évidemment impossible de supprimer les frottements, la résistance de l'air ou du liquide dans lequel peut se mouvoir la machine, par conséquent le travail résistant secondaire aura toujours une certaine valeur. Donc on aura toujours $T_m > T_{rp}$, d'où il sort que *le travail moteur est toujours plus grand que l'effet utile de la machine.*

Le rendement de la machine devra être représenté par $\frac{T_{rp}}{T_m}$; car il est de toute évidence qu'une machine servira d'autant mieux, qu'avec un moindre travail moteur il y aura un plus grand effet utile produit. Le rapport $\frac{T_{rp}}{T_m}$ est $< 1$, puisque nous avons vu que l'on avait $T_m > T_{rp}$, et plus $T_{rp}$ augmente pour une même valeur de $T_m$, en restant inférieur à $T_m$, plus la fraction $\frac{T_{rp}}{T_m}$ se rapproche de l'unité. Donc le rendement d'une machine est d'autant plus considérable que $\frac{T_{rp}}{T_m}$ est plus près de l'unité.

Il est évident, par suite, que la valeur industrielle de l'appareil sera représentée par le rapport $\frac{T_{rp}}{T_m}$, c'est-à-dire par le rendement de cet appareil.

Dans les meilleures machines, le rendement est à peu près égal à $\frac{3}{4}$.

D'après cette théorie des machines, on voit que toute machine se compose essentiellement de trois parties : 1º le *récepteur*, qui est la portion de la machine sur laquelle agit la puissance, en produisant un *travail moteur*; 2º les organes de transmission, ou les parties de la machine intermédiaires entre le *récepteur* et le point d'application de la résistance ; 3º l'*appareil opérateur*, ou l'outil produisant le *travail résistant principal* ou l'effet utile.

**Impossibilité du mouvement perpétuel et de la multiplication du travail moteur.** — L'*équation du travail* dans le mouvement uniforme [d'une machine quelconque est :

$$T_m - T_{rp} - T_{rs} = 0.$$

Si l'on suppose que la machine ne produise aucun effet utile, on aura $T_m - T_{rs} = 0$. Or, comme il est impossible de supprimer les résistances passives, que les résistances agissent continuellement dans le mouvement d'une machine, il est évident qu'au bout d'un certain temps le travail résistant aura absorbé le travail moteur; par suite la machine s'arrêtera ou exigera une nouvelle impulsion pour continuer à se mouvoir. Donc on ne peut, au moyen d'une machine, produire un *mouvement perpétuel.*

Il est évident qu'on ne peut, au moyen d'une machine quelconque, multiplier le travail moteur, puisque, d'après la nature même de toute machine, elle ne peut servir qu'à employer un travail moteur à produire des travaux résistants, et que l'on a toujours $T_m = T_{rp} + T_{rs}$. Par suite, la machine ne multiplie pas le travail moteur, mais sert seulement à l'utiliser.

**Du véritable rôle des machines.** — Il faut maintenant, d'après la notion de travail, nous faire une idée du véritable rôle des machines considérées d'une manière générale.

Supposons, pour plus de simplicité, une machine à laquelle s'applique une force unique faisant mouvoir le point résistant dans sa propre direction. Soit F cette force, V l'espace parcouru par le point résistant dans l'unité de temps, T le temps pendant lequel agit cette force. Le travail moteur sera alors FVT. Supposons que cette machine élève un certain poids à une hauteur déterminée, faisons abstraction du travail résistant secondaire, et admettons qu'avec une autre force $f$, agissant avec une vitesse $v$, pendant un temps $t$, on produise le même travail principal, on aura alors évidement $FVT = fvt$.

Pour produire le même effet utile, il faudra donc toujours le même travail moteur $FVT$, ou $fvt$. Mais ce travail moteur dépend de trois facteurs, par conséquent on peut obtenir le même travail moteur en faisant varier les facteurs de ce travail. Ainsi, si on prend $T = t$ et $F = \frac{f}{2}$, il faudra alors que $V = 2v$, pour que le travail moteur employé pour produire l'ouvrage dans le second cas soit égal à celui employé dans le premier. La véritable utilité des machines au mouvement est précisément de permettre d'obtenir un résultat déterminé, en faisant varier, suivant les circonstances, l'un des facteurs du travail moteur.

« Quel est donc enfin le véritable objet des machines en mouvement? C'est de procurer la faculté de faire varier à volonté les termes de la quantité $FVT$, ou *momentum d'activité* qui doit être consommé par les forces mouvantes. Si le temps est précieux, que l'effet doive être produit dans un temps très-court, et qu'on n'ait cependant qu'une force capable de peu de vitesse, mais d'un grand effort, on pourra trouver une machine pour suppléer la vitesse nécessaire par l'intensité de la force : si, au contraire, on n'a qu'une faible puissance à sa disposition, mais capable d'une grande vitesse, on pourra imaginer une machine avec laquelle l'agent sera en état de compenser, par sa vitesse, la force qui lui manque. Enfin, si la puissance n'est capable ni d'un grand effort, ni d'une grande vitesse, on pourra encore, avec une machine convenable, lui faire produire l'effet désiré; mais alors on ne pourra se dispenser d'employer beaucoup de temps, parce qu'enfin on ne peut pas sortir de ce cercle, qu'il faut absolument que le produit **FVT** soit toujours égal à l'effet qu'on veut produire, et c'est en cela précisément que consiste ce principe si célèbre et si important que, *dans les machines en mouvement, on perd toujours en temps ou en vitesse ce qu'on gagne en force.* (CARNOT, *Principes de l'équilibre et du mouvement.*)

## DU FROTTEMENT.

Énoncé des lois expérimentales du frottement : 1° à l'instant du départ,
2° pendant le mouvement.

**Définition du frottement.** — Quand on essaye de
faire mouvoir ou glisser un corps sur un autre corps, on
éprouve une certaine résistance. Cette résistance, lorsque
le mouvement déjà communiqué au corps permet de faire
abstraction de l'inertie, est due uniquemeut à l'action des
deux surfaces en contact. On lui donne le nom de *frottement.*

On nomme donc *frottement* la résistance qu'on éprouve,
indépendamment de l'inertie, à faire mouvoir un corps sur
un autre.

Cette résistance paraît due à l'*enfoncement* ou *emboîtement* général des deux surfaces, dont les aspérités se pénètrent réciproquement avec d'autant plus d'intensité que
les deux surfaces sont plus pressées l'une contre l'autre.
En outre, lorsque l'un des deux corps se déplacera sur
l'autre, cette résistance, due à cet engrénement réciproque,
sera augmentée par le refoulement des molécules situées
en avant du corps mobile.

Mais, outre cette cause de résistance, il en existe une seconde, due à l'adhérence ou cohésion des deux surfaces
en contact. D'après cela, le frottement dépendrait de deux
causes : l'une, provenant de l'emboîtement des deux surfaces, dépendrait essentiellement de la pression des deux
corps ; l'autre, due à l'adhérence, varierait surtout d'après
l'étendue de la surface de contact. Mais dans l'ensemble

des cas, cette seconde cause de frottement peut être négligée.

**Des diverses espèces de frottement**. — On doit distinguer plusieurs espèces de frottement. Si le glissement est *tangentiel*, c'est-à-dire tel que l'un des deux corps présente constamment les mêmes points à l'action de l'autre, le frottement est dit de *première espèce*. Le *roulement* proprement dit constitue le *frottement de seconde espèce*. Ces deux sortes de frottement sont tout à fait différents. Nous ne nous occuperons pas du tout du frottement de *seconde espèce* soumis à des lois particulières peu étudiées jusqu'ici.

On distingue plusieurs variétés dans le frottement de *première espèce* ou glissement proprement dit. Il y a d'abord le glissement rectiligne et parallèle sur un plan, analogue à celui des *traîneaux*; puis le glissement circulaire des *tourillons* cylindriques des arbres des machines, tournant dans le creux, pareillement cylindrique, des *boîtes* ou *coussinets* fixes. Nous nous occuperons seulement de ces eux sortes de frottement.

C'est à Amontons que l'on doit l'institution de la recherche des lois du frottement. Mais la découverte de ces lois appartient à notre illustre Coulomb. Enfin, en 1831 et 1834, M. Morin vint confirmer, éclaircir et compléter les recherches antérieures de Coulomb.

**Lois générales du frottement des corps**. — Nous supposons un corps en mouvement glissant sur un autre. Nous examinerons plus tard ce qui a lieu au point de départ. Les lois du frottement sont au nombre de trois.

1° *Le frottement est directement proportionnel à la pression.*
Ce principe n'est vrai, bien entendu, qu'autant que les

pressions exercées ne désorganisent pas profondément les surfaces en contact. Dans ce cas, M. Morin l'a trouvé sujèt, en effet, à quelques exceptions. Mais il continue à subsister quand bien même les aspérités grossières de ces surfaces sont rompues et entraînées dans le mouvement général.

Dans les expériences de M. Morin, les pressions, lors du glissement à sec des surfaces planes, n'ont pas dépassé de 1 à 2 kilogrammes par centimètre carré. Coulomb, au contraire, avait poussé les charges beaucoup au delà.

2° *Le frottement est indépendant de l'étendue des surfaces en contact.*

Cette loi signifie que si la surface augmente ou diminue, la pression restant la même, le frottement reste constant. Coulomb, d'après quelques expériences, avait cru pouvoir établir que, pour certains corps, le frottement se composait de deux parties : l'une variant proportionnellement à la pression, l'autre variant proportionnellement à l'étendue des surfaces en contact; cette seconde partie due à l'adhérence propre des molécules. Mais cette quantité, qui est très-faible par rapport à la première, n'a pas été observée par M. Morin. Elle ne peut avoir quelque influence que dans les mécanismes très-légers des montres.

3° *Le frottement est indépendant de la vitesse du mouvement.*

Cette loi prouve que, dans l'effort employé pour vaincre la résistance du frottement, on peut essentiellement faire abstraction du travail employé à vaincre l'inertie des molécules des surfaces en contact. Cette influence de l'inertie des molécules ébranlées ne pourrait être sensible que dans le cas où les particules ou poussières entraînées dans le mouvement présenteraient une masse très-considérable.

Dans les expériences de M. Morin, la vitesse du mouvement a souvent atteint et surpassé même 3 mètres par seconde.

**Coefficient du frottement.** — D'après la première loi du frottement, le rapport du frottement à la pression est une quantité constante. Si on appelle R le nombre de kilogrammes qui représente la résistance absolue du frottement d'un corps glissant sur un autre, et P le poids de ce corps ou plutôt le nombre de kilogrammes qui mesure l'effort total qu'il exerce perpendiculairement à sa surface de contact avec cet autre, on aura $\frac{R}{P} = f$, $f$ étant une quantité constante d'après la première loi du frottement; $f$ est ce qu'on appelle le *coefficient de frottement*.

**Des causes qui font varier la valeur du coefficient de frottement.** — Ce coefficient de frottement varie suivant la nature des surfaces glissantes et suivant l'état de ces surfaces. Avant de donner le tableau des valeurs du coefficient de frottement, tel qu'on l'a déterminé par expérience pour un grand nombre de substances, nous présenterons quelques observations générales sur les causes qui font varier, indépendamment de la nature des corps, la valeur de ce coefficient.

*Le coefficient de frottement varie avec la nature et le degré du poli des corps.* — L'expérience la plus vulgaire fait apercevoir combien le poli des surfaces influe sur le coefficient de frottement. On a constaté aussi l'influence considérable que le mode de *polissage* exerce sur ce même coefficient.

Le degré de poli atteint son *maximum* quand les deux surfaces sont usées ou *rodées* l'une sur l'autre avec interposition de matières grasses, et sous l'influence de la pression et du mouvement qu'elles doivent conserver ensuite dans les expériences ; aussi ce sont les vieilles machines qui nous offrent ce *maximum* de poli.

M. Morin, confirmant l'observation constante des ouvriers, a constaté que des surfaces solides, quel que soit leur degré primitif de poli, finissent par s'user ; de telle sorte qu'il se détache alors des surfaces, notamment dans le cas des bois, une poussière qui s'agglomère en grains très-durs et finit par se multiplier beaucoup.

*Influence des enduits sur le coefficient de frottement.* — L'interposition de corps gras entre les surfaces frottantes tend à diminuer l'intensité du coefficient de frottement, pourvu, du moins, que la viscosité de ces enduits ne soit pas trop grande, car ils auraient alors une influence contraire. Ainsi l'interposition de la cire, de la poix, de la colophane et des résines en général, peut devenir plus nuisible qu'utile pour diminuer le frottement réciproque des corps. Le même genre d'influence se manifeste lorsque les enduits ont eu le temps de s'imprégner des poussières résultant du frottement des deux corps.

Il y a des cas où l'interposition d'un enduit fluide augmente le coefficient de frottement au lieu de le diminuer. Cela a lieu par l'interposition de l'eau, par exemple, entre les surfaces frottantes de substances spongieuses, telles que les bois, ou de corps durs, tels que la fonte de fer.

Le choix des enduits varie, dans chaque cas, d'après un très-grand nombre de circonstances que l'expérience a indiquées. Ainsi, par exemple, l'huile d'olive est adoptée généralement pour les mécanismes légers, le saindoux et le suif pour les fortes machines.

*Influence de la température, de la pression atmosphérique sur le coefficient de frottement.*

Entre lès températures de 1 à 18 degrés centigrades, les nombreuses expériences de M. Morin ont constaté que l'influence de la chaleur était insensible.

Mais quant à la chaleur résultant du frottement, elle a une très-grande influence, soit en liquéfiant plus ou moins les enduits interposés entre les surfaces frottantes, soit en altérant plus ou moins ces surfaces elles-mêmes. Il y a, du reste, un grand nombre de cas où les enduits ne sont employés que pour neutraliser les effets dus au développement de chaleur résultant du frottement. C'est à cause de cela aussi qu'il faut avoir soin de renouveler souvent ces enduits.

Dans les corps en mouvement, l'influence de la pression atmosphérique est insensible, attendu qu'après le premier déplacement, l'air s'interpose entre les deux surfaces frottantes et, d'après le principe de Pascal, empêche l'action de la pression extérieure. Mais au repos, si les surfaces pouvaient être assez polies pour que l'air pût être complétement expulsé entre elles, la pression de l'air s'exercerait à raison de 1 kilogramme par centimètre carré. Cette influence peut exceptionnellement se faire sentir dans quelques cas, par exemple, pour le cas des glaces de miroirs parfaitement polies.

*TABLE* des rapports du frottement à la pression, des surfaces planes en mouvement
les unes sur les autres.

| INDICATION DES SURFACES. | ÉTAT DES SURFACES ET NATURE DE L'ENDUIT. | | | | | | | | |
|---|---|---|---|---|---|---|---|---|---|
| | A sec. | Mouillées d'eau. | Huile d'olive. | Saindoux. | Suif. | Saindoux et plombagine | Cambouis purifié. | Savon sec. | Onctions degraisse. |
| Bois sur bois. — minimum. | 0,20 | .... | .... | 0,06 | 0,06 | .... | .... | 0,14 | 0,08 |
| Bois sur bois. — moyen. | 0,36 | 0,25 | .... | 0,07 | 0,07 | .... | .... | 0,14 | 0,12 |
| Bois sur bois. — maximum. | 0,48 | .... | .... | 0,07 | 0,08 | .... | .... | 0,16 | 0,15 |
| Bois et métaux. — minimum. | 0,20 | .... | 0,05 | 0,07 | 0,06 | .... | .... | .... | 0,10 |
| Bois et métaux. — moyen. | 0,42 | 0,24 | 0,06 | 0,07 | 0,08 | 0,08 | 0,10 | 0,20 | 0,14 |
| Bois et métaux. — maximum. | 0,62 | .... | 0,08 | 0,08 | 0,10 | .... | .... | .... | 0,16 |
| Chanvre en brins (cordes, sangles, etc.) sur. — chêne. | 0,45 | 0,332 | | | | | | | |
| Chanvre en brins (cordes, sangles, etc.) sur. — fonte. | .... | .... | 0,15 | .... | 0,19 | | | | |
| Cuir fort, à plat, sur bois ou métal, le cuir étant — brut. | 0,54 | 0,36 | 0,16 | .... | 0,20 | | | | |
| Cuir fort, à plat, sur bois ou métal, le cuir étant — battu. | 0,30 | | | | | | | | |
| Cuir fort, à plat, sur bois ou métal, le cuir étant — gras. | .... | 0,25 | | | | | | | |
| Id., de champ (garnitures de pistons) sur id. — à sec. | 0,34 | 0,31 | 0,14 | .... | 0,14 | | | | |
| Id., de champ (garnitures de pistons) sur id. — graissé. | .... | 0,24 | | | | | | | |
| Métaux sur id. — minimum. | 0,15 | .... | 0,06 | 0,07 | 0,07 | 0,06 | 0,12 | .... | 0,11 |
| Métaux sur id. — moyen. | 0,18 | 0,31 | 0,07 | 0,09 | 0,09 | 0,08 | 0,15 | 0,20 | 0,13 |
| Métaux sur id. — maximum. | 0,24 | .... | 8,08 | 0,11 | 0,11 | 0,09 | 0,17 | .... | 0,17 |

*Frottement des pierres et des briques, sur elles-mêmes ou
sur d'autres corps, après l'instant du premier ébranlement.*

Les expériences relatives à ce genre de frottement sont
toutes dues à M. Morin. Nous donnons dans le tableau suivant les moyennes des résultats de ces expériences.

| INDICATION DES SURFACES. | RAPPORT du FROTTEMENT à la pression. |
|---|---|
| Calcaire tendre bien dressé, sur calcaire *id*. | 0,64 |
| Calcaire dur sur calcaire tendre. | 0,67 |
| Brique ordinaire sur calcaire tendre. | 0,65 |
| Chêne debout sur calcaire tendre. | 0,38 |
| Fer forgé sur calcaire tendre. | 0,69 |
| Calcaire dur bien dressé, sur calcaire dur. | 0,38 |
| Calcaire tendre sur calcaire dur. | 0,65 |
| Brique ordinaire sur calcaire dur. | 0,60 |
| Chêne debout sur calcaire dur. | 0,38 |
| Fer forgé (en long) sur calcaire dur. | 0,24 |
| Fer forgé sur calcaire dur, les surfaces étant mouillées. | 0,30 |

**Du frottement à l'instant du départ.** — A l'instant du départ, les deux premières lois du frottement restent les mêmes que pendant le mouvement ; l'unique différence porte sur ce que le coefficient de frottement est en
général plus fort au départ que pendant le mouvement. Il
faut entrer dans quelques explications pour apprécier
exactement la nature et la cause de cette différence.

Le frottement résultant essentiellement d'un *emboîtement* ou *enfoncement* réciproque des deux surfaces frottantes, on conçoit *à priori* que si ces deux surfaces ont été en
contact pendant un certain temps, leur *engrènement* réciproque doit être plus considérable que pour deux surfaces
dont l'une glisse sur l'autre. De là, la plus grande intensité du frottement au départ que pendant le mouvement.

Les divers corps présentent sous cet aspect de grandes

différences. Ainsi, les corps durs et élastiques, tels que le fer, l'acier, le cuivre, etc., etc., parviennent très-rapidement à la limite de leur compression ; tandis qu'il faut un temps plus ou moins long pour que les corps mous et compressibles, tels que les bois, cuir, etc., arrivent à une telle limite. Dès lors, la résistance doit atteindre pour les premiers très-rapidement sa plus grande valeur, tandis que les autres n'y arrivent qu'après un temps souvent fort long, et après un contact très-prolongé avec les surfaces soumises à la pression. Ainsi, pour les métaux, ce temps est à peine appréciable ; il est de quelques minutes pour le bois frottant à sec sur le bois, de plusieurs heures et même de plusieurs jours pour les bois frottant sur des métaux sans enduit.

Aussi, pour les bois frottant sur les bois ou sur les métaux, la résistance du frottement au point de départ est beaucoup plus considérable que pendant le mouvement.

De même, lorsqu'un enduit est placé entre deux métaux très-durs, il faut un certain temps pour que le frottement atteigne son maximum. Cela tient à ce que la compression, prolongée un certain temps, expulse la substance placée entre les deux corps, de manière que les deux surfaces soient simplement onctueuses.

Il faut remarquer que même pour les bois, cuirs, etc., cette différence entre l'intensité du frottement au départ et pendant le mouvement n'a lieu qu'autant que les deux surfaces frottantes ont une certaine étendue ; car lorsque les corps ne portent que sur des arêtes ou contours quelconques arrondis, la compression atteint promptement sa limite, et le frottement est sensiblement le même au départ que pendant le mouvement.

Il faut enfin consigner ici une remarque très-importante due à **M. Morin**. Si on produit un léger ébranlement des surfaces en contact, avant de déterminer le glissement de l'une sur l'autre, le frottement au départ diffère peu du frottement pendant le mouvement.

Ce n'est donc qu'avec bien des restrictions et des explications qu'on doit énoncer cette règle générale : *le coefficient de frottement est plus grand au départ que pendant le mouvement.*

Nous allons donner maintenant les tables des *coefficients de frottement* fournis par diverses substances restées en contact, après un certain temps de repos sous la pression.

*Frottement des métaux, des bois, du cuir et du chanvre, après un certain temps de repos sous la pression.* — On ne peut offrir ici que des moyennes, les expériences de ce genre ne comportant pas une grande précision. Car le coefficient de frottement varie dans ce cas, non-seulement avec la durée plus ou moins grande de la compression réciproque des corps, mais aussi avec la disposition accidentelle des aspérités et des fibres. Il ne faut donc pas attribuer aux résultats indiqués une précision plus grande qu'ils ne le comportent.

*TABLE* des rapports du frottement à la pression, pour les surfaces planes, au moment du départ et après un certain temps de repos.

| INDICATION DES SURFACES. | ÉTAT DES SURFACES OU NATURE DE L'ENDUIT. | | | | | | | |
|---|---|---|---|---|---|---|---|---|
| | A sec. | Mouillées d'eau. | Huile d'olive. | Saindoux. | Suif. | Savon sec. | Onctueuses et polies. | Onctueuses et mouillées. |
| Bois sur bois. { minimum.. | 0,30 | 0,65 | .... | .... | 0,14 | 0,22 | 0,30 | |
| moyenne.. | 0,50 | 0,68 | .... | 0,21 | 0,19 | 0,36 | 0,36 | |
| maximum. | 0,70 | 0,71 | .... | .... | 0,25 | 0,44 | 0,40 | |
| Bois et métaux. | 0,60 | 0,65 | 0,10 | 0,12 | 0,12 | .... | 0,10 | |
| Chanvre en brins, cordes ou sangles sur bois. { minimum.. | 0,50 | 0,87 | | | | | | |
| moyenne.. | 0,63 | 0,62 | | | | | | |
| maximum. | 0,80 | | | | | | | |
| Cuir fort de semelles, et pistons sur bois ou fonte. { de champ ou à plat | 0,43 à 0,63 | 0,62 à 0,80 | 0,12 à 0,13 | .... | .... | .... | .... | 0,27 |
| Courroies en cuir noir sur tambour en.. { bois. | 0,47 | | | | | | | |
| fonte.. | 0,54 | .... | .... | .... | .... | .... | 0,28 | 0,38 |
| Métaux sur métaux. { minimum.. | 0,15 | .... | 0,11 | .... | .... | .... | 0,12 | |
| moyenne.. | 0,18 | .... | 0,12 | 0,10 | 0,11 | | à | |
| maximum. | 0,24 | .... | 0,16 | .... | .... | .... | 0,17 | |

*Frottement des pierres, avec ou sans interposition de plâtre ou de mortier.* — Les réflexions relatives au tableau précédent doivent s'appliquer à celui-ci. Seulement il faut remarquer que, dans ce cas, les surfaces peuvent contracter entre elles une adhérence, qui soit dès lors tout à fait différente de la résistance du frottement proprement dite. Dans le cas de l'adhérence, l'intensité de l'effort qu'il faut faire pour la vaincre est proportionnelle à la pression, quelle que soit l'étendue des surfaces en contact, tandis que la résistance du frottement est proportionnelle à l'étendue des surfaces. M. Morin pense que les deux forces de nature très-distincte ne s'ajoutent point de manière à produire la résistance totale; il pense au contraire que l'une ou l'autre agit exclusivement, d'après sa prépondérance relative. Nous donnerons quelques exemples de cette adhérence des surfaces.

*TABLE des rapports du frottement à la pression des pierres, des briques, etc., à l'instant du départ, après un certain temps de repos.*

| NATURE DES CORPS ET ENDUITS. | RAPPORT du FROTTEMENT à la PRESSION. |
|---|---|
| **Expériences de M. Morin.** | |
| Calcaire tendre bien dressé sur calcaire tendre. . . . . . | 0,74 |
| Calcaire dur       *id.*       sur       *id.* . . . . . . | 0,75 |
| Brique ordinaire sur calcaire tendre.. . . . . . . . . | 0,67 |
| Chêne debout   sur       *id.*   . . . . . . . . . | 0,63 |
| Fer forgé       sur       *id.*   . . . . . . . . . | 0,49 |
| Calcaire dur bien dressé sur calcaire dur.. . . . . . . | 0,70 |
| Calcaire tendre   *id.*   sur       *id.* . . . . . . | 0,75 |
| Brique ordinaire *id.*   sur       *id.* . . . . . . . | 0,67 |
| Calcaire tendre sur calcaire tendre, avec mortier frais et sable fin. . . . . . . . . . . . . . . . . . . . . | 0,74 |

## Adhérence ou cohésion.

*TABLE des résistances au glissement des pierres, briques, etc., etc.,*
*à l'instant du départ et après un certain temps de repos.*

| NATURE DES PIERRES SUPERPOSÉES ET DE L'ENDUIT. | SURFACES en décimètres carrés. | JOURS de CONTACT à l'air ou dans l'eau. | RÉSISTANCE moyenne par mét. carré |
|---|---|---|---|
| **Expériences de M. Boistard.** | | | kilog. |
| Calcaire bouchardé fiché sur calcaire bou- | 1 à 2 | 17 à l'air | 6600 |
| chardé, avec mortier en chaux grasse | 3 à 5 | *id.* | 9400 |
| et sable fin. . . . . . . . . . . | 47 | 48 à l'eau | 1200 |
| Le même, avec mortier en chaux grasse | 1 à 2 | 17 à l'air | 3200 |
| et ciment. . . . . . . . . . . | 3 à 5 | *id.* | 5300 |
| **Expériences de M. Morin.** | | | |
| Calcaire tendre de Saumont, fiché sur cal- | 1 à 2 | 83 à l'air | 18000 |
| caire tendre de Saumont, avec mortier | 2 à 3 | 48 *id.* | 12000 |
| en chaux hydraulique de Metz, et sable | *id.* | 43 *id.* | 10100 |
| fin. . . . . . . . . . . . . | 4 à 6 | 48 *id.* | 10000 |
|  | 7 à 8 | 48 *id.* | 9400 |
| Briques ordinaires fichées avec le même | 1 à 3 | 48 *id.* | 14000 |
| mortier.. . . . . . . . . . . | 2 à | 48 *id.* | 10000 |

**Calcul du travail dû au frottement.** — Si l'on
appelle E l'espace parcouru par le corps qui se meut sur
l'autre, R représentant toujours la résistance due au frottement, RE sera le travail employé dans ce cas-là pour
vaincre le frottement. Comme on a $\frac{R}{P} = f$, on pourra encore écrire l'expression de ce travail de la manière suivante, RE $= f$PE.

Si l'on appelle *v* la vitesse d'un corps qui glisse uniformément sur un autre, on pourra écrire de la manière suivante le travail produit :

$$\mathrm{R}v = f\mathrm{P}v \text{ kilogrammètres.}$$

**Représentation du frottement au moyen d'une force spéciale.** — Nous avons étudié jusqu'ici le frottement d'une manière purement expérimentale. Nous l'avons effectivement considéré comme la résistance au glissement d'un corps sur un autre, et nous avons vu comment cette résistance variait suivant les circonstances dans lesquelles les deux corps pouvaient être placés. Il s'agit maintenant de faire pour le frottement ce que nous avons fait pour la pesanteur, c'est-à-dire de construire ou d'imaginer une force extérieure et dont l'action représente les phénomènes que nous avons expérimentalement analysés.

Soit un corps A (*fig.* 125) à face plane, placé sur le plan B. Soit P la pression exercée par le premier sur le second, F la force horizontale employée à produire le glissement, force que nous supposons imprimer au mobile A un mouvement uniforme.

Fig. 125.

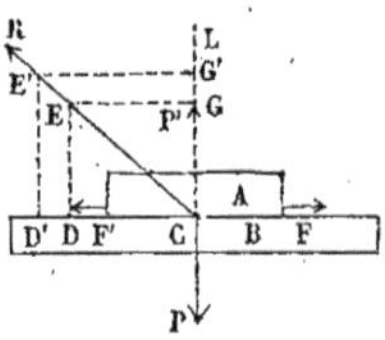

On peut considérer le frottement comme résultant d'une force unique, ou mieux comme représenté par une force unique, et par suite regarder le corps A comme soumis à l'action de trois forces : la force F qui tire le corps, la pression P de ce corps, et la force R du frottement. Le mouvement du corps A étant uniforme, ces trois forces doivent être dans les relations convenables pour se faire équilibre. Comme ces trois forces ne peuvent être parallèles, puisque deux d'entre elles, F et P, sont perpendiculaires, il faut donc que ces trois forces soient dans un même plan et concourent en un même point C. Donc la force R qui représente le frottement, ou l'action des deux surfaces A et B l'une sur l'autre, et qu'à cause de cela on nomme quelquefois la *réaction* de B sur A, doit passer au point C de concours des deux forces F et P. Cette force R doit nécessairement être oblique sur F et sur P, puisque, devant leur faire équilibre, elle doit être égale et directement opposée à leur résultante.

Il faut maintenant achever de déterminer R, de manière qu'elle représente les trois lois expérimentales du frottement.

D'après les deux dernières lois du frottement, à savoir : que le frottement est indépendant de l'étendue des surfaces et de la vitesse du glissement, R doit être une force constante pour deux mêmes surfaces frottantes.

Je dis de plus que, pour que R représente la première loi du frottement, il faut que cette force fasse avec la verticale LC un *angle constant* pour deux mêmes surfaces frottantes.

Décomposons R en deux forces, l'une P′, égale et directement opposée à P, et l'autre F′, directement opposée à F. Puisqu'il y a équilibre, on aura

$$F' = F;$$

F′ est donc la résistance surmontée par F. Mais, d'après la première loi du frottement, $\frac{P}{F}$ est une quantité constante pour deux mêmes surfaces frottantes. Donc $\frac{F'}{P'}$ ou $\frac{EG}{CG}$ est une quantité constante; par conséquent, si l'on fait varier, pour deux surfaces frottantes de nature constante, la pression P, F variera aussi, de manière que le nouveau triangle formé par la verticale P', la force R et la composante F' sera semblable au premier, puisqu'il aura avec lui un angle égal compris entre côtés proportionnels. Donc l'angle de la force R avec la verticale sera constant, quoiqu'on fasse varier la pression de A sur B.

Ainsi, pour représenter le frottement, ou la *réaction* de la surface B sur A, il suffit d'imaginer une force constante R, faisant avec la verticale un angle constant, et passant au point de concours des deux forces F et P.

$$\frac{F}{P} = \frac{EG}{CG} = \text{tang ECG}.$$

On appelle l'angle ECG angle de frottement, et on le désigne par la lettre $\varphi$. On a donc $\frac{F}{P} = \text{tang }\varphi$.

D'après les expériences qui ont servi à déterminer $\frac{F}{P}$ pour les diverses substances, on pourra facilement calculer $\varphi$, puisque cela revient à trouver l'angle $\varphi$, connaissant la tangente de cet angle.

Par exemple, le bois glissant sur le bois à sec donne en moyenne $\frac{F}{P} = 0,36$; pour avoir $\varphi$, il suffit de poser

$$\text{tang }\varphi = 0,36;$$

d'où on calculerait $\varphi$, et l'on trouverait $\varphi = 19^\circ \frac{3}{4}$.

Nous empruntons à M. Sonnet le tableau suivant des *angles de frottement*, correspondants à un certain nombre de coefficients de frottement.

| NATURE DES SURFACES. | RAPPORT du FROTTEMENT à la PRESSION. | ANGLE du FROTTEMENT |
|---|---|---|
| Bois sur bois, à sec. . . . . . . . . . . . | 0,36 | $19^o \frac{3}{4}$ |
| Id. avec enduit sec . . . . . . . . | 0,07 | $4^o$ |
| Bois et métaux, à sec. . . . . . . . . . . | 0,42 | $22^o \frac{3}{4}$ |
| Id. avec enduit gras. . . . . . . | 0,08 | $4^o \frac{1}{2}$ |
| Métaux sur métaux, à sec. . . . . . . . . | 0,19 | $10^o \frac{3}{4}$ |
| Id. avec enduit gras. . . . . | 0,09 | $5^o$ |
| Corde sur bois, mouillée d'eau. . . . . . . | 0,33 | $18^o \frac{1}{4}$ |
| Id. sur fonte, avec enduit. . . . . . . . | 0,15 | $8^o \frac{1}{2}$ |
| Cuir sur bois ou métal, à sec. . . . . . . . | 0,30 | $16^o \frac{3}{4}$ |
| Id. Id., avec enduit. . . . . . | 0,20 | $11^o \frac{1}{4}$ |

## QUESTIONS 16 ET 17 DU PROGRAMME.

Application des principes et des notions précédentes au plan incliné , au levier, au treuil, à la poulie simple ou moufle, à la vis.— Usage de ces machines.

**Plan incliné.** — *Corps appuyé sur un plan incliné par un seul point.*

Lorsqu'un corps est appuyé sur un plan incliné par un seul point, pour que ce corps se meuve sur ce plan d'un mouvement uniforme, ou pour qu'il soit en équilibre (les relations entre les forces étant les mêmes dans les deux cas), il faut que toutes ces forces donnent lieu à une résultante unique qui passe par le point d'appui du corps sur le plan et soit perpendiculaire à ce plan. En effet, dans ce cas, l'équilibre a lieu, car la résultante, passant par le point d'appui perpendiculairement au plan, se trouve détruite par la résistance même du plan.

Et si cela n'a pas lieu, supposons qu'il y ait une résultante unique qui ne passe pas par le point d'appui. On pourra, dans ce cas, décomposer la résultante en deux autres; l'une, perpendiculaire au plan et passant par le point d'appui, sera détruite par la résistance du plan : l'autre sera efficace; donc les forces ne seront pas dans les conditions d'équilibre.

*Corps s'appuyant par plusieurs points sur un plan incliné.*

Si un corps s'appuie par plusieurs points sur un plan incliné, il résultera en chacun de ces points, à cause de la résistance du plan, des forces parallèles entre elles, qui donneront une résultante unique, normale au plan, et dont le point d'application tombera dans l'intérieur du polygone formé par les points d'appui. Donc, pour qu'il y ait équilibre, il faut que toutes les forces qui agissent sur le corps donnent lieu à une résultante unique qui, pour détruire la résistance du plan, doit être normale à ce plan, et passer par un point de l'intérieur du polygone formé par les points d'appui.

Ce sont là les conditions générales d'équilibre, ou de mouvement uniforme d'un corps sur un plan incliné.

Nous allons examiner maintenant quelques cas particuliers.

*Conditions pour maintenir avec une force Q un corps d'un poids P, en équilibre, ou dans un mouvement uniforme, sur un plan incliné ABC.*

Les deux forces P et Q devant donner lieu à une résultante unique normale à AB, il faut qu'elles se coupent en un même point D, centre de gravité du corps. Composons ces deux forces en une seule DF qui devra être perpendiculaire à AB, on aura alors, dans ce cas-là,

Fig. 126.

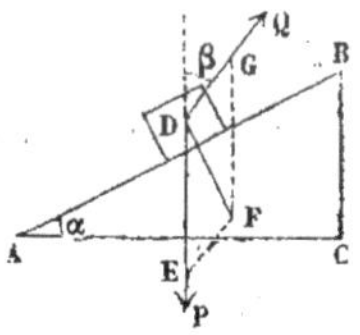

$$\frac{DE}{EF} = \frac{\sin DFE}{\sin EDF} \quad \text{ou} \quad \frac{P}{Q} = \frac{\sin FDG}{\sin EDF}.$$

Si on appelle $\alpha$ l'angle d'inclinaison du plan, et $\beta$ l'angle que la force Q fait avec la verticale, on a

$$EDF = \alpha$$

et $\qquad FDG = 180 - (\alpha + \beta) \sin FDG = \sin (\alpha + \beta);$

d'où enfin $\qquad \dfrac{P}{Q} = \dfrac{\sin (\alpha + \beta)}{\sin \alpha}. \quad (1)$

On pourra, d'après cette relation (1), déterminer une des

quantités P, Q, $\alpha$, $\beta$. étant données trois d'entre elles; ce qui donne lieu à un certain nombre de problèmes.

Dans le cas où la force Q est parallèle à **AB**, c'est-à-dire où le corps descend, ou monte, uniformément sur le plan incliné, parallèlement à la ligne de plus grande pente, on a

$$\beta = 90 - \alpha;$$

d'où

$$\frac{P}{Q} = \frac{\sin(\alpha + 90 - \alpha)}{\sin \alpha} = \frac{1}{\sin \alpha}, \quad \text{ou} \quad \frac{Q}{P} = \sin \alpha,$$

mais

$$\sin \alpha = \frac{BC}{AB};$$

par suite,

$$\frac{Q}{P} = \frac{BC}{AB}.$$

*Donc, dans ce cas, la puissance est à la résistance comme la hauteur du plan est à sa longueur.*

Proposition qu'on pourrait, du reste, établir directement.

### * THÉORIE DU PLAN INCLINÉ, EN TENANT COMPTE DU FROTTEMENT.

Nous avons fait jusqu'ici la théorie du plan incliné en ne tenant aucun compte du frottement du corps contre le plan. Nous allons introduire maintenant ce frottement, comme une force qui doit concourir avec les autres qui agissent sur le corps, pour produire l'équilibre ou un mouvement uniforme.

On peut présenter cette théorie de deux manières différentes, qui ont chacune leurs avantages particuliers.

*Première méthode.* — Dans cette méthode nous introduirons directement le frottement, conçu comme une résistance agissant en sens inverse du mouvement.

Supposons un corps placé sur un plan incliné et se mouvant suivant la ligne de plus grande pente AB d'un mouvement uniforme. Soit $\alpha$ l'angle de AB avec l'horizon, P le poids du corps, F la force qui fait monter le corps, et $\beta$ l'angle de cette force avec

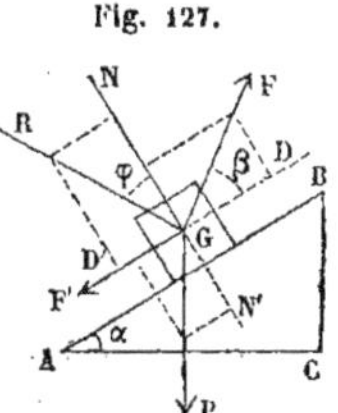


la ligne AB. Appelons enfin F′ le frottement du corps contre le plan, frottement qui agit suivant la ligne GD du mouvement, mais en sens contraire de ce mouvement.

Puisque le corps est animé d'un mouvement uniforme, il faut nécessairement que les forces mouvantes et résistantes soient dans les conditions d'équilibre.

Or, P peut se décomposer en deux forces, l'une agissant suivant GD′ et seule efficace, l'autre suivant la ligne GN′ normale au plan AB. La première composante est égale à $P \sin \alpha$; de même la force F se décompose en deux autres, l'une efficace suivant GD, l'autre normale au plan AB, suivant GN. La première est égale à $F \cos \beta$. Donc, pour qu'il y ait équilibre, il faut que l'on ait $F \cos \varphi$ égale à la somme des forces agissant suivant GD′; on aura la relation :

$$F \cos \beta = F' + P \sin \alpha.$$

Mais, d'après les lois du frottement, le rapport du frottement à la pression pour deux surfaces de nature donnée est une quantité constante $f$. Le frottement est ici F′; calculons la pression du corps contre le plan incliné. Cette pression est la différence entre la composante normale de P dirigée suivant GN′, et la composante normale de

F dirigée suivant GN; cette pression est donc égale à
$P \cos \alpha - F \sin \beta$; et on a la relation :

$$\frac{F'}{P \cos \alpha - F \sin \beta} = f.$$

Donc la théorie du plan incliné pourra se résumer par
les deux équations

$$F \cos \beta = F' + P \sin \alpha, \qquad (1)$$
$$F' = f(P \cos \alpha - F \sin \beta). \qquad (2)$$

Il est essentiel de remarquer que ce sont les deux équations présentées sous cette forme qui peuvent réellement
servir, lorsqu'on veut, dans la pratique, calculer l'emploi
du plan incliné. Car $f$ est donné d'après les tableaux que
nous avons reproduits dans la théorie du frottement ; par
suite le frottement $F'$ sera toujours déterminé.

*Seconde méthode.* — Dans cette seconde méthode nous
admettons la représentation du frot-
tement par une force R faisant avec
la normale GN un angle constant $\varphi$.

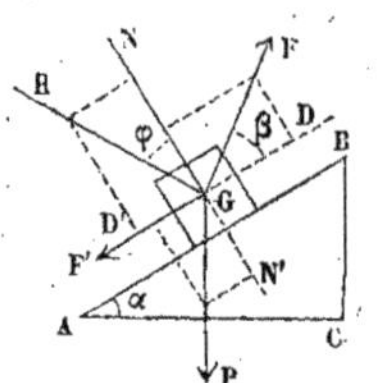


On peut transformer les deux équations précédentes en introduisant la
force R. En effet, si nous décomposons
R suivant deux forces, l'une dirigée
suivant GN, et l'autre suivant GD', c'est la composante
dirigée suivant GD' qui représente le frottement F'; on
aura donc $F' = R \sin \varphi$.

D'un autre côté, d'après ce que nous avons vu dans la
théorie du frottement on a $f = \tang \varphi$. Substituant ces valeurs dans les équations (1) et (2) et transformant, nous
obtiendrons finalement les deux équations

$$F \cos \beta - R \sin \varphi - P \sin \alpha = 0,$$
$$F \sin \beta + R \cos \varphi - P \cos \alpha = 0.$$

Ces deux équations sont théoriquement les plus convenables ; mais dans la pratique, il est préférable d'employer les équations (1) et (2) comme contenant directement le frottement F′ et le coefficient de frottement $f$.

*Démonstration directe des deux équations précédentes.* — Nous allons chercher maintenant les deux dernières équations directement, d'après le principe de la transmission du travail.

Nous employons les mêmes notations que précédemment, en désignant toujours par R la *réaction* du corps et du plan. F est alors la force mouvante, P la force résistante principale, et R la force résistante secondaire. Il faut, d'après le principe de la transmission du travail, que dans le cas du mouvement uniforme, le travail de F soit égal à la somme des travaux de P et de R.

Nous décomposons, d'après le parallélogramme des forces F de deux autres, l'une dirigée suivant GD, l'autre suivant GN. La seconde étant normale au chemin parcouru, son travail sera nul ; la seconde composante dirigée suivant GD, et qui est égale à P cos B, est celle dont le travail est effectif. Si donc on appelle $e$ l'espace parcouru par le point G dans l'unité de temps, $e$F cos B sera le travail moteur de la force F, agissant dans le sens de GD.

Faisons pour la force R une décomposition analogue à celle de la force F. La composante dirigée suivant GN fera un travail nul. La composante R sin φ dirigée suivant GD′ effectuera un travail résistant directement opposé au travail moteur ; $e$R sin φ sera ce travail résistant. Enfin la force P donnera lieu à une force normale agissant suivant GN′ et dont le travail est nul, et à une force dirigée suivant GD', dont le travail est $e$P sin $\alpha$. D'après le principe de la transmission du travail, on aura :

$$e\{F\cos\beta - R\sin\varphi - P\sin\alpha\} = 0,$$

ou
$$F\sin\beta - R\sin\varphi - P\sin\alpha = 0.$$

Nous aurons maintenant la seconde équation en exprimant que, puisque le corps ne se meut pas suivant la normale NN', il faut que les forces qui agissent dans cette direction se fassent équilibre.

La composante de P, dirigée suivant GN', doit donc être égale à la somme des composantes de F et de R dirigées suivant GN; on aura donc la seconde condition

$$F\sin\beta + R\cos\varphi = P\cos\alpha.$$

On retrouve ainsi les équations précédemment établies.

Les trois forces F, R, P se faisant équilibre, il en résulte que :

*Dans le plan incliné, chacune des trois forces F, R, P est proportionnelle au sinus de l'angle formé par les directions des deux autres.*

*Cas où la force F est employée à faire descendre le corps le long du plan incliné.*

Si la force P, au lieu d'être employée à faire monter le corps le long du plan incliné, était employée à le faire descendre, alors le frottement F' agirait en sens inverse du cas précédent; les deux équations deviendraient :

$$F\cos\beta = P\sin\alpha - F',$$
$$F' = f(F\sin\beta - P\cos\alpha).$$

Si on voulait effectuer le changement convenable dans les équations qui contiennent la réaction R, il suffirait de changer le signe de $\varphi$, et de mettre $-\varphi$.

*Pour qu'un corps sollicité seulement par son propre poids descende le long d'un plan incliné, parallèlement à la ligne de plus grande pente, il faut et il suffit que l'inclinaison du plan soit égale à l'angle du frottement.*

Supposons que le corps descende uniformément le long du plan incliné en vertu de son poids seul. Alors $F = 0$. Introduisons cette condition dans nos deux équations, en ayant soin de changer le signe de $\varphi$, puisque alors le frottement agit dans un sens différent de celui que nous avons supposé dans la figure. Nous aurons :

$$R \sin \varphi - P \sin \alpha = 0, \qquad R \cos \varphi = P \cos \alpha,$$
$$R \sin \varphi = R \sin \alpha,$$
$$R \cos \varphi = P \cos \alpha, \qquad \text{d'où} \quad \operatorname{tg} \varphi = \operatorname{tg} \alpha, \qquad \text{d'où} \quad \alpha = \varphi;$$

ce qu'il fallait démontrer.

*Usages du plan incliné.* — Le plan incliné est employé dans un grand nombre de circonstances, et essentiellement pour élever des fardeaux, dans les terrassements, les constructions, etc., etc. On l'emploie aussi en sens inverse pour descendre des fardeaux, lorsqu'on veut, par exemple, faire descendre un objet lourd, du rivage dans un bateau placé à un niveau inférieur à ce rivage. Dans le second cas, la force est employée à résister avec le frottement à l'action de la pesanteur, qui devient la force active. Dans ce second cas, il importe d'augmenter le frottement, tandis qu'il faut le diminuer dans le premier; ce que l'on effectue en plaçant l'objet sur des rouleaux, et remplaçant ainsi le frottement de glissement par celui de roulement.

Dans les antiques théocraties, il est probable que c'est au moyen du plan incliné qu'on élevait à de certaines hauteurs d'énormes fardeaux.

**Levier.** — *Dans le cas d'équilibre ou de mouvement uniforme du levier, la puissance et la résistance sont situées dans un même plan avec le point fixe, et sont en raison inverse de leurs bras de levier.*

Nous considérerons le cas le plus simple du levier, celui où il y a une seule force mouvante, et une seule force résistante principale.

Dans le cas du mouvement uniforme de la machine, les forces doivent être dans les relations convenables pour se faire équilibre ; par conséquent, la force mouvante et la force résistante principale doivent donner lieu à une résultante unique passant par le point fixe. Donc ces deux forces doivent être dans le même plan. C'est la première condition de l'équilibre du levier.

Nous ferons abstraction du poids du levier. Cherchons maintenant la seconde condition de l'équilibre du levier. Pour cela, dans le cas du mouvement uniforme de la machine, nous exprimerons que le travail de la force mouvante est égal au travail de la force résistante principale, le travail du point fixe étant nul.

Soient F le point fixe, P la puissance, R la résistance.

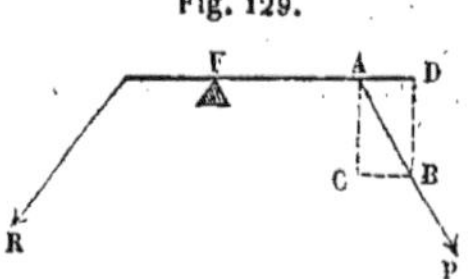

Fig. 129.



Supposons que AB représente la puissance en grandeur et direction. Décomposons AB en deux forces, l'une AD dirigée suivant FA, l'autre CA perpendiculaire à FA. La première composante sera détruite par la résistance du point fixe, et l'autre CA sera seule efficace pour produire le mouvement du point A. La valeur de la composante efficace sera donc $CA = AB \cos CAB$, ou bien $CA = P \cos CAB$. On ferait un raisonnement analogue pour la résistance R.

Supposons maintenant que, sous l'action de la force P,
le point $m$ d'application de cette
force décrive un petit arc de
cercle $mn$; le point $m'$, où est
appliquée la résistance, décrira
aussi un petit arc $m'n'$. Ces deux
arcs semblables sont entre eux
comme les rayons ; on a donc

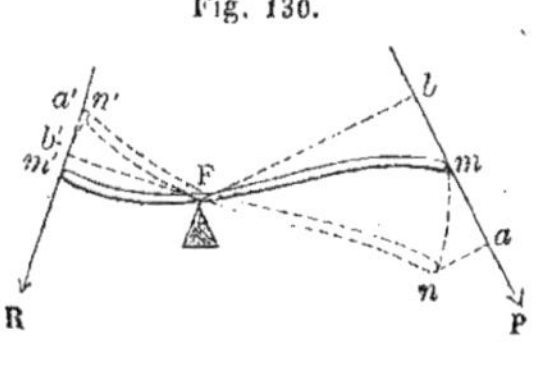


$$\frac{mn}{m'n'} = \frac{Fm}{Fm'}, \quad \text{ou} \quad \frac{mn}{Fm} = \frac{m'n'}{Fm'}. \qquad (1)$$

Abaissons du point fixe F, sur les directions de P et de
R, les deux perpendiculaires $Fb$, $Fb'$, et des points $n$ et $n'$
les perpendiculaires $na$, $n'a'$. On peut considérer les deux
arcs infiniment petits $mn$, $m'n'$ comme des lignes droites
perpendiculaires aux rayons $Fm$, $Fm'$. Or, la composante
efficace de P, dans ce cas-là, est, d'après ce que nous
avons établi, $P \cos nma$ ; donc le travail effectif de P sera
le produit de la composante efficace par le chemin parcouru dans le sens de cette composante, ou $P \cos nma \times mn$ ;
le travail effectif de la résistance sera $R \cos n'm'a' \times n'm'$.
On aura alors l'équation

$$P \cos nma \times mn = R \cos n'm'a' \times n'm',$$

puisque les deux travaux doivent être égaux ;

mais $\qquad \cos nma = \dfrac{ma}{mn}, \quad \cos n'm'a' = \dfrac{m'a'}{m'n'}.$

Substituant, on aura :

$$P \times \frac{ma}{mn} \times mn = R \cdot \frac{m'a'}{m'n'} \times m'n' ;$$

d'où enfin $\qquad P \times ma = R \times m'a'.$

Mais les deux triangles $Fbm$, $Mna$ sont semblables,
comme étant rectangles, l'un en $b$, l'autre en $a$. De plus,

les deux angles $nma$, $bFm$ sont égaux, comme ayant les côtés perpendiculaires, d'où

$$\frac{ma}{Fb} = \frac{mn}{Fm}, \quad \text{ou} \quad ma = \frac{mn}{Fm} \times Fb;$$

de même,
$$m'a' = \frac{m'n'}{Fm'} \times Fb';$$

notre relation devient donc :

$$P \times \frac{mn}{Fm} \times Fb = R \times \frac{m'n'}{Fm'} \times Fb';$$

mais
$$\frac{mn}{Fm} = \frac{m'n'}{Fm'};$$

on a enfin
$$P \times Fb = R \times Fb'.$$

Si on appelle $p$ la distance $Fb$ du point fixe à la force P, et $r$ la distance $Fb'$ de ce même point à la force R, on aura enfin

$$Pp = Rr.$$

$p$ et $r$ sont ce qu'on appelle les deux bras de levier des deux forces P et R. Donc, dans le cas d'équilibre ou de mouvement uniforme du levier, la puissance et la résistance sont en raison inverse de leurs bras de levier, ce qui démontre la seconde condition.

*Dans le levier, ce qu'on gagne en force, on le perd en vitesse.*

Fig. 131.

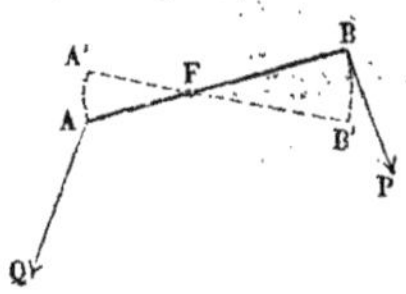

Quand la force P (*fig. 131*), appliquée au point B, aura fait décrire à ce point l'arc BB', le point A d'application de la résistance Q aura décrit l'arc AA'. L'on a :

$$\frac{AA'}{BB'} = \frac{FA}{FB};$$

mais, dans le cas de l'équilibre ou du mouvement uniforme de la machine, on a :

$$\frac{Q}{P} = \frac{FB}{FA},$$

on aura donc $$P = Q \times \frac{FA}{FB},\qquad (1)$$

et $$AA' = BB' \times \frac{FA}{FB}.\qquad (2)$$

D'après l'équation (1), on voit qu'une force P peut vaincre une résistance Q d'autant mieux que FB sera plus grand par rapport à FA. Si FB devient 2, 3, 4, 5... fois plus grand, la force P, qui équilibrera Q, deviendra 2, 3, 4, 5... fois plus petite ; mais en même temps, d'après l'équation (2), l'arc AA' décrit par le point A deviendra le même nombre de fois plus petit. Par conséquent, à mesure qu'au moyen du levier on vaincra une résistance de plus en plus grande, on fera parcourir au point résistant un espace de plus en plus petit. Ce que l'on gagne en force par l'intermédiaire du levier, on le perd donc en vitesse.

Ainsi, quand Archimède ne demandait qu'un point fixe pour soulever le monde, il est clair qu'il aurait pu effectivement le tenir en équilibre ; mais il lui aurait fallu un temps infiniment long pour le déplacer d'une quantité appréciable. Ce cas est propre à nous faire bien sentir le véritable rôle et la véritable portée des machines : elles servent, quand elles sont en équilibre, à utiliser les points fixes, et, quand elles sont en mouvement, elles ne peuvent nullement multiplier le *travail moteur ;* elles servent seulement à en faire varier les facteurs.

« Si Archimède avait eu ce qu'il demandait, ce n'est pas lui qui aurait soutenu le globe de la terre, c'est son point fixe ; tout son art aurait consisté non à redoubler d'effort pour lutter contre la masse de ce globe, mais à mettre en opposition les deux grandes forces, l'une active, l'autre passive, qu'il aurait eues à sa disposition. Si, au contraire, il eût été question de faire naître un mouvement effectif, alors Archimède aurait été obligé de le tirer tout entier de son propre fonds ; aussi n'aurait-il pu être que très-petit, même après plusieurs années. N'attribuons donc point aux forces actives ce qui n'est dû qu'à la résistance des obstacles, et l'effet ne paraîtra pas plus disproportionné à la cause dans les machines en repos que dans les machines en mouvement. » (Carnot, *Principes de l'équilibre et du mouvement.*)

*Des diverses espèces de leviers. — Usages du levier.* — On distingue trois espèces de leviers. Le levier est de *premier genre* lorsque le point fixe tombe entre le point d'application de la puissance et celui de la résistance ; il est de *second genre* si le point d'application de la résistance tombe entre le point fixe et le point d'application de la puissance ; enfin le levier est de *troisième genre* si le point d'application de la puissance est situé entre le point fixe et le point d'application de la résistance.

Le levier du *premier genre* est souvent employé, surtout au point de vue de l'équilibre, sous le nom de *balance*, pour la comparaison des poids. Outre la balance proprement dite, on emploie, pour le même objet, la *romaine*, le *peson*, qui sont aussi des leviers du premier genre. Mais la description spéciale de ces instruments dépend de la physique.

Le levier sert aussi dans un grand nombre d'autres circonstances. Ainsi, les pédales des pianos, les barres de fer employées par les paveurs, etc., etc., sont des leviers.

Enfin, le levier intervient comme élément dans presque toutes les machines composées.

**Treuil.** — *Dans le mouvement uniforme du treuil, la puissance est à la résistance comme le rayon du cylindre est au rayon de la roue.*

Supposons un treuil dans lequel la force P agit tangentiellement à une roue de rayon $r$. Appelons Q la résistance à vaincre, et $r'$ le rayon du cylindre du treuil. Nous ferons abstraction du poids de la machine et du frottement des tourillons sur les coussinets.

Supposons que le point d'application de la résistance Q monte d'une quantité $h$, pendant que le point d'application de la puissance descend d'une quantité $l$. D'après le principe de la transmission du travail, on a :

$$Pl = Qh \quad \text{ou} \quad \frac{P}{Q} = \frac{h}{l}$$

Mais on a la relation $\qquad \dfrac{h}{l} = \dfrac{r'}{r};$

d'où $\qquad\qquad \dfrac{P}{Q} = \dfrac{r'}{r}; \qquad\qquad (1)$

ce qu'il fallait démontrer.

Si l'on voulait tenir compte du frottement du tourillon sur le coussinet, la recherche des conditions d'équilibre serait beaucoup plus compliquée. Nous allons en donner une idée.

La réaction du coussinet et du tourillon pourra toujours être représentée par une force passant par le point de contact de ces deux surfaces. Soit R cette réaction. Elle ne peut être dirigée suivant Ca (*fig.* 132), puisqu'elle serait détruite par la résistance du coussinet, et, par suite, le frottement proprement dit serait nul. Elle doit donc être dirigée suivant une droite R$a$, faisant avec C$a$ un angle déterminé que l'on peut toujours calculer, en connaissant le coefficient de frottement $f$ des deux surfaces. Représentons par $ab$ cette réaction. Décomposons $ab$ en deux forces $ac, ad$. La première, suivant $ac$, représentera la pression exercée par le tourillon, et l'autre le frottement proprement dit. Appelons $\varphi$ l'angle $cab$ de la réaction R avec le rayon normal $ca$ aux surfaces en contact ; c'est cet angle qu'il faut déterminer.

On a $$\frac{ad}{ca}=f \quad \text{ou} \quad \frac{cb}{ca}=f.$$

Abaissons C$e$ perpendiculaire sur $ab$ ; d'après la similitude des deux triangles C$ae$, $cab$, on a :

$$\frac{Ce}{ae}=f.$$

On a aussi $ae^2+Ce^2=r^2$, en appelant $r$ le rayon du tourillon. On aura donc :

$$Ce^2+\frac{Ce^2}{f^2}=r^2 \quad \text{ou} \quad Ce^2\,(1+f^2)=f^2r^2.$$

Or, $\quad Ce=r\sin\varphi$ ; d'où $\quad r^2\sin^2\varphi\,(1+f^2)=f^2r^2$ ;

d'où enfin $\quad \sin^2\varphi=\dfrac{f^2}{1+f^2}, \quad \sin\varphi=\dfrac{f}{\sqrt{1+f^2}}.$

On déterminerait de même la réaction R' de l'autre tourillon, de sorte que la théorie du treuil reviendrait à chercher les conditions d'équilibre entre les forces P, Q, R, R' et $p$, $p$ étant le poids de l'instrument, et les équations de l'équilibre donneront les intensités de ces réactions R et R'.

*Emploi et utilité du treuil.* — On peut voir, d'après l'équation P$=$Q.$\dfrac{r'}{r}$, qu'en donnant à $r$ une valeur suffisamment grande, on pourra vaincre une résistance quelconque Q avec une force aussi petite que l'on voudra.

Mais on doit observer, dans cette machine comme dans les autres, qu'elle ne multiplie pas le *travail moteur*, attendu que l'on gagne en force ce que l'on perd en vitesse.

D'après l'équation (1), il faut augmenter $r$ pour obtenir

là diminution de la force P destinée à vaincre une résistance Q. Mais on a $\frac{h}{l}=\frac{r'}{r}$ ou $h=l.\frac{r'}{r}$. Si $r$ augmente pour diminuer P, $h$ diminuera de la même manière par cette augmentation de $r$. Donc, l'espace parcouru par le point résistant dans un temps donné diminuera d'autant plus, que la force employée à vaincre la résistance sera plus petite. Donc, la machine ne sert réellement qu'à faire varier l'un des facteurs du travail.

Si, au contraire, le temps était plus précieux que la force, il n'y aurait qu'à prendre $r$ suffisamment petit, et alors l'espace $h$ parcouru dans un temps donné par le point résistant irait en augmentant.

Le treuil sert dans un grand nombre de circonstances. Sous le nom de *treuil des carriers*, il sert à enlever la pierre des puits dans lesquels on l'extrait. Il sert aussi à enlever l'eau du fond des puits.

*Travail dû au frottement des tourillons.* — Dans la théorie du treuil, nous avons dû, pour plus de simplicité, faire abstraction du travail dû au frottement des tourillons. Ce frottement absorbe toujours une portion plus ou moins notable du travail moteur. Il est donc bon de s'en faire une idée générale.

Appelons $n$ le nombre de tours faits uniformément par minute par les tourillons. On peut obtenir très-facilement ce nombre $n$, en comptant au moyen d'une montre le nombre de tours effectués pendant $10^m$, $20^m$... Soit $r$ le rayon du tourillon, $f$ le coefficient du frottement pour les surfaces en contact, $v$ le chemin circulaire décrit dans chaque seconde ; on a :

$$v=\frac{n\times 2\pi r}{60}=0,10472\,nr.$$

Donc, en appelant P la pression normale supportée par les tourillons, la résistance due au frottement sera P$f$, le travail dû à ce frottement des tourillons sera, pendant ce même temps :

$$P f = 0,10472 \, n r f P.$$

On voit, d'après cette formule, que le travail dû au frottement des tourillons croît proportionnellement au diamètre de ces tourillons, quoique l'intensité même du frottement en soit indépendante. Il y a donc avantage à diminuer la grosseur des tourillons, pourvu que cela ne compromette pas la solidité de l'appareil.

**Poulie.** — Nous examinerons successivement la poulie fixe, la poulie mobile, et enfin les moufles qui sont, comme on sait, une combinaison de poulies fixes et de poulies mobiles.

**Poulie fixe.** — *Dans la poulie fixe, la force mouvante est égale à la force résistante, en faisant abstraction des résistances secondaires* (frottement, roideur des cordes). On peut démontrer ce théorème d'après le principe de la transmission du travail.

Les deux forces P et R (*fig.* 133) agissent suivant des lignes tangentes à la circonférence de la poulie. Or, il est évident que le chemin que la force P fait parcourir à un point du cordon, est égal à celui que parcourt le point du cordon auquel est appliquée la résistance. Soit $h$ un de ces chemins parcourus. D'après le principe de la transmission du travail, on aura $P h = R h$, d'où $P = R$. Donc, dans ce cas, la force mouvante est égale à la force résistante. C'est ce qu'il fallait démontrer.

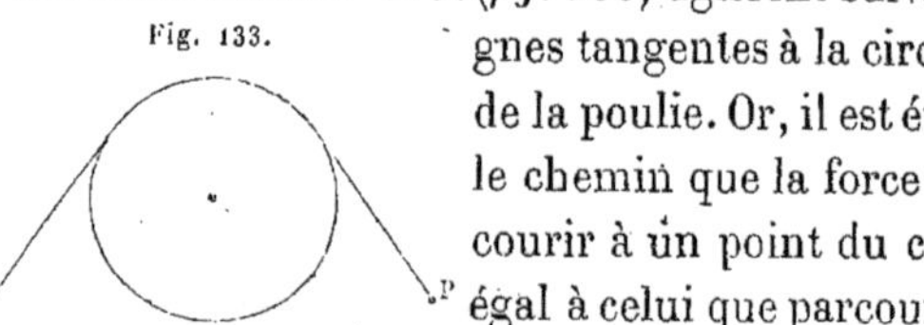

*Emploi et utilité de la poulie fixe.* — Dans la poulie fixe, la force mouvante est égale à la force résistante. Donc, au moyen de cette machine, on ne gagne rien ni quant à la force, ni quant à la vitesse. L'utilité de la machine est seulement de permettre une transformation de mouvement qui facilite l'action des forces humaines. On en voit un exemple dans les poulies dont on se sert communément pour extraire l'eau des puits. L'utilité de la machine est alors de permettre à la force humaine de s'appliquer plus commodément, que si le seau contenant l'eau était soulevé verticalement. — On évite par là, à l'agent, de la fatigue et une perte inutile de travail interne.

On se sert aussi des poulies fixes dans le battage des pieux, pour monter des objets plus ou moins pesants à une certaine hauteur, etc.

**Poulie mobile.** — *Dans une poulie mobile la force mouvante est à la résistance, comme le rayon de la poulie est à la corde de l'arc embrassé par la corde sur la poulie.*

Soit F (*fig.* 134) une force qui tire la corde dans le sens de AC. La corde étant exactement tendue et attachée au point fixe D, elle sera tirée, d'après le principe de l'action égale à la réaction, dans le sens de BD, par une force égale à F. Soit R le poids à faire mouvoir verticalement; R peut être considéré comme représentant le poids que l'on veut élever, plus le poids de la poulie elle-même. Supposons que l'on ait donné à la poulie mobile un mouvement uniforme, les trois forces F, F, R seront dans les relations convenables

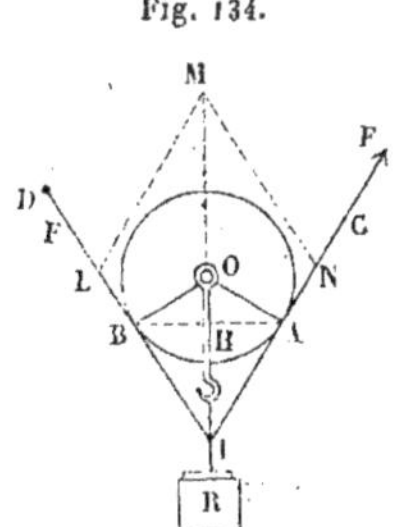

Fig. 134.

pour se faire équilibre, d'après notre principe fondamental.

Construisons la résultante des deux forces F. Les deux forces F faisant des angles égaux avec AB rencontreront la ligne OH perpendiculaire sur le milieu de AB en un même point I. Soient IL et IN deux longueurs égales qui les représentent, si nous terminons le parallélogramme des forces ILMN. La ligne IM est la résultante. Le triangle isocèle ILM est égal au triangle AOB; la ligne IM représentera la résultante, qui sera égale en grandeur à R, puisqu'il y a équilibre entre les trois forces. On aura donc :

$$\frac{MI}{AB} = \frac{IN}{OA};$$

si $AB = c$, $OA = r$, on aura

$$\frac{R}{c} = \frac{F}{r}, \quad \text{d'où} \quad \frac{F}{R} = \frac{r}{c};$$

ce qu'il fallait démontrer.

Si les deux cordons DB et AC sont parallèles, alors

$$c = 2r, \quad \text{d'où} \quad \frac{F}{R} = \frac{r}{2r}, \quad \text{ou} \quad F = \frac{1}{2}R.$$

*Donc, dans le mouvement uniforme de la poulie mobile, lorsque les deux cordons sont parallèles, la puissance est la moitié de la résistance.*

Ce corollaire peut être démontré directement comme conséquence immédiate du principe de la transmission du travail.

Supposons en effet que la force résistante R décrive pendant un certain temps et uniformément une longueur $h$, le point d'application de la puissance P décrira un espace

$2h$. D'après le principe de la transmission du travail on aura $$P \times 2h = R \times h, \quad \text{d'où} \quad P = \frac{1}{2} R \, ;$$ ce qu'il fallait démontrer.

On voit encore dans ce cas que ce que l'on gagne en force on le perd en vitesse, puisque, si l'on emploie une force mouvante moitié de la force résistante, le point d'application de la résistante décrira aussi un chemin moitié seulement de celui décrit par le point d'application de la force mouvante.

La poulie mobile sert, en général, à épargner la force aux dépens de la vitesse.

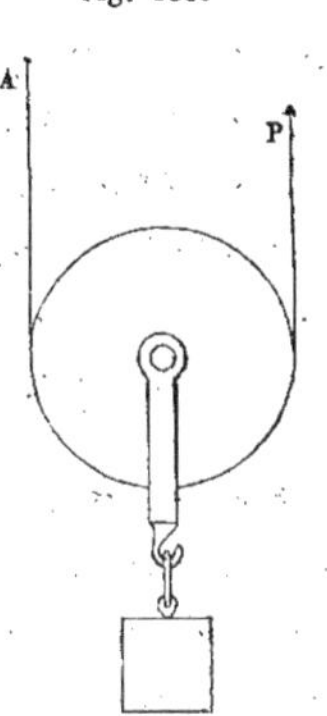

Fig. 135.

**Moufles.** — Nous supposons les cordons parallèles. Soit toujours R la résistance à vaincre, P la puissance.

Supposons qu'il y ait $n$ cordons employés dans les moufles. Négligeons aussi, bien entendu, la roideur des cordes et les divers frottements, et aussi le poids de l'instrument. Si $h$ est l'espace parcouru par le point résistant, on sait que $nh$ sera l'espace parcouru par le point d'application de la puissance. D'après le principe de la transmission du travail on aura :

$$Rh = Pnh, \quad \text{d'où} \quad P = \frac{1}{n} R, \quad \text{ou} \quad \frac{P}{R} = \frac{1}{n}.$$

*Donc la puissance est à la résistance comme l'unité est au nombre des cordons qui soutiennent la moufle mobile.*

*Emploi et utilité des moufles.* — Cette machine sert, comme on voit, à utiliser la force, puisqu'en augmentant suffisamment le nombre des cordons on peut toujours, avec une force aussi petite que l'on voudra, surmonter une résistance quelconque; mais aussi le point résistant montera d'autant moins vite que l'on emploiera plus de cordons, et par suite l'on perdra en vitesse ce que l'on gagne en force. Notre principe général sur les machines se vérifie encore dans ce cas.

Non-seulement le travail moteur doit être au moins égal au travail résistant principal, mais il est évident qu'il est plus fort, puisque nous avons fait abstraction du travail dû aux résistances secondaires.

**Vis.** — *Dans l'équilibre ou le mouvement uniforme de la vis (fig. 63), la puissance qui tend à faire tourner l'écrou est à la résistance qui le presse dans le sens de l'axe, comme le pas de la vis est à la circonférence que tend à décrire la puissance.*

Nous supposons ici une vis dans laquelle l'écrou est mobile.

Appelons $h$ la quantité dont s'élève verticalement l'extrémité de la barre à laquelle est appliquée la puissance P; $l$ la distance de cette extrémité à l'axe de la vis, H le pas de la vis; $\omega$ l'arc décrit à l'unité de distance de l'axe, par la barre de la machine.

Le point d'application de la puissance décrit un arc de cercle, mais la puissance, étant perpendiculaire à l'extrémité de la barre, est tangente à l'arc décrit. Si l'on considère un arc infiniment petit, on pourra regarder la puissance comme agissant dans le sens même du chemin parcouru par le point d'application. Ce chemin sera $l\omega$; par suite, le travail moteur sera $P.l.\omega$. Nous supposons que ce travail est employé, par exemple, à soulever le poids R de l'écrou, qui s'est aussi élevé d'une hauteur $h$. On aura, d'après le principe de la transmission du travail, en négligeant les résistances secondaires :

$$P l \omega = R h.$$

Mais on a aussi la relation connue :

$$\frac{h}{\omega} = \frac{H}{2\pi}.$$

Eliminant $\omega$ entre ces deux égalités, et observant que $h$ disparaît alors comme facteur commun aux deux membres de l'équation, on obtient :

$$\frac{P}{R} = \frac{H}{2\,nl}.$$

Ce qui démontre le théorème énoncé.

*Emploi et utilité de la vis.* — On voit qu'au moyen de la vis on peut multiplier la force, puisqu'il suffit pour cela d'allonger la barre à l'extrémité de laquelle on fait agir la puissance.

On se sert de la vis dans un grand nombre de circonstances, notamment comme machine à comprimer. Dans ce cas-là on fait descendre l'écrou ; et entre l'écrou et un plan horizontal sur lequel est fixée une extrémité de l'axe de la vis, on place l'objet que l'on veut presser ; on fait alors descendre l'écrou au moyen d'une ou plusieurs forces appliquées à la barre de l'instrument.

# QUESTIONS 18, 19, 20 ET 21 DU PROGRAMME.

Écoulement des liquides. — Expérience et règle de Toricelli. — Contraction des veines. — Formules pratiques pour les cas les plus usuels du jaugeage des cours d'eau. — Notions sur les moteurs ou récepteurs hydrauliques. — Force ou travail absolu d'un cours d'eau. — Il y a pour tous les récepteurs une vitesse relative au maximum d'effet. — Anciennes roues à palettes recevant l'eau en dessous. — Roues à aubes courbes. — Roues à aubes planes emboîtées dans des coursiers circulaires. — Roues à augets recevant l'eau à la partie supérieure. — Rendement de ces diverses roues.

**Écoulement des liquides. — Expérience et règle de Toricelli.** — On a vu, dans l'étude de la composition des mouvements, qu'un point matériel pesant, lancé horizontalement avec une vitesse initiale, décrivait une parabole. Soit AE la courbe décrite par un point partant du point A avec une certaine vitesse initiale. Si on connaît $g$, l'accélération due à l'action de la pesanteur, la distance AF verticale, correspondante à un point de la courbe (*fig.* 136),

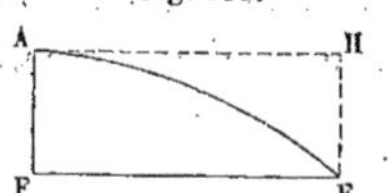

et la distance horizontale FE, on peut en déduire la vitesse initiale du point A dans le sens horizontal. En effet, en appelant $t$ le temps que la molécule a mis pour aller de A en E, et en se rappelant, d'après le principe des vitesses simultanées, que le point A, parvenu en E après le temps $t$, se trouve au même point que s'il eût parcouru la distance horizontale AH d'un mouvement uniforme avec la vitesse initiale inconnue $v$, et fût ensuite tombé de la hauteur verticale HE, on aura $\mathrm{AF} = \mathrm{HE} = \frac{1}{2} g t^2$

et $FE = AH = vt$, ou en élevant au carré $\overline{FE}^2 = v^2 t^2$. En divisant les deux égalités terme à terme, on en déduit :

$$\frac{AF}{\overline{FE}^2} = \frac{\frac{1}{2} g}{v^2}, \quad \text{d'où} \quad v^2 = \frac{1}{2} g \cdot \frac{\overline{FE}^2}{AF}.$$

Si, par exemple, on fait dans cette formule $AF = 0^m,50$ et que $FE$ soit pris égal à $1^m$, on aura $v^2 = 4^m,9 \cdot \frac{1}{0,50} = 9$ environ, ou $v = 3^m$. Nous avons rappelé ce principe, parce qu'il nous servira à donner une démonstration expérimentale du principe de l'écoulement des liquides.

Supposons un vase ABCD (*fig.* 137), rempli d'eau, et que le niveau supérieur reste constant en AB; supposons de plus les parois du vase très-minces, et qu'en un point O on ait pratiqué une petite ouverture; la molécule liquide qui éprouvait au point O la réaction de la paroi du vase, n'étant plus maintenue par cette pression, va sortir du vase avec une certaine vitesse d'abord très-faible; toutes les autres molécules du liquide, n'étant plus dans les mêmes conditions d'équilibre, descendront successivement vers l'ouverture pour remplacer la molécule O; elles y arriveront avec des vitesses croissantes depuis le point où elles se sont mises en mouvement; leur vitesse à l'orifice augmentera jusqu'à un certain moment où elle deviendra constante, si la pression extérieure à l'orifice et la hauteur du niveau restent les mêmes. A ce moment les molécules liquides sortant du vase avec une vitesse initiale et soumises à l'action de la pesanteur décriront un jet parabolique OK, au moyen duquel il sera facile, comme nous venons de le faire tout à l'heure, de connaître la vitesse que possédait une molécule à sa sortie du vase. Il n'y aura pour cela qu'à prendre un point du jet K sur un plan horizontal et à mesurer HK et OH ; on aura :

$$v = \sqrt{\frac{1}{2}\, g \cdot \frac{\overline{HK}^2}{\overline{OH}}}.$$

Or, si on appelle $h$ la hauteur du niveau du liquide au-dessus du centre de gravité de l'orifice, on sait qu'un corps tombant librement dans le vide d'une hauteur $h$ acquiert une vitesse V, donnée par la formule

$$V = \sqrt{2gh}.$$

On trouvera que V est approximativement égal à $v$, et l'expérience confirmera le résultat en faisant varier $h$.

D'ailleurs, quel que soit le sens dans lequel a lieu l'é-coulement, la loi est confirmée ; en effet, si, dans un vase ABCD (*fig.* 138), on pratique une ouverture O dans un canal

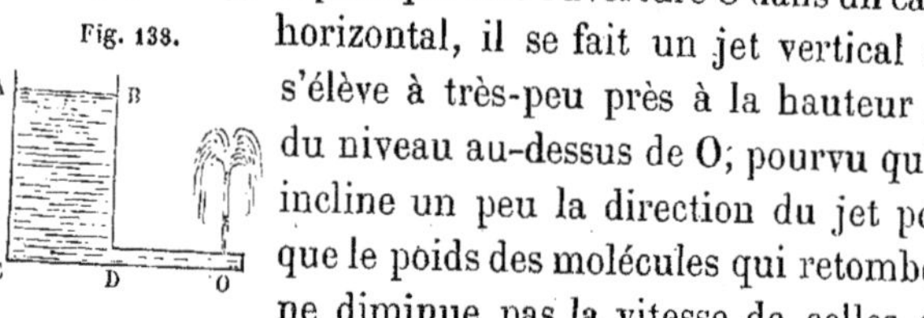

Fig. 138.

horizontal, il se fait un jet vertical qui s'élève à très-peu près à la hauteur AB du niveau au-dessus de O ; pourvu qu'on incline un peu la direction du jet pour que le poids des molécules qui retombent ne diminue pas la vitesse de celles qui montent et qu'on tienne compte du frottement de l'air. Or, cela ne peut arriver que tout autant que la molécule est animée de bas en haut de la même vitesse que celle qu'elle a acquise en tombant de haut en bas d'une hauteur égale à celle du niveau AB au-dessus du point O.

Cette loi, posée par Toricelli, peut donc s'énoncer ainsi :

« Une molécule liquide, qui s'écoule par une ouverture « faite dans un vase à minces parois, est animée d'une « vitesse égale à celle qu'aurait acquise un point matériel

« tombant librement dans le vide, d'une hauteur égale à
« celle du niveau du liquide au-dessus du centre de gra-
« vité de l'orifice. »

Si l'on suppose que la surface de l'ouverture puisse être
mesurée exactement, ainsi que la quantité d'eau qui s'écoule
dans un temps donné, le niveau étant maintenu constant,
on peut encore vérifier expérimentalement, d'une manière
très-simple, le théorème de Toricelli. En effet, soit $s$ la
surface de l'ouverture, et M la masse d'eau qui s'est écoulée,
ou la dépense dans un temps $t$. Cette masse d'eau peut
être regardée comme un cylindre liquide dont le volume
serait M, et dont la base serait $s$. Chaque molécule étant
animée d'une vitesse uniforme $v$, la longueur du cylindre
serait $vt$, et l'on aura $M = vts$; d'où $v = \dfrac{M}{ts}$; or, la valeur
de $v$ est toujours approchée de la valeur $V = \sqrt{2gh}$.

**Contraction des veines.** — Si l'on calcule la quantité
de liquide qui s'écoule dans un temps donné par une ouverture percée en mince paroi, en évaluant sa vitesse d'a-
près le théorème de Toricelli, et en supposant qu'elle est
égale au cylindre qui aurait pour longueur $vt$ et pour base
la surface de l'ouverture, on a la dépense théorique, qui
n'est jamais égale à la dépense effective mesurée par l'expérience. Celle-ci n'est guère, en effet, que les 0,62 de la
dépense théorique. La différence entre ces deux résultats
provient de divers phénomènes physiques résultant de la
viscosité des liquides, et aussi surtout de ce fait particulier que présentent les écoulements des liquides, et qu'on
nomme *la contraction de la veine.*

Si tous les filets des molécules superposées arrivaient à
l'ouverture en gardant des directions parallèles, la veine

qui sortirait de cette ouverture conserverait sa forme cylindrique. Mais il n'en est pas ainsi : tous ces filets liquides convergent vers l'ouverture de tous les points du vase et subissent par conséquent un changement de direction. Aussi observe-t-on que la veine subit à sa sortie une contraction jusqu'à une certaine distance, où la section est la plus petite possible; puis, à partir de ce point, elle reste sensiblement cylindrique. La section la plus petite $a'b'$ (*fig.* 139), qu'on appelle la section contractée, est en général les 0,62 de la section de l'ouverture; c'est donc la surface de cette section qu'il faudrait prendre lorsqu'on évalue la dépense faite dans un temps donné.

La forme que prend la veine, à partir de la section contractée, dépend de la direction que prend cette veine. Si l'orifice, au lieu d'être circulaire, a une autre forme, la section contractée se modifie de différentes manières; dans la figure 140, l'orifice étant carré, la section de la partie contractée offre la forme ABCD.

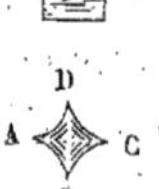

**Ajutages.** — On peut augmenter ou diminuer la dépense par la forme qu'on donne aux parois dans lesquelles est percée l'ouverture. Une paroi courbe et concave vers l'ouverture donne plus de dépense qu'une paroi plane; cela vient de ce que le changement de direction des filets liquides est moins grand que dans ces dernières. La paroi convexe à l'intérieur diminue au contraire la dépense.

On modifie encore la dépense au moyen des *ajutages*. Ce sont des tuyaux de diverses formes qu'on ajoute aux orifices pour donner passage au liquide.

Si l'on adaptait à l'orifice un ajutage ayant la forme de la veine contractée, il n'influerait en rien sur la dépense.

Si l'on adapte un tuyau cylindrique, l'écoulement peut être libre, c'est-à-dire que le liquide n'est pas adhérent au cylindre, et alors la dépense n'est pas encore modifiée; ou bien l'écoulement se fait à plein tuyau, et alors l'adhérence du liquide avec les parois de l'ajutage détermine une augmentation de vitesse et par suite une augmentation de dépense. Dans ce dernier cas, la dépense est les $\frac{133}{100}$ de celle du premier, pourvu que la longueur soit à peu près quatre fois le diamètre. Les ajutages coniques donnent une dépense plus grande que les ajutages cylindriques. On a fait des ajutages en double cône, dont le premier a la forme de la veine, et le second une longueur trois fois plus grande que le premier, et une ouverture double de la section contractée. La dépense s'élève alors jusqu'aux $\frac{150}{100}$ de la dépense primitive.

**Jaugeage des cours d'eau.** — Un liquide contenu dans un tuyau, ou dans un canal dont la surface inférieure est inclinée sur le plan horizontal, coule dans le sens de l'inclinaison, chaque molécule étant soumise à l'action d'une force qui est la composante de l'action de la pesanteur dans le sens du plan incliné.

Si nous considérons un tuyau cylindrique rempli d'eau, nous pouvons aisément prévoir que la vitesse de toutes les molécules du liquide ne sera pas partout la même dans une section quelconque faite transversalement dans le tuyau. En effet, les molécules qui touchent la surface du tuyau développent sur cette surface un frottement qui diminue leur vitesse. Ce frottement est d'autant plus fort

que la vitesse est plus grande, et que l'étendue du périmètre de la section est plus considérable.

Les filets liquides qui touchent la surface de la paroi
auront donc une vitesse minimum. D'ailleurs, leur adhérence avec les molécules voisines diminuera aussi la vitesse
de celles-ci, le même effet se produira sur les suivantes,
et ainsi de suite. De sorte que les vitesses des molécules
qui traversent une même section vont en augmentant de
la circonférence au centre, et c'est au centre même que la
vitesse est la plus grande possible. Si les molécules qui
traversent une même section avaient toutes la même vitesse, il serait très-facile d'évaluer la dépense, c'est-à-dire
le volume de liquide qui passe dans cette section dans un
temps donné : en effet, en supposant que chaque molécule
ait une vitesse V, la dépense par seconde, serait égale à un
cylindre ayant pour base la surface de la section et pour
longueur la vitesse V, c'est-à-dire l'espace parcouru par
une molécule dans une seconde. En appelant A la section
et P la dépense ou le débit, on aurait :

$$P = VA.$$

Réciproquement, si le débit était connu, on en tirerait facilement :

$$V = \frac{P}{A}.$$

Mais, d'après ce que nous avons dit, cette vitesse V
n'existe pas, puisque toutes les molécules ont une vitesse
propre, minimum contre les parois, maximum au centre.
Or, si l'on connaît le débit, et qu'on évalue V d'après l'é-
quation précédente, le nombre que l'on trouvera sera ce
qu'on appelle la *vitesse moyenne*.

Si l'on connaît par un procédé quelconque la vitesse

maximum, que nous appellerons $v$, on pourra se servir, pour déterminer V, de la formule empirique suivante :

$$V = \frac{v(v+2,37)}{v+3,15}.$$

Et en substituant des nombres on trouve, pour toutes les valeurs de $v$, que V est à peu près les 0,8 de la vitesse maximum. La vitesse V ainsi calculée et la section A pourront à leur tour servir à évaluer la dépense ou à jauger la quantité d'eau qui passe dans une section du tuyau en une seconde.

Si, au lieu de s'écouler dans un tuyau, l'eau s'écoule dans un canal, les résultats sont sensiblement les mêmes ; seulement la vitesse des diverses molécules augmente à partir des parois jusqu'au filet placé au centre et à la surface libre du liquide ; mais il ne faudra pas prendre pour vitesse maximum celle du filet central placé exactement sur la surface ; car la présence de l'air atmosphérique occasionne aussi un frottement qui diminue un peu cette vitesse ; c'est donc celle du filet central un peu au-dessous de la surface qui est la vitesse maximum.

Enfin, si, au lieu de considérer l'écoulement de l'eau dans un tuyau ou dans un canal, on considère ce qui se passe dans une rivière, on verra que la quantité d'eau restant la même dans une certaine longueur de son parcours, la vitesse varie à chaque instant. En effet, la quantité d'eau qui passe en un temps donné dans une section restant la même, il est évident qu'à cause de la relation $P = VA$, plus A deviendra grand, plus V devra être petit ; et inversement, plus la section sera petite, plus la vitesse du liquide augmentera. Cette vitesse dépendra donc non-seulement de la pente des parois, mais encore de la largeur et de la profondeur du lit. De sorte que lorsque le lit sera très-large, l'eau sera presque stagnante ; lorsqu'il sera très-étroit, l'eau acquerra une grande vitesse.

D'après M. Prony, si on veut établir la relation qui existe entre la section R faite dans le lit d'un fleuve, I, le rapport entre la longueur et la hauteur du plan incliné qui représente la pente du fond, et V la vitesse moyenne, on peut employer entre ces quantités la formule empirique suivante :

$$R.I = 0{,}0000\,24.\,V + 0{,}000365\,V^2.$$

Cette relation pourra servir à déterminer l'une des trois quantités, lorsqu'on connaît les deux autres.

Mais dans la pratique il suffira, comme nous l'avons dit pour les tuyaux, de mesurer la surface de la section, la vitesse maximum, de multiplier celle-ci par 0,8, et de faire le produit de la section par cette vitesse moyenne. Nous allons donc nous occuper de la détermination de ces deux éléments.

Pour déterminer la surface de la section, on tendra un cordon dans le sens perpendiculaire au courant ; on se transportera le long de ce cordon AB (*fig.* 141) partagé en parties égales A$a$, $ab$, $bc$, etc.; à l'aide de sondages à chaque

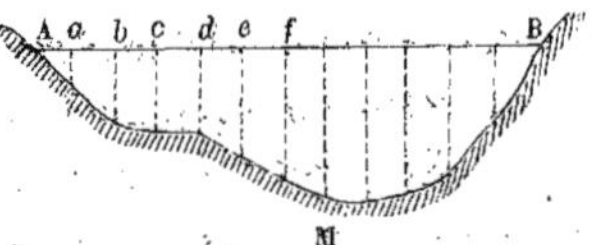

Fig. 141.

point de division, on trouvera la longueur des côtés des trapèzes qui constituent la surface AMB ; en appelant $h_1$, $h_2$, $h_3$, $h_4$ les profondeurs, et $\alpha$ la distance de deux points de division, on aura la surface A, par la méthode des trapèzes, donnée en géométrie, à l'aide de la formule

$$A = \alpha \left( \frac{h_1 + h_2}{2} + h_2 + h_3 + \ldots + h_{n-1} \right).$$

S'il s'agit d'un canal, cette surface est celle d'un rectanglé ayant pour base la largeur du canal et pour hauteur la profondeur de l'eau.

Pour déterminer la vitesse maximum, on plante deux jalons verticaux (*fig.* 142), à une certaine distance l'un de l'autre, le long du cours d'eau ;
puis on place un peu au-dessus du jalon A, au milieu du courant, un flotteur F fait d'une substance dont la densité soit telle qu'il soit entièrement im-

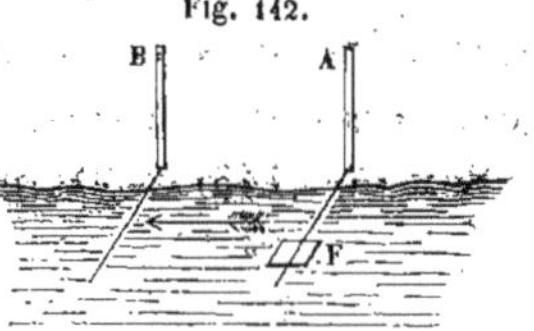


mergé dans l'eau, afin d'éviter la perte de vitesse due au frottement de l'air. On abandonne le flotteur, et l'observateur placé en A, en visant perpendiculairement au sens du courant, observe le moment précis où le flotteur passe devant le jalon ; à ce moment, il fait un signal que peut voir l'observateur placé en B, et tous les deux comptent le nombre de secondes qui s'écoulent jusqu'à ce que l'observateur voie passer le flotteur devant le jalon B et fasse à son tour un signal. Si $t$ est le nombre de secondes observées, et $l$ la longueur AB, $\frac{l}{t}$ est la vitesse maximum par seconde ; en multipliant ce nombre par 0,8, ou en se servant de la formule empirique, on a V ; enfin, en faisant le produit AV, on aura le débit ou la dépense.

*Déversoirs* et *vannes*. — On établit quelquefois dans les cours d'eau, soit pour les faire agir comme moteurs, soit pour en élever le niveau en un certain point, des barrages verticaux dont la hauteur est déterminée par la masse d'eau et la hauteur des bords ; l'eau ne peut s'écouler qu'en passant sur la crête du barrage, et on a alors un *déversoir*. La partie la plus élevée de la rivière s'appelle le *bief d'a-mont*, la partie la plus basse est le *bief d'aval* ; quelquefois

l'eau ne s'écoule pas par-dessus le barrage ; mais on ouvre
à une profondeur plus ou moins grande un orifice appelé
*pertuis*, fermé avec une porte appelée *vanne*, que l'on soulève verticalement ou obliquement pour donner passage
à l'eau. M. Poncelet indique un moyen de profiter de ces
déversoirs ou de ces pertuis pour mesurer la dépense du
cours d'eau où le barrage est établi.

Soit (*fig.* 143) DEFB un barrage dans un canal dont la

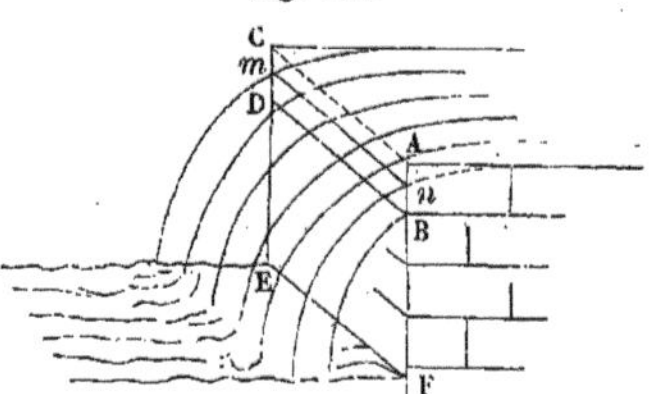

Fig. 143.

hauteur de niveau est EC :
la quantité d'eau qui s'é-
coulera par le rectangle
ACDB, dans une seconde,
est la même que celle qui
passerait par une section
du canal si le barrage

n'existait pas, puisque la quantité d'eau qui arrive est
toujours la même. Mais sur la crête du barrage le niveau
du liquide subit une dépression, et la section du liquide
qui passe est un rectangle *mn*BD, dont la hauteur n'est
guère que les $\frac{3}{4}$ de celle de ABCD. D'après M. Poncelet,
pour avoir la dépense, on mesure le rectangle ABCD, et
on multiplie la surface par la vitesse $V = \sqrt{2gH}$ d'une
molécule tombant dans le vide d'une hauteur égale à la
différence de niveau CE$=$H; enfin, on prend les 0,405 du
résultat. Si l'on appelle P la dépense, $h$ et $b$ la hauteur et
la base du rectangle, on a la formule empirique :

$$P = bh\sqrt{2gH} \times 0,405.$$

Si l'eau s'écoule par une vanne, on évalue la surface de
l'orifice perpendiculairement à la direction des filets ; soit
$s$ cette surface, on multiplie par la vitesse d'une molécule
tombant d'une hauteur $h$ égale à la hauteur du niveau du

bief supérieur au-dessus du centre de gravité de l'orifice, et on a encore la dépense en prenant les 0, 60 du résultat, ce qui s'exprime par la formule :

$$P = s\sqrt{2gh} \times 0,60;$$

mais ces deux formules ne peuvent servir que dans les cours d'eau qui n'ont pas une grande importance.

**Notions sur les moteurs ou récepteurs hydrauliques.** — L'eau coulant sur un plan incliné est mise en mouvement par l'action de la pesanteur agissant sur chacune des molécules. En parcourant un certain espace sur le plan incliné, chaque molécule s'est donc abaissée d'une certaine hauteur égale à la différence du niveau entre le point d'où elle est partie et le point où elle est arrivée. Si on multiplie le poids de cette molécule par la hauteur dont elle s'est abaissée, on aura la quantité du travail produit par le mouvement de la molécule liquide. En considérant (*fig.*144) une section faite dans la partie supérieure du canal ABCD, dont O est le centre de gravité; et une section du bief inférieur *abcd*, dont *o* est le centre de gravité; en appelant P le poids de l'eau qui passe pendant une seconde dans ABCD, et *h* la différence de niveau entre O et *o*, le travail total produit par le courant sera P*h*. C'est ce travail

Fig. 144.

qu'il s'agit d'utiliser pour mettre en mouvement des appareils désignés en général sous le nom de *moteurs* ou *récepteurs hydrauliques.*

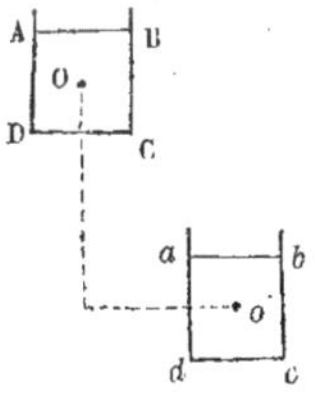

Les meilleures conditions d'un moteur hydraulique seraient de transmettre, ou de transformer en travail utile, la totalité du travail absolu produit par le cours d'eau.

Mais comme il est impossible de réaliser complétement
ces conditions, il faudra chercher à en approcher le plus
possible, et le meilleur moteur sera celui dans lequel la
perte de force sera la plus petite fraction possible de la
force qui agit sur lui. On connaîtra cette fraction en évaluant directement la force produite par la chute de l'eau,
et en cherchant expérimentalement le travail réel produit
par la machine. Si l'on veut évaluer la force du cours
d'eau, par exemple en chevaux-vapeur, on multipliera le
débit dans une seconde, évalué en kilogrammes, par la
différence de hauteur entre le bief d'amont et le bief
d'aval, et, en divisant ce produit par 75, on aura la force
produite évaluée en chevaux-vapeur.

Pour établir un moteur, on commence par créer une chute
d'eau, en faisant un barrage dans le canal ou la rivière dont
on veut utiliser le travail. On arrête ainsi le cours de l'eau;
le niveau s'élève dans le bief d'amont, et si elle passe au-
dessus de la crête, elle acquiert une vitesse qui dépend de
la différence de niveau qui existe entre les deux biefs.
Si, au lieu de laisser tomber l'eau par-dessus le barrage, on
ouvre une vanne à la hauteur du bief d'aval, chaque molécule, à sa sortie, aura encore acquis une vitesse qui sera
la même que si elle était tombée de la hauteur du barrage.
Donc l'effet produit sera le même, de quelque manière que
s'écoule le liquide. Pour que tout l'effet puisse être utilisé,
il faut que l'eau, dans son passage du bief d'amont à la
machine, éprouve le moins de perte de vitesse possible; il
doit en être de même lorsque l'eau arrive dans la machine.
Elle doit donc agir sans chocs, qui produiraient dans la direction des filets liquides des changements de direction et,
par suite, des pertes de vitesse. Enfin, pour que la machine
se trouvât dans les meilleurs conditions possibles, il fau-

drait qu'en sortant l'eau eût une vitesse nulle, c'est-à-dire qu'elle eût abandonné toute sa vitesse au moteur. Telles sont les trois conditions vers lesquelles on doit tendre dans l'établissement d'un moteur hydraulique.

Examinons maintenant l'effet produit par une veine liquide en mouvement sur un obstacle : soit d'abord une surface fixe. Les filets liquides arrivant sur cette surface sont obligés de changer de direction (*fig.* 145); la réaction produite par ce changement de vitesse occasionne sur la surface une pression qui sera d'autant plus grande que la direction de cette vitesse sera plus modifiée, que l'étendue de la surface pressée sera plus grande, et que la vitesse des molécules de la veine et la section de cette veine seront elles-mêmes plus considérables. Si la surface pressée est concave (*fig.* 146), la direction des filets liquides étant plus modifiée, la pression est plus forte; la pression est moins forte sur une surface plane, et encore moins sur une surface convexe.

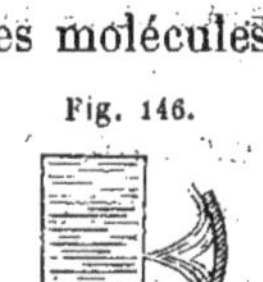

Fig. 145.

Fig. 146.

Supposons maintenant que la surface pressée soit mobile, par exemple, dans le sens de la veine. Si sa vitesse était la même que celle des molécules de la veine, il ne pourrait y avoir de pression produite; il faut donc, pour qu'il y ait pression, que la vitesse des molécules soit plus grande que celle de la surface pressée; on pourra alors supposer cette surface immobile et les molécules liquides arrivant avec une vitesse égale à la différence entre leur vitesse réelle et celle de la surface dans le même sens. On conçoit bien que si la surface pressée allait en sens inverse du mouvement du liquide, la pression dépendrait d'une vitesse égale à la somme des vitesses des molécules et de la surface elle-même.

Ces principes étant posés, on sait que le travail produit sur un point est égal à la force multipliée par le chemin parcouru par le point d'application ; or, dans les moteurs hydrauliques, les surfaces pressées sont animées d'une vitesse qu'on peut rendre plus ou moins grande, selon les résistances à vaincre. T étant le travail, P la pression, $a$ le chemin parcouru ou la vitesse du moteur, on a : $T = Pa$.

Plus $a$ devient grand, plus P, d'après ce que nous venons de dire des pressions exercées sur des surfaces mobiles, deviendra petit ; pour $a$ aussi grand que la vitesse des molécules liquides, P serait nul, et par suite T serait également nul. Mais pour une vitesse $a$ très-petite, ce qui rendrait P très-grand, le produit P$a$ serait encore lui-même très-petit. Or, entre ces deux valeurs extrêmes de $a$, on conçoit qu'il y aura une vitesse pour laquelle l'effet produit sera le plus grand possible. Il y aura donc pour tous les récepteurs une vitesse relative au maximum d'effet. Cette vitesse dépendra des conditions de chaque récepteur en particulier.

**Roues hydrauliques.** — Les moteurs hydrauliques qui satisfont le mieux aux diverses conditions que nous venons d'énumérer sont les *roues hydrauliques*. Nous allons examiner celles qui sont le plus communément employées, et comparer les rendements de chacune d'elles.

Les roues hydrauliques se divisent en roues dont l'axe est horizontal, et roues dont l'axe est vertical. Les premières se subdivisent en *roues en dessous, roues de côté* et *roues en dessus*, selon la manière dont elles reçoivent l'eau qui les met en mouvement.

Les roues verticales sont disposées dans un plan vertical, dans lequel elles peuvent tourner et mettre en mouvement un axe ou arbre de la roue, disposé horizontalement et fixé à leur centre. C'est l'arbre qui transmet, au moyen de dispositions particulières, le travail utile aux diverses parties de la machine.

Sur le bord de la roue sont disposées des aubes planes ou courbes, composées de plaques en bois ou métalliques, ayant la largeur de la jante des roues et fixées dans la direction des rayons ou dans une direction oblique ; elles s'appellent *palettes* lorsqu'elles sont séparées, et *augets* lorsqu'elles forment entre elles et le bord de la roue des espaces à moitié fermés, où l'eau peut s'arrêter un certain temps.

Dans les machines les plus grossières, on expose quelquefois directement les palettes à l'action d'un courant d'eau, d'une rivière ou d'un canal ; mais quand on veut utiliser plus parfaitement toute la force motrice du courant dont on dispose, on fait arriver l'eau en dessus ou en dessous par une vanne, ou bien encore à l'aide d'un canal dans lequel s'emboîte la roue, et qu'on nomme *un coursier*.

*Anciennes roues à palettes planes.* — Les roues à palettes planes sont formées par des aubes ou palettes planes plongeant dans un courant qui arrive par exemple (*fig.* 147) par une vanne AB. Le choc du liquide sur les palettes leur communique une impulsion qui détermine le mouvement de la roue. Au moment où a lieu le choc, la vitesse de l'eau change brusquement pour prendre la vitesse des aubes, et l'effet produit ne provient plus que de la différence entre la vitesse du courant et la vitesse de la roue; l'effet produit sera donc d'autant plus

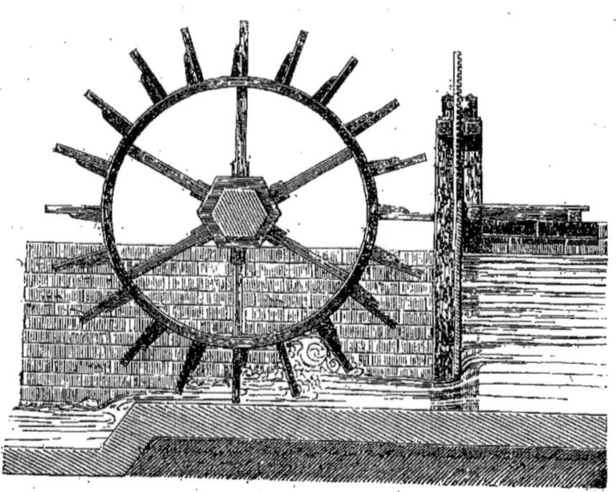

Fig. 147.

grand que la vitesse de la roue sera plus petite, et il serait le plus grand possible si la vitesse était nulle; mais alors le travail produit serait nul. D'un autre côté, si la vitesse était très-grande par rapport à celle du courant, la pression et, par suite, le travail produit seraient nuls. Il existe donc entre ces deux circonstances, comme nous l'avons déjà remarqué d'une manière générale, une vitesse de la roue correspondante au maximum d'effet. L'expérience a démontré qu'il fallait disposer la résistance à vaincre de manière que la vitesse de la roue fût environ la moitié de celle du courant.

Il est facile de voir que ce genre de roue ne satisfait pas aux conditions que nous avons indiquées pour un bon moteur hydraulique; en effet, l'eau perd de sa vitesse en passant dans la vanne, et le choc sur les palettes la diminue encore sensiblement ; enfin elle ne sort pas avec une vitesse nulle, car elle conserve en sortant la vitesse des aubes. Il ne faut donc l'employer que dans le cas où l'on possède un courant ayant une force plus que suffisante.

D'après Bossut, il convient de donner à ces roues le plus grand nombre d'aubes possible, sans que le système devienne trop lourd ; l'arc immergé doit être d'environ 25 ou 30 degrés, et la vitesse du courant doit être à celle de la roue dans le rapport de 2 à 5. Pour les roues posées sur un canal qui a peu de pente, il vaut mieux que les palettes soient disposées dans la direction des rayons ; pour celles au contraire où la pente est rapide, il vaut mieux qu'elles soient inclinées, tant pour recevoir le choc plus perpendiculairement, que pour que l'eau puisse agir par son poids.

Pour calculer l'effet produit par l'eau sur la roue, on peut employer un frein dynamométrique, ou se servir du procédé suivant : on suspend un poids $p$ à une corde enroulée sur l'arbre de la roue dont le rayon est $r$ ; l'effet utile est $pr$. Si F est la force d'impulsion de l'eau sur une aube, et R le rayon de la roue prise à sa circonférence extrême, FR sera l'effet produit par l'eau. On a $FR = pr$ ; on en tirera $F = \dfrac{pr}{R}$. En comparant cet effet à celui que devrait produire le courant, calculé comme nous l'avons indiqué, on trouvera que ces roues ne rendent que le $\dfrac{1}{4}$ du travail que pourrait produire l'action de l'eau. Il y a donc les $\dfrac{3}{4}$ de la force dont on dispose qui sont perdus.

*Roues à aubes courbes. — Roues Poncelet.* — M. Poncelet a imaginé de donner aux roues en dessous une disposition telle que les pertes de vitesse par le choc soient à peu près annulées, et que la vitesse de l'eau à sa sortie soit également nulle ; elles évitent donc les deux principaux inconvénients de celles qui précèdent. D'ailleurs, elles sont susceptibles de marcher avec une assez grande vitesse, en s'écartant peu du plus grand effet dont elles sont susceptibles. M. Poncelet remplace les aubes droites par des aubes courbes cylindriques, lesquelles présentent leur concavité au courant (*fig.* 148). Le contour de chaque

Fig. 148.

aube vient aboutir tangentiellement à la circonférence extérieure de la roue, s'inclinant de plus en plus sur le rayon. Le liquide, arrivant presque tangentiellement sur la tranche de chaque aube, ne produit pas de choc, mais presse contre l'aube en s'élevant le long de sa paroi, en vertu de sa vitesse acquise. La molécule liquide élevée de A en A', ayant perdu sa vitesse, redescend de la même hauteur où elle s'est élevée, et se retrouve en A avec la même vitesse qu'elle avait à son entrée, mais dirigée en sens inverse du mouvement de la circonférence de la roue. Or, si la vitesse de cette molécule à sa sortie, qui est égale à celle qu'elle avait en entrant, c'est-à-dire à celle du courant, était égale à celle de la circonférence de la roue, comme elle est dirigée en sens inverse, sa vitesse absolue serait nulle, et le liquide satisferait sensiblement à la condition de sortir sans vitesse. Voyons donc quelle vitesse $x$ il faudra donner à la roue pour une vitesse $V$ du courant, afin que cette condition soit remplie. Une molécule arrive avec une vitesse $V$ sur un élément de l'aube ayant une vitesse $x$; d'après ce que nous avons dit en commençant, sa vitesse relative, c'est-à-dire l'excès de sa vitesse sur celle de l'aube, sera $V - x$ à l'entrée, et comme elle acquiert la même vitesse à sa sortie, elle sera là encore $V - x$; mais la roue lui communique la vitesse $x$ dirigée en sens inverse; donc, la vitesse résultante sera la différence entre $x$ et $V - x$, savoir : $x - (V - x) = 2x - V$. Si l'on veut que cette vitesse résultante soit nulle, il faut qu'on ait

$$2x - V = 0,$$

d'où
$$x = \frac{V}{2};$$

c'est-à-dire qu'il faudra disposer des résistances de manière que la vitesse de la roue soit la moitié de celle du courant. Cette condition correspondra donc au maximum d'effet.

Dans cette machine, les pertes de force peuvent résulter de ce que la lame d'eau n'arrive pas dans une direction tangentielle à la tranche de l'aube; de ce que celle-ci n'est pas parfaitement tangente à la circonférence, et que la vitesse de l'eau, n'étant pas exactement dirigée en sens inverse du courant, elle ne s'annule pas; ou enfin, de ce que le frottement dans les parois diminue la vitesse. On y remédie autant que possible en augmentant un peu l'inclinaison de la vanne; mais il est impossible de détruire entièrement les causes inhérentes à l'exécution de tout système de mécanisme.

On trouve que pour les chutes de plus de 2 mètres, le rendement de la machine est les 0,60 du travail théorique, et que pour les chutes d'eau au-dessous de 1$^m$,50, il peut s'élever jusqu'aux 0,75. Il est donc surtout important d'employer ce système pour les petites chutes. Nous verrons, en examinant les autres systèmes, que la roue Poncelet présente encore sur eux plusieurs avantages, surtout en ce qu'elle n'a pas besoin d'une grande largeur et qu'elle peut prendre une plus grande vitesse.

*Roues de côté à aubes planes, emboîtées dans des coursiers circulaires.* — On fait arriver l'eau d'une vanne dans un

Fig. 149.

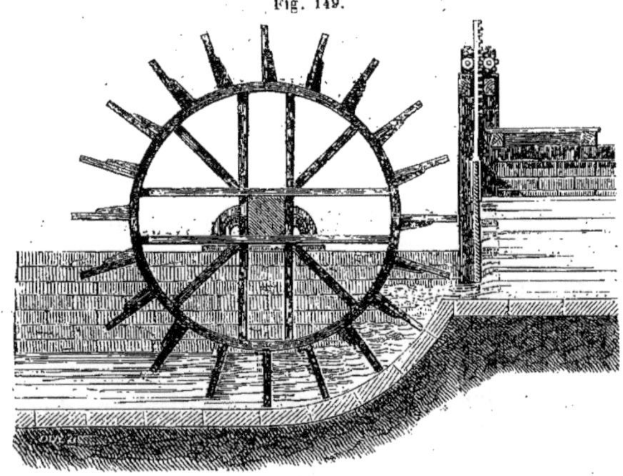

canal concentrique à la roue, de manière à ne laisser entre les aubes et le fond du coursier que le jeu nécessaire au mouvement de la roue. Les aubes sont planes (*fig.* 149) ou

polygonales (*fig*. 150), et forment avec les bords du coursier comme des *augets* ou vases dans lesquels l'eau se trouve
presque entièrement contenue jusqu'à la partie inférieure
de la roue, où elle s'échappe dans le canal. L'eau arrive
par une vanne à peu près à la hauteur de l'axe, et il convient que cette vanne soit en dessous, de manière à former
déversoir ; par cette disposition, le liquide arrive dans les
aubes avec une vitesse presque nulle, et on évite la perte

Fig. 150.

de vitesse due aux chocs : il agit alors en vertu de son poids
jusqu'à la partie inférieure, où il sort avec une vitesse qui
n'est plus que celle de la roue elle-même. L'expérience
montre qu'à la circonférence de la roue cette vitesse ne
doit pas dépasser 1$^m$,30 par seconde ; de sorte que ces
roues, dont le rendement est assez considérable, ne conviennent pas à un système où l'on voudrait avoir une
grande vitesse, ou bien il faudrait multiplier les engrenages qui transmettent le mouvement.

Malgré les pertes provenant de ce que l'eau ne sort pas avec une vitesse nulle, qu'une partie s'échappe dans l'intervalle libre qui existe entre le coursier et les aubes, et du frottement dans le coursier, l'effet produit est plus grand que dans les roues en dessous ; elles présentent aussi sur les roues à augets, dont nous allons parler, l'avantage que le poids de l'eau contenue entre les aubes ne porte pas entièrement sur la roue pour augmenter les frottements, mais en partie sur les parois du coursier ; de plus, l'eau ne cesse d'agir que quand elle est parvenue au bas de sa course, ce qui n'a pas lieu dans les augets, où elle s'écoule en partie avant d'atteindre la partie inférieure. La fraction du travail moteur utilisée varie de 0,65 à 0,80 ; ces roues ne conviennent qu'aux chutes qui ne dépassent pas de beaucoup 2$^m$,50.

*Roues en dessus ou à augets.* — Les roues à augets sont formées de compartiments fermés de tous côtés, excepté de celui par où l'eau arrive et par où elle s'écoule. On leur donne des formes courbes ou polygonales, de manière que l'ouverture ne soit ni trop grande, pour que l'eau ne puisse s'écouler trop tôt, ni trop petite, afin qu'elle puisse pénétrer facilement. On fait arriver l'eau par un canal peu incliné, de manière à produire une vitesse presque nulle (*fig.* 151), ou bien on ouvre, si cela se peut (*fig.* 152), une vanne V à la partie supérieure, directement sur les augets.

L'eau remplit successivement les augets et agit par son poids pour faire tourner la roue, tous les augets de la partie ACB restant pleins d'eau jusqu'en B, où l'eau s'écoule en ne gardant que la vitesse de la roue, qui est très-faible. On ne peut, en effet, donner à un point de la circonférence extérieure une vitesse plus grande que 1 mètre par seconde, environ ; car plus la vitesse est grande , plus la force centrifuge agit sur le liquide contenu dans les augets.

Fig. 151.

Fig. 152.

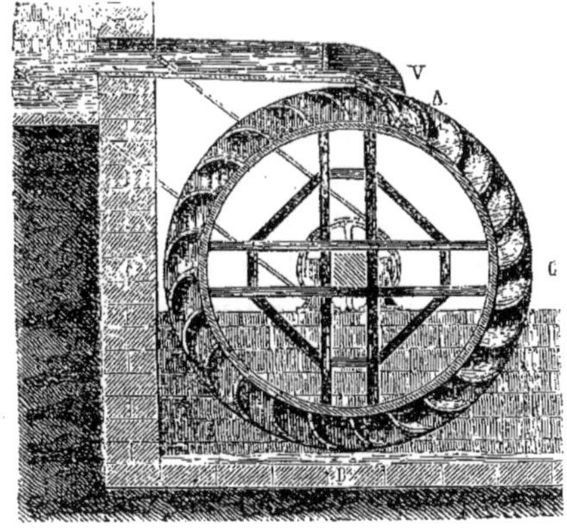

et plus il en est projeté au dehors avant qu'il ne soit arrivé
en B et n'ait par conséquent produit tout son effet. De
plus, avec la vitesse augmente le choc de l'eau qui tombe
dans les augets, et, par conséquent, plus est grande la
perte de force relative à cette cause. Il faut, dans ces sortes
de roues, avoir une hauteur considérable entre le bief
d'aval et le bief d'amont du courant dans lequel l'eau s'é-
coule.

Outre cette condition d'avoir une assez grande chute,
il faut, afin d'augmenter l'effet, que la roue soit assez
large pour que les augets puissent contenir une assez
grande quantité d'eau, l'effet étant produit par le poids de
cette eau.

Cette roue, dont le rendement est du reste assez grand
puisqu'il s'élève de 0,75 à 0,80 du travail moteur, a l'inconvénient de ne pouvoir marcher que très-lentement et
d'exiger des engrenages pour augmenter la vitesse ; de
plus, il se produit des frottements considérables, car le
poids de l'eau qui remplit les augets est entièrement supporté par la roue :

En résumé,

Les roues en dessous conviennent au cas où l'on a des
courants assez forts ou de petites chutes, et qu'on veut
produire de grandes vitesses ;

Les roues de côté conviennent aux chutes moyennes et
à des vitesses qui ne sont pas considérables ;

Enfin les roues à augets et en dessus exigent de grandes
chutes et produisent de très-petites vitesses.

*Turbines.* — *Turbine Fourneyron.* — Pour terminer ce
que nous avons à dire sur les récepteurs hydrauliques,
nous donnerons la description d'un moteur à axe vertical
connu sous le nom de *turbine.* Celui qui remplit les meil-

leurs conditions est la turbine Fourneyron. Les avantages que présentent ces récepteurs sont : 1° que les canaux compris entre leurs aubes ont deux orifices, l'un pour l'entrée, l'autre pour la sortie, de sorte que l'eau peut les parcourir sans agitation, et, par suite, sans perte de vitesse due aux chocs.

2° Chacun des canaux peut continuellement être traversé par le courant, de sorte qu'une roue de dimensions modérées peut débiter utilement une grande dépense d'eau.

3° Une turbine peut être appliquée avec un rendement satisfaisant à une chute de très-grande hauteur, sans accroissement ou plutôt avec diminution des dimensions de la roue.

4° Une turbine peut continuer de fonctionner utilement malgré une élévation accidentelle du bief inférieur qui arrêterait le mouvement d'une roue à axe horizontal.

5° Lorsque la surface supérieure du liquide vient à se geler, la turbine peut continuer à fonctionner dans l'intérieur de l'eau qui n'est pas prise.

Voici les diverses parties qui constituent la turbine Fourneyron.

La figure 153 représente, à l'échelle de 1/40, la coupe par l'axe d'une des quatre turbines Fourneyron construites au moulin à l'anglaise de Saint-Maur, près Paris, et commandant chacune dix paires de meules.

A   bief supérieur;
B   canal de fuite;
C   espace dans lequel se trouvent les courbes directrices;
c   douze courbes directrices partant du moyeu et ayant
     0$^m$,36 de hauteur;

$c'$  douze courbes directrices partant du milieu de l'espace annulaire C, et ayant 0ᵐ,30 de hauteur ;

C'  plateau fixe portant les directrices $c$, $c'$ ; il porte un
moyeu très-élevé qui s'assemble sur le tuyau en
fonte H ;

$i$  bague en fer tourné ; elle est formée de deux mor-
ceaux et sert à fixer le plateau C' sur le tuyau H ;
en soulevant le plateau, on enlève la bague et on
descend le plateau ;

D  roue proprement dite, contenant trente aubes de 0ᵐ,27
de hauteur ;

$c$  disque servant de bras à la roue ; il est percé de quatre
trous qui permettent de retirer les objets qui peuvent pénétrer dans les compartiments ; son moyeu
se fixe sur l'arbre à l'aide d'une baguette en fer semblable à celle décrite en $i$ ;

$dd$  cloisons horizontales en tôle divisant la hauteur de
la roue ; le disque qui termine supérieurement la
roue est également en tôle ;

E  vanne ; c'est un cylindre en fonte dont le diamètre
extérieur est exactement égal au diamètre intérieur
de la roue ;

$o$  coins en bois vissés contre le cylindre E ; leur forme
est celle des canaux compris entre les directrices,
qu'ils ferment quand on baisse la vanne ; on a soin
de les arrondir supérieurement et inférieurement,
afin de diminuer la contraction des veines fluides,
qui est d'autant plus grande que la vanne est plus
rapprochée du plateau C' ; leur longueur, mesurée
horizontalement et suivant la direction des canaux
dans lesquels ils glissent, est de 0ᵐ,25 environ ;

$h$  garniture formée d'un cuir recourbé, empêchant l'eau

de s'échapper entre le cylindre E et le tuyau de retenue en fonte F ;

I   trois tiges servant à manœuvrer la vanne ; elles pénètrent chacune dans le moyeu à écrou d'un pignon ; une roue d'engrenage, folle sur l'arbre L, permet de faire tourner simultanément les trois pignons, et, par suite, de manœuvrer la vanne ;

G   charpente à laquelle est fixé le système ;

H   cylindre en fonte enveloppant l'arbre de la turbine, et auquel est fixé le plateau C′ qui porte les directrices ; il s'élève jusqu'au-dessus du niveau de l'eau, où il se fixe soit à une charpente, soit à une pièce de fonte ;

f   trois fortes tiges reliant un manchon en fonte qui entoure le cylindre H, à la charpente G ; des vis u servent à centrer le tuyau H, et à le fixer au manchon ; cette précaution est nécessaire lorsque, comme dans ce cas, la hauteur est grande ;

u   vis fixant le cylindre H et le maintenant dans la position verticale ;

L   arbre moteur en fonte ;

n   pointe en acier fixée par deux petites clefs dans une crapaudine en cuivre, dans laquelle arrive un filet d'huile ; sur la tête de cette pointe tourne un grain d'acier dont est garni le bas de l'arbre L ; ce grain est représenté coupé dans la figure, la pointe n est garnie de saignées latérales qui amènent l'huile sur toute la surface frottante ;

m   bague fixée au bas de l'arbre ; elle sert à retenir l'huile et à maintenir l'arbre sur le pivot n ; par cette disposition, les matières solides seraient obligées de s'élever pour venir entre les surfaces frottantes ;

*v*   chaise sur laquelle repose la crapaudine ; deux petites
      clefs y fixent celle-ci, de manière à l'empêcher de
      tourner tout en lui permettant de se soulever ;
M   fort levier, de 2$^m$,57 d'une articulation à l'autre, ser-
      vant à maintenir le système mobile à une hauteur
      convenable ;
*p*   tube communiquant au-dessus du sol de l'usine, et
      amenant l'huile dans la crapaudine.

Il est facile, d'après cette description, de comprendre le
jeu de la machine. L'eau, descendant dans le cylindre AHF.

Fig. 153.

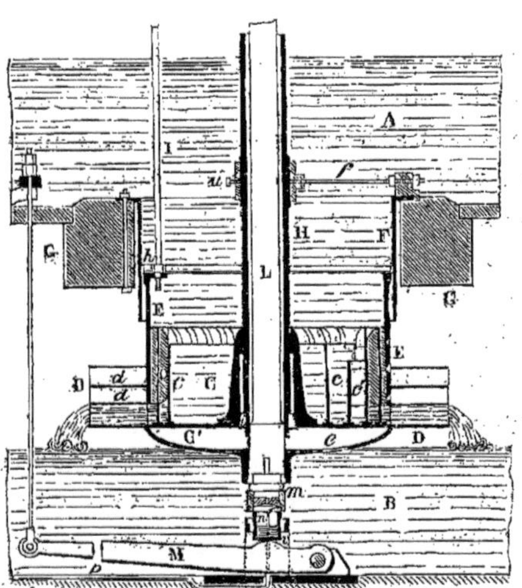

passe dans les aubes directrices, et, sortant par le van-
nage, arrive tangentiellement à la courbure des aubes de
la roue mobile ; là, elle exerce sa pression et sort en
éprouvant peu de changement dans sa direction, à cause

de la courbure des aubes. La pression produit le mouvement de rotation de la roue, et, par suite, de l'arbre vertical.

Le rendement de cette machine peut, dans les circonstances les plus favorables, atteindre 0,70 et même au delà.

## QUESTIONS 22 ET 23 DU PROGRAMME.

Des pompes. — Soupapes. — Pistons. — Pompes élévatoires. — Pompes aspirantes et élévatoires. — Pompes aspirantes et foulantes. — Causes de perte du travail moteur, inhérentes aux pompes.

**Pompes.** — On appelle *pompes* des machines destinées à élever l'eau. Les pompes se composent essentiellement d'un corps de pompe, d'un piston qui se meut dans le corps de pompe, de tuyaux d'aspiration et d'ascension, enfin de soupapes qui établissent des communications entre les diverses parties de la pompe.

Examinons d'abord ces diverses espèces de soupapes. La soupape *conique* est un tronc de cône *mn*, terminé par une

Fig. 154.

tige *ps*, qui, soulevé par l'action de l'air ou de l'eau, retombe ensuite, en vertu de son propre poids, sur l'ouverture *ab* (*fig.* 154) qu'il est destiné à fermer.

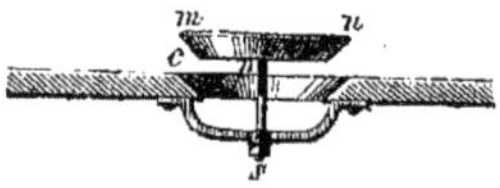

Fig. 155.

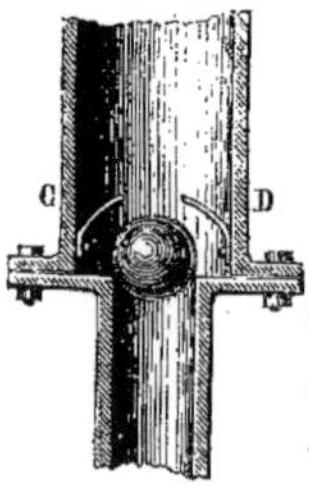

On remplace quelquefois la soupape conique par une sphère en fonte; c'est ce qui constitue la soupape *sphérique* (*fig.* 155). A une certaine distance dans le tuyau, en C et D, se trouvent des points d'arrêt pour que la sphère ne s'éloigne pas trop de l'ouverture.

Enfin la soupape *plane* ou *clapet* consiste en un disque

circulaire *ab* (*fig.* 156) tournant
autour d'une charnière, et qui,
après avoir été soulevé par l'eau
ou par l'air, retombe en vertu de son
propre poids.

Fig. 156.

Fig. 157.

Le piston se compose essentiellement
de rondelles de cuir serrées entre deux
disques métalliques (*fig.* 157). La description même des diverses espèces de
pompes nous donnera occasion de revenir
avec plus de précision sur ces divers éléments.

**Pompe aspirante**. — La pompe aspirante se compose (*fig.* 158) d'un tuyau d'aspiration
ABCD et d'un corps de pompe CDHK.
Le tuyau d'aspiration et le corps de
pompe communiquent au moyen d'une
soupape qui s'ouvre de bas en haut.
La tête du piston est percée dans la
direction de son axe d'un trou cou-
vert d'une soupape $n$, qui s'ouvre aussi
de bas en haut. En O est une ouverture aboutissant à un tube par où l'eau
élevée peut se déverser à l'extérieur.
Dans la théorie de la pompe que
nous allons donner, nous supposerons
la pression atmosphérique constante,
les petites variations que subit cette
pression pouvant être essentiellement négligées.

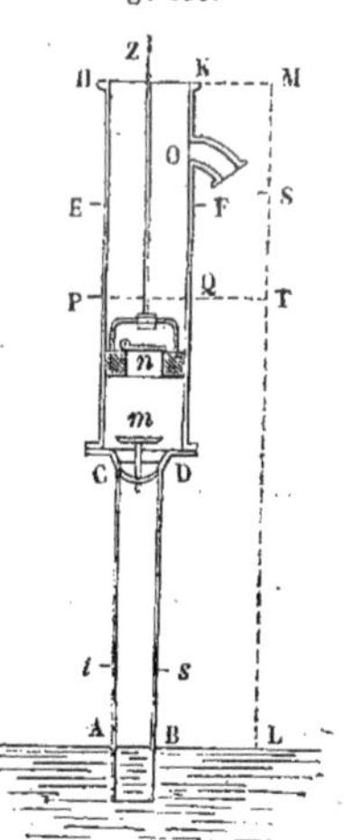

Fig. 158.

La course du piston dans le corps de pompe se fait de

CD en EF. Supposons d'abord le piston en CD. L'air compris dans le tuyau d'aspiration fait équilibre à la pression extérieure de l'atmosphère agissant sur l'eau. Si l'on soulève le piston de CD en EF; l'air du tuyau d'aspiration soulèvera, en vertu de sa force élastique, la soupape $m$, et viendra occuper l'espace du corps de pompe CDEF ; diminuant par là de force élastique, il ne fera plus équilibre à la pression extérieure de l'atmosphère ; par conséquent, l'eau montera dans le tuyau d'aspiration jusqu'en $ts$, de manière que la colonne d'eau AB$ts$, plus la force élastique de l'air contenu entre $ts$ et EF, fasse équilibre à la pression atmosphérique. Si l'on abaisse ensuite le piston de EF en CD, la soupape $m$ se fermera, la force élastique de l'air contenu dans CDEF ira en augmentant, finira par devenir supérieure à celle de l'atmosphère, soulèvera la soupape $n$, et, par suite, l'air contenu dans l'espace CDEF sera renvoyé à l'extérieur. En continuant cette élévation et cet abaissement successifs du piston, la force élastique de l'air diminuera de plus en plus, et on amènera l'eau dans le corps de pompe. A ce moment, l'eau s'élevant dans ce corps de pompe soulèvera la soupape $n$ et passera au-dessus du piston ; elle dépassera le niveau EF, et, à chaque nouveau coup de piston une nouvelle colonne d'eau sera soulevée, atteindra l'orifice O et s'écoulera par cette ouverture.

Il faut remarquer qu'en négligeant le poids de la soupape $m$, et en admettant qu'on pût faire le vide parfait dans le tuyau d'aspiration, la hauteur AC doit être moindre que celle de la colonne d'eau qui ferait équilibre à la pression atmosphérique dans le lieu où joue la pompe, sans cela l'eau ne s'élèverait jamais à ce niveau ; mais cette condition une fois remplie, la hauteur ML à laquelle doit s'élever l'eau pourra être plus grande que celle qui équivaut à la pression atmosphérique. Il faut cependant remarquer que, comme la tige Z du piston se meut dans le corps de pompe, la hauteur de ce tuyau ne doit pas être trop grande, pour qu'elle ne soit pas exposée à se fausser.

L'écoulement par O, ou le produit de la pompe, est facile à déterminer, car il est évident que pendant que le piston monte de CD en EF, il sort une quantité d'eau équivalente au cylindre CF diminué de l'épaisseur du piston.

Calculons maintenant l'effort qu'il faut exercer à chaque instant pour soulever le piston d'un mouvement uniforme. Appelons F l'effort que soutient le piston en montant. Je dis qu'il est égal au poids d'une colonne d'eau qui aurait pour base le cercle de la tête du piston, et pour hauteur celle de la surface de l'eau dans le corps de pompe au-dessus de la surface de l'eau dans le réservoir.

Soit $a^2$ l'aire du cercle qui sert de base au piston, LS la hauteur de la colonne d'eau qui ferait équilibre à la pression atmosphérique, et supposons que le piston soit arrivé en PQ à une position correspondante à la hauteur TL.

Le piston est poussé de haut en bas : 1° par la pression atmosphérique $a^2 \times$ LS ; 2° par le poids de la colonne d'eau $a^2 \times$ TM ; donc l'effort total qui le pousse de haut en bas est égal à $a^2 \times$ LS $+ a^2 \times$ TM. Le piston est au contraire poussé de bas en haut par la pression atmosphérique diminuée du poids d'une colonne d'eau qui aurait TL de hauteur. L'effort qui s'exerce de bas en haut est donc égal à $a^2 \times$ LS $- a^2 \times$ TL. Donc le piston est poussé de haut en bas avec une force

$$F = (a^2 \times LS + a^2 \times TM) - (a^2 \times LS - a^2 \times TL) ;$$

d'où $$F = a^2 (TM + TL),$$

ce qui démontre la proposition énoncée.

A cette force F, il faut ajouter le poids du piston et le frottement que le piston éprouve le long du corps de pompe. En descendant, le piston s'abaisse dans l'eau par son propre poids, et l'on n'a à vaincre d'autre résistance que le frottement et un léger choc contre l'eau.

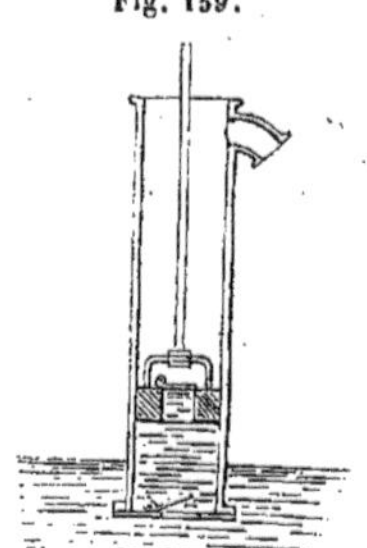

Fig. 159.

**Pompe élévatoire**. — La pompe *élévatoire* (*fig.* 159) consiste en une pompe aspirante dont le corps plonge dans l'eau ; alors le tuyau d'aspiration de la pompe précédente devient un tuyau d'ascension.

**Pompe foulante**. — La pompe *foulante* n'a pas de tuyau d'aspiration ; une partie du corps de pompe (*fig.* 160) plonge dans l'eau, le piston est plein. *a* est une soupape qui s'ouvre de bas en haut. Au corps de pompe est adapté un tuyau qui sert à élever l'eau, et qui communique avec lui, au moyen d'une ouverture fermée par une soupape *b* qui s'ouvre de gauche à droite. Le jeu de cette pompe s'explique d'une manière complétement analogue à celui de la pompe aspirante ; aussi nous ne recommencerons pas le raisonnement. La hauteur du tuyau d'ascension n'est pas limitée ici comme dans la pompe aspirante, parce que la tige Z du piston est au dehors du tuyau.

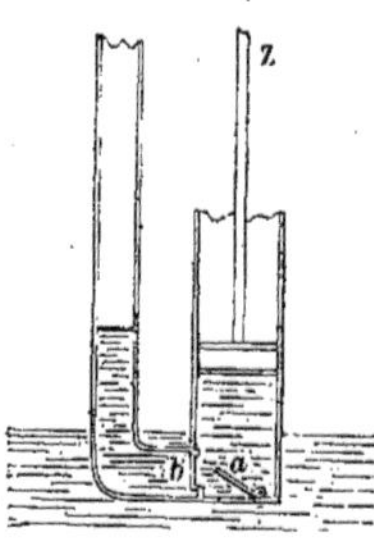

Fig. 160.

**Pompe aspirante et foulante**. — La pompe *aspirante et foulante* (*fig.* 161) se compose d'un corps de pompe

communiquant d'un côté avec un tuyau
d'aspiration ABMN, au moyen d'une soupape qui s'ouvre de bas en haut, et, de
l'autre, avec un tuyau RS, au moyen
d'une soupape ou clapet G, qui s'ouvre de
gauche à droite. Le piston est plein, au
lieu d'être percé d'une ouverture comme
dans la pompe aspirante. L'ascension de
l'eau dans une pareille pompe s'explique
exactement comme dans une pompe aspirante. Après quelques coups de piston,
l'eau arrive dans le corps de pompe, puis,
en abaissant le piston, on fait passer l'eau
dans le tuyau montant SR.

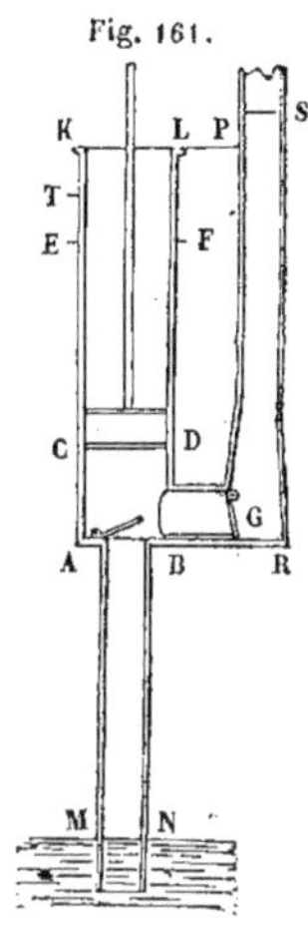


Pour calculer la force motrice employée, supposons
que la tête du piston soit dans la position CD ; MT est la
hauteur de la colonne d'eau qui ferait équilibre à la pression atmosphérique, SM la hauteur entière à laquelle l'eau
est élevée, et désignons toujours par $a^2$ l'aire du cercle CD.

Appelons F la force qui pousse le piston de bas en haut,
c'est-à-dire la force employée dans l'ascension du piston,
F′ la force qui pousse le piston de haut en bas, c'est-à-dire
la force employée dans le refoulement. Nous ferons abstraction du frottement dans les deux cas. Soit enfin P le
poids du piston ; nous aurons évidemment :

$$F = (P + a^2 \times TM) - (a^2 \times TM - a^2 \times CM) = P + a^2 \times CM$$
$$F' = (a^2 \times TM + a^2 \times CS) - (P + a^2 \times TM) = a^2 \times CS - P,$$

puisque la force qui tend à faire descendre le piston est :
$P + a^2 \times TM$, et que celle qui tend à le faire monter est :
$a^2 \times TM - a^2 \times CM$, dans l'ascension, et $a^2 \times TM + a^2 \times CS$
dans le refoulement.

Si nous désignons par SM la distance du point S à la surface,

$$F + F' = a^2 \times CM + a^2 \times CS = a^2 \times SM.$$

Donc, l'effort total employé par le moteur est égal, comme dans le cas de la pompe aspirante, au poids d'une colonne d'eau qui aurait CD pour base, et pour hauteur la distance KM entre le point où l'on veut élever l'eau et la surface MN de l'eau du réservoir. Seulement, dans le cas de la pompe aspirante et foulante, cet effort se divise en deux parties, dont l'une est employée dans l'aspiration de l'eau et l'autre dans le refoulement, ce qui n'a pas lieu dans la pompe purement aspirante.

Nous avons fait voir qu'il fallait, autant que possible, établir dans une machine l'uniformité de mouvement ; il faut donc, dans ce cas-ci, s'attacher à rendre $F = F'$. Cela conduit à la condition

$$P + a^2 \times CM = a^2 CS - P.$$

d'où
$$P = \frac{a^2 (CS - CM)}{2}.$$

Il résulte de là, d'abord, que l'on doit avoir $CS > CM$, sans quoi P serait nul ou négatif, ce qui est impossible ; de plus, si l'eau du réservoir venait à s'élever ou à s'abaisser, il faudrait toujours, au moyen de poids mobiles placés sur le piston, augmenter ou diminuer convenablement P, de manière à avoir la relation précédente.

**Pompe aspirante et élevatoire.** — Une double modification de la pompe aspirante et foulante nous donnera la pompe *aspirante et élevatoire* ; d'abord le tuyau d'ascension (*fig.* 162), au lieu de communiquer avec la partie inférieure du corps de pompe, communique avec la partie supérieure ; de plus, le piston est percé d'une ouverture munie d'une soupape qui s'ouvre de bas en haut. La figure indique suffisamment la construction d'une pareille pompe. Sa théorie se déduit facilement de ce que nous avons dit sur la pompe aspirante et foulante ; nous n'insisterons donc pas davantage.

Fig. 162.

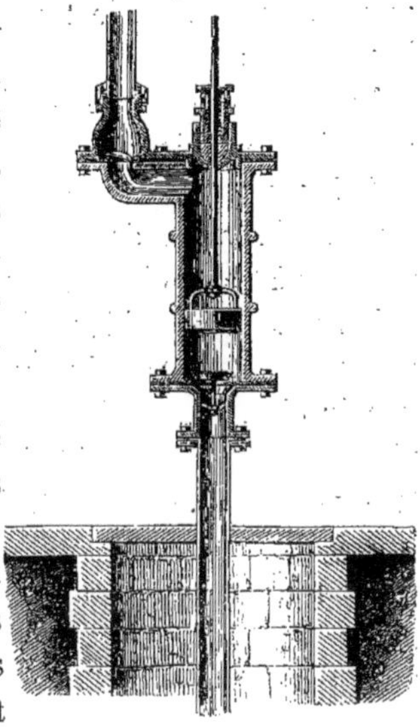

On emploie comme force motrice des pompes toutes sortes d'agents : les hommes, les animaux, l'eau, le vent, la vapeur, etc.; mais dans les petites pompes, comme celles qui servent à puiser l'eau et les pompes à incendie, c'est l'homme qui est habituellement l'agent moteur.

**Causes de la perte du travail moteur inhérentes aux pompes.** — Si l'on appelle P le poids de l'eau qui s'écoule dans l'unité de temps par le tuyau d'ascension, et H la hauteur du réservoir supérieur au-dessus du niveau de l'eau du réservoir où on la puise, alors PH représentera l'*effet utile* de la machine. Cet effet utile est toujours inférieur au travail moteur effectivement employé pour faire fonctionner la pompe, et cela pour plusieurs raisons :

1° Le frottement des diverses parties de la pompe consomme nécessairement une portion plus ou moins notable du travail moteur;

2° L'eau arrive toujours dans le réservoir supérieur avec une vitesse plus ou moins sensible, qui a exigé par suite une consommation de travail moteur inutile à l'effet de la machine ;

3° On n'évite jamais les fuites d'eau, quelque parfaite que soit la machine ;

4° Il y a une consommation de travail due aux changements brusques de vitesse que l'on éprouve dans ses passages à travers les différents tuyaux d'une pompe.

Dans une pompe bien faite, l'effet utile peut être jusqu'aux 0,55 ou 0,60 du travail moteur développé sur la tige du piston. Dans les pompes ordinaires, l'effet utile n'est que les 0,33 ou 0,30 du travail moteur ; c'est surtout aux fuites qu'il faut, dans ce cas, attribuer la faiblesse d'un tel rapport.

Nous donnerons, en terminant, la description d'une pompe à incendie où sont appliqués plusieurs des principes que nous venons d'étudier (*fig.* 163).

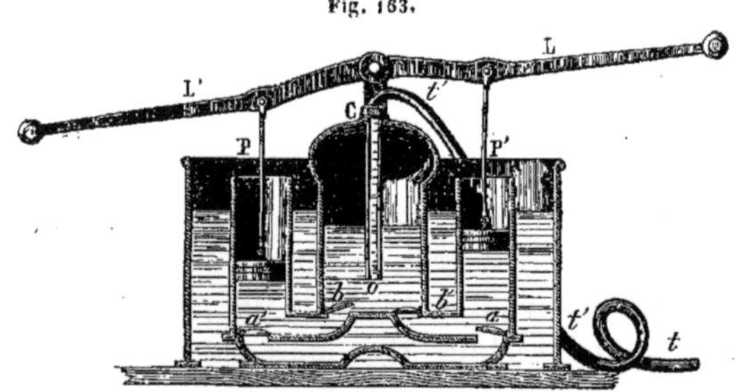

Fig. 163.

On alimente la pompe en remplissant d'eau la grande caisse où sont enfermés les corps de pompe, les pistons P et P′ aspirant cette eau par les soupapes $a$ et $a′$, dans leur course ascendante ; dans leur course descendante, l'eau aspirée est refoulée par les soupapes $b$ et $b'$, dans un vase fermé de toutes parts et en partie plein d'air. Cet air, comprimé dans le dôme C par l'eau qui arrive constamment, exerce à son tour une pression continue sur la surface du liquide et le force à s'élever par le tuyau, dont l'orifice $o$ est au fond du vase. L'eau est ensuite dirigée par un boyau $tt'$ vers le point qu'on doit attaquer. La manœuvre se fait avec un double levier LL' qui fait abaisser l'un des pistons lorsque l'autre s'élève ; l'effort à dépenser est ainsi diminué de moitié.

## QUESTION 24 DU PROGRAMME.

Vis d'Archimède. — Roue à tympan. — Résultats d'expériences
sur leur rendement.

**Vis d'Archimède. — Roue à tympan.** — On se sert
aussi, pour élever l'eau, d'autres machines dont l'établissement est généralement assez simple, et dont les principales sont : la *vis d'Archimède*, les *chapelets* ou *norias*, les
roues à *augets* ou à *tympan*.

*Vis d'Archimède.* — Pour bien comprendre le principe de cette machine, il faut d'abord la considérer dans
son plus grand état de simplicité. Soit un tube très-fin
ouvert à ses deux extrémités et enroulé en hélice le
long d'un cylindre. L'axe de ce système ayant été placé

Fig. 164.

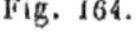

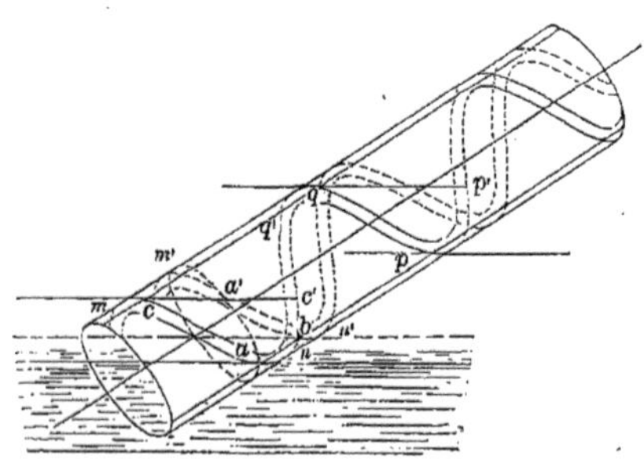

sous une inclinaison convenable (*fig.* 164), supposons

qu'on introduise par l'ouverture inférieure un corps pesant, par exemple une petite bille. Elle entrera dans la première spire *mn*, et tendra, en vertu de son poids, à en occuper la partie la plus basse, celle où la tangente à la courbe est horizontale, en *a* par exemple. Si l'on imprime maintenant à la vis un mouvement de rotation autour de son axe, tous les points de l'hélice décriront en même temps des cercles, et la spire se placera dans une autre position *m'n'*; le point *a* cessera d'être le point le plus bas et sera venu se placer en *a'*. Quel sera, dans cette nouvelle position, le point le plus bas du canal? Il est aisé de voir que ce sera le point *b* de ce canal qui sera venu se placer sur la génératrice du cylindre qui passe par le point *a*; en effet, les deux points *a* et *b* sont dans un même plan tangent au cylindre, le long de la génératrice *ab* ; en outre, d'après une propriété connue de l'hélice, toutes les tangentes font le même angle avec les génératrices du cylindre ; les tangentes en *a* et *b* sont donc parallèles, et comme la première est horizontale, la seconde doit l'être aussi. Il suit donc de là que, dans le mouvement de rotation du cylindre, les points de l'hélice de plus en plus éloignés de *a* viendront sur la génératrice *ab*, où leur tangente est horizontale, et que, par suite, la bille occupant toujours successivement ces points s'élèvera dans l'hélice, et finira par sortir à l'autre extrémité. Au lieu d'une bille mettons une goutte d'eau, les choses se passeront de la même manière ; remplaçons enfin cette goutte par une petite masse d'eau, et le même raisonnement s'appliquera à son centre de gravité ; la colonne liquide s'élèvera dans le tube, ce centre de gravité décrivant la génératrice *ab*. Si donc le cylindre plonge par sa partie inférieure dans une masse d'eau, et qu'on le fasse tourner

sur son axe d'une manière continue, l'eau qui s'introduira
à chaque révolution cheminera le long du tube, et se dé-
versera dans la partie supérieure.

Il résulte de ce qui précède plusieurs conditions indispensables à l'établissement de cette machine.

Il faut d'abord que l'inclinaison de l'axe soit suffisante
pour que l'hélice admette des tangentes horizontales; c'est
d'ailleurs une question de géométrie descriptive très-
simple que de déterminer, pour une inclinaison donnée, la
génératrice sur laquelle se trouvent successivement les
points les plus bas de l'hélice et d'en déduire les conditions auxquelles doit satisfaire cette inclinaison pour que
la machine soit efficace. Généralement on trouve deux
génératrices dont les tangentes sont horizontales, l'une
(*fig.* 164) *ap* correspondant aux points les plus bas, l'autre
*cq* correspondant aux points les plus hauts. Il est clair que
dans chaque spire l'eau ne peut dépasser le point *c*, de
sorte que le plus grand espace qu'elle peut occuper est
l'arc *cac'*, *c'* étant le point d'intersection de l'hélice par le
plan horizontal tangent à la courbe au point *c*. Cet arc
d'hélice variable avec l'inclinaison du cylindre a reçu le
nom d'*arc hydrophore*. Cette inclinaison peut être telle
que l'arc hydrophore se réduise à un point : c'est lorsque
les génératrices *ap* et *cq* se confondent; tant que cette inclinaison limite n'est pas dépassée, la vis est entièrement
inefficace.

Une seconde condition nécessaire à remplir, c'est que
l'orifice inférieur du tube ne plonge dans l'eau que pendant une partie de sa révolution; car, sans cette précaution, l'eau introduite dans le tube, n'offrant pas de solution
de continuité avec celle du réservoir, le tube et le réservoir
formeraient un système de vases communiquants, et l'eau

ne s'élèverait pas plus haut que le niveau extérieur. Il faut donc que l'ouverture du tube accomplisse une partie de son trajet dans l'air, les diverses colonnes d'eau introduites se trouvant ainsi séparées par autant de masses d'air.

Pour que la machine produise le plus d'effet possible pour une même somme de travail moteur, on doit disposer la vis de manière que la génératrice correspondante au point le plus haut affleure par son extrémité au niveau de l'eau ; car alors, au moment où l'ouverture du tube sort de l'eau, elle est horizontale et forme par conséquent l'extrémité de l'arc hydrophore ; toute l'eau déjà introduite continue à s'avancer dans l'intérieur de l'hélice en occupant l'arc hydrophore tout entier. Si, au contraire, l'extrémité de cette génératrice est au-dessus de l'eau, l'arc hydrophore ne sera pas complétement rempli, et il y aura moins d'eau soulevée. Si elle est au-dessous, l'arc hydrophore sera bien rempli, l'eau introduite pendant que le tube plonge occupera même plus d'espace que cet arc, mais, dès qu'elle sera à l'air, l'excès de liquide retombera, et ce sera une perte de travail.

D'après la disposition généralement donnée à la vis, il est facile de comprendre que la masse d'air introduite dans la première spire doit se dilater dans les spires suivantes. En effet, on voit sans peine que l'arc $p'q'$ est égal à celui qu'occupe l'air tout d'abord, puisqu'ils sont tous les deux compris entre les mêmes génératrices du cylindre. Or, dans les spires suivantes, l'air emprisonné dans l'espace $a'q'$, évidemment plus grand que $p'q'$, a dû nécessairement se dilater ; il en résulte que la pression extérieure a dû nécessairement refouler une partie de l'eau dans le tube, jusqu'à rétablir l'équilibre de force élastique, et occasionner une perte de travail. Pour y remédier, il suffit de pratiquer le long de l'hélice quelques trous assez petits pour laisser passer l'air extérieur, sans que l'eau puisse s'échapper.

La vis, telle qu'on l'emploie dans les épuisements, est formée d'un axe central appelé noyau (*fig.* 165), ordinai-

Fig. 165.

rement en bois, autour duquel s'enroule une cloison également en bois, en forme de filet de vis, et que termine une enveloppe cylindrique qui lui est fixée. Le rapport du diamètre du noyau et du diamètre extérieur est choisi de manière que l'eau ne touche pas le noyau, et que l'air puisse circuler librement d'un bout à l'autre. Par ce moyen, l'inconvénient que nous signalions, et qui est relatif à la dilatation de l'air comprimé, se trouve évité.

Quelquefois on multiplie les surfaces hélicoïdales de

manière à en mettre deux ou trois parallèles, et chacune d'elles agit comme une vis séparée.

Dans la vis que nous venons de décrire, on voit que l'axe supporte le poids de toute la masse d'eau qui est engagée dans la longueur de la vis. Dans la vis *hollandaise*, la surface hélicoïdale est mobile avec l'axe dans un cylindre disposé de manière que la vis puisse tourner sans frottement, mais sans cependant laisser passer dans l'intervalle une trop grande quantité d'eau, ce qui serait une perte de travail. Cette disposition offre l'avantage que le poids de l'eau est en partie supporté par le cylindre, et que par conséquent il y a moins de frottement sur les supports. Ces vis, étant ordinairement employées à épuiser les eaux qui proviennent des filtrations à travers les digues, sont ordinairement mues par la force des vents.

Pour qu'une machine propre à élever l'eau fût parfaite, il faudrait que le rendement de la machine, c'est-à-dire le travail utile produit, fût égal au travail moteur dépensé. La quantité de travail nécessaire pour élever une masse d'eau à une certaine hauteur s'évalue en multipliant par cette hauteur le poids de la masse du liquide à élever. On peut donc voir par l'expérience la quantité d'eau fournie dans un temps donné, la multiplier par la hauteur, et comparer ce nombre à la force motrice dépensée pendant le même temps. Le rapport des deux nombres trouvés donnera dans chaque cas particulier le rendement de la machine. Les vis d'Archimède utilisent de 0,40 à 0,45 du travail moteur.

**Chapelet ou noria.** — Le *chapelet* ou *noria* est composé (*fig.* 166) d'une chaîne sans fin qui peut être mise en mouvement à l'aide de deux roues. Cette chaîne porte des disques horizontaux qui s'engagent dans un tube cylin-

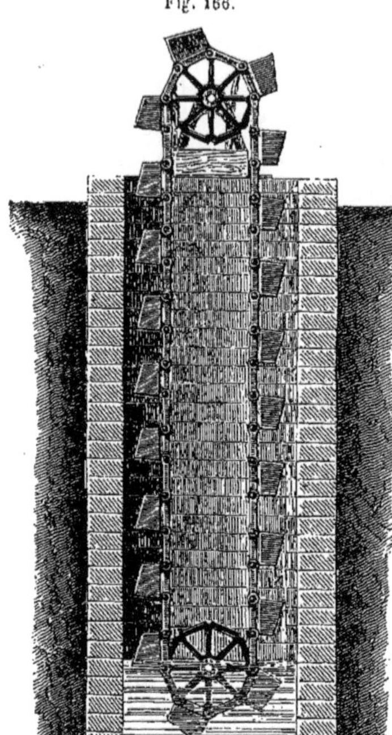



drique en faisant remonter l'eau dans ce tube , comme dans le chapelet; ou, comme dans le noria (*fig.* 166), la chaîne porte des godets dont l'ouverture est tournée dans le même sens, dirigée vers le haut quand ils montent, et vers le bas quand *ils* descendent. Ces godets se vident successivement à la partie supérieure en changeant de direction.

**Roues à palettes ou à augets.** — On se sert encore, pour élever l'eau, de roues mises en mouvement par des engrenages communiquant à un moteur quelconque (*fig.* 167). Ces roues portent sur leur circonférence des palettes inclinées ou des augets qui s'emboîtent dans un coursier circulaire où ils peuvent se mouvoir en laissant perdre le moins d'eau possible. Le liquide pris à la partie inférieure se trouve engagé entre deux palettes ou dans les augets, et est ainsi forcé de s'élever dans le coursier; il s'écoule de lui-même latéralement dans les roues à palettes, ou bien il est déversé à la partie supérieure dans un canal par les augets, au moment où ils changent de direction.

Fig. 167.

*Roue à tympan.* — Enfin nous citerons comme destiné à accomplir le même but un dernier instrument que

Fig. 168.

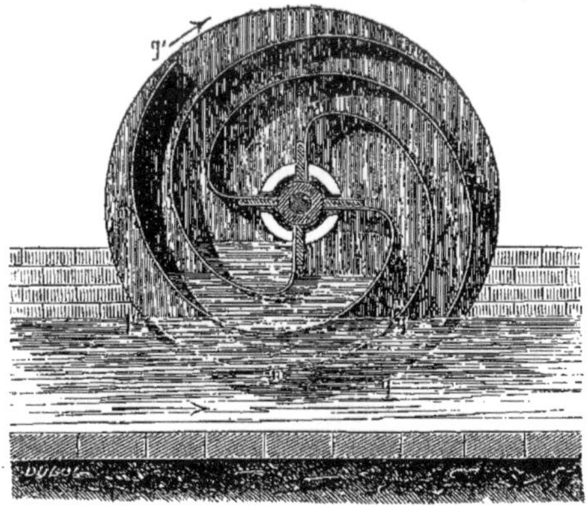

l'on nomme la *roue à tympan*. Cette roue (*fig.* 168) se compose d'un tambour creux, dont l'axe est horizontal et mis en mouvement par un moteur quelconque, dans la direction de la flèche. L'intérieur du tambour est coupé par des cloisons en forme de spirales, qui partent du centre et viennent aboutir tangentiellement à la circonférence. Une partie du tambour plonge dans le réservoir, et l'eau peut entrer dans les ouvertures laissées libres entre les extrémités $p$ et $q$ de deux cloisons consécutives. L'eau pénètre ainsi naturellement sans choc et sans changement de vitesse dans l'intervalle qui existe entre deux cloisons. Prenons, par exemple, l'un de ces intervalles dans la position $pmq$ ; après un quart de révolution, il se trouve dans une position $pm'q'$, de sorte que l'eau qui aura pénétré par $pq$, se trouvant emprisonnée lorsque $p$ et $q$ se sont élevés, est toujours descendue sur la cloison $pqn$, de manière à se trouver le plus bas possible ; elle est donc venue dans une position plus élevée en $pmq''$. Après une demi-révolution, elle sera passée dans la position suivante, de manière que l'eau finit par atteindre l'axe, à la hauteur duquel on a ménagé une ouverture par laquelle elle s'échappe.

On peut encore calculer le rendement de cette machine en comparant le travail moteur dépensé avec le travail utile, calculé en multipliant la masse d'eau élevée par la hauteur à laquelle on l'élève. On trouve que la roue à tympan utilise les 0,60 du travail moteur.

## QUESTION 25 DU PROGRAMME.

Moulins à vent. — Notions succinctes sur la mouture du blé.

**Du vent considéré comme moteur.** — L'agitation continuelle de l'atmosphère qui entoure la terre donne, par la production du vent, une force motrice qu'on peut utiliser comme celle qui est produite par les courants d'eau. Cette force peut être appliquée à tous les travaux qui n'exigent pas une grande régularité, ni une grande continuité d'action. Mais malgré l'économie de ce moteur, l'inconvénient de ne pouvoir l'appliquer dans des opérations urgentes, et de ne pouvoir l'employer que dans certaines positions convenables, comme sur les éminences et les plaines très-découvertes, limite nécessairement les applications industrielles qu'on en peut faire. La navigation à voile et les moulins à vent sont les deux plus importantes opérations où on utilise la force motrice produite par le vent.

Nous ne nous occuperons que de la seconde de ces applications. Voyons d'abord quelques principes sur la force développée par la pression de l'air animé d'une certaine vitesse.

Le poids d'un litre d'air sec, à 0° de température et sous la pression de $0^m,76$, est, comme on le sait, $1^{gr},3$. Mariotte a trouvé qu'avec une vitesse de $3^m,9$ par seconde, la force du vent produit une impulsion de 179 grammes contre une surface de $1^{mq},50$. D'ailleurs la force d'impulsion du vent croît proportionnellement au carré de sa vitesse. Si l'impulsion se fait obliquement à la surface, l'effet produit n'est que celui qui dépend de la composante de la force perpendiculaire à la surface. Toutes choses égales d'ailleurs, l'effet est plus grand sur une surface concave à la direction du vent que sur une surface plane, et à plus forte raison que sur une surface convexe.

**Moulins à vent.** — Il y a deux espèces de moulins à vent : les moulins à roues horizontales, et ceux dont les ailes sont dans un plan vertical. Dans les premiers, des surfaces planes sont fixées sur le contour d'une roue horizontale, et reçoivent l'impulsion du vent qui fait tourner la roue et s'échappe par des ouvertures ménagées dans la direction opposée. Ils offrent moins d'avantages que ceux dont les ailes sont verticales ; ce sont ces derniers qui sont le plus employés et que nous allons décrire.

Quatre ailes (*fig.* 169) sont disposées symétriquement dans un plan perpendiculaire à l'arbre du moulin et lui communiquent le mouvement de rotation que celui-ci transmet à son tour aux autres parties de la machine. Les ailes se composent d'un châssis formé par une pièce fixée perpendiculairement à l'axe, et portant dans toute sa longueur des tiges perpendiculaires, comme des échelons. Ces tiges sont appelées *lattes*. Le châssis est terminé latéralement par deux traverses parallèles à celle qui porte les échelons. On étend ensuite à volonté des pièces de toile sur le châssis en bois, de manière à former une surface continue. Ordinairement cette surface, ayant à peu près la forme d'un trapèze, a 11 mètres de long sur 2 mètres de large dans sa plus grande largeur AB.

Voici maintenant comment doit être disposé ce système.

Le vent pouvant changer à chaque instant de direction, il
faut pouvoir présenter dans tous les sens le plan vertical
des ailes. Pour cela, tout le moulin est porté sur un pivot A (*fig.* 169) sur lequel il peut tourner; on effectue cette

Fig. 169.

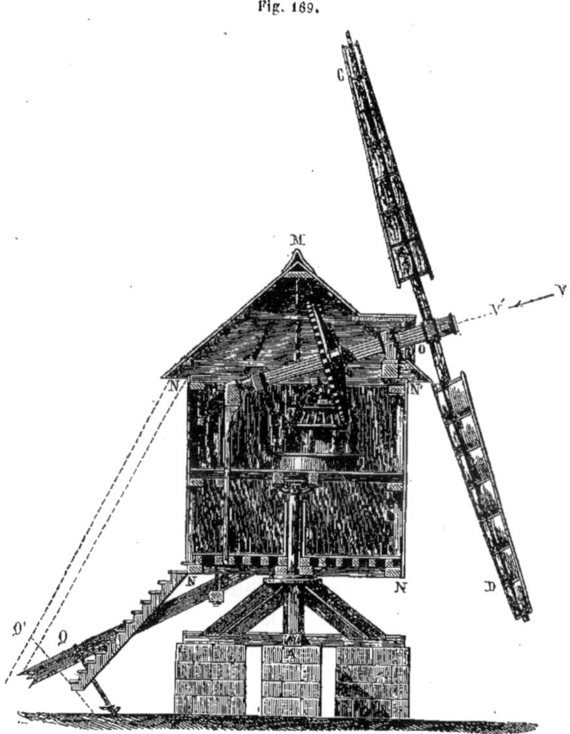

rotation au moyen d'un grand levier NQ qu'on manœuvre
à la main ou à l'aide d'un tour. Dans les moulins d'une
grande dimension, l'arbre est attaché au toit, qui seul
peut tourner à l'aide d'un levier semblable N'Q'. Ce toit

tourne sur des roulettes posées sur une galerie circulaire N'O. Cette opération s'appelle *orienter* le moulin.

Le vent n'agit presque jamais dans une direction horizontale; l'expérience fait voir que pour recevoir le plus directement possible l'impulsion du vent VV', il faut incliner l'arbre d'environ 15 ou 17 degrés sur l'horizon.

Si les ailes étaient planes et que leur plan CD reçût perpendiculairement l'impulsion du vent, on voit que la force tendrait à repousser l'arbre dans le sens OB, et n'agirait pas du tout pour le faire tourner. Il faut donc donner une inclinaison à ces ailes, et cette inclinaison doit être la même pour toutes, afin que les composantes de la force agissent de manière à les faire tourner toutes dans le même sens. Soit, en effet (*fig.* 170), $x$N la di-

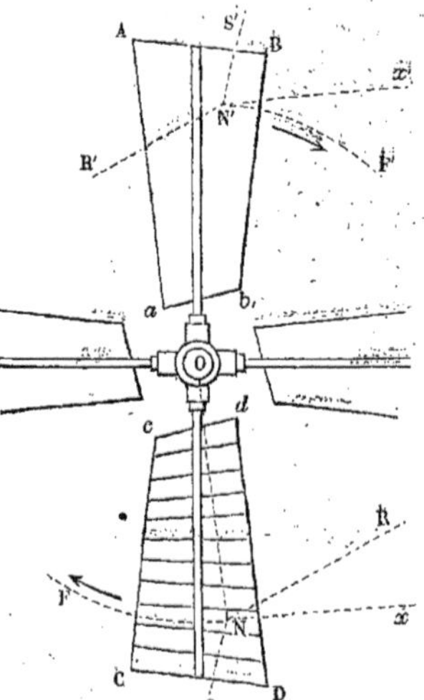

Fig. 170.

rection du vent; cette force est décomposée en deux autres, l'une, NR, perpendiculaire à la surface, et par conséquent oblique par rapport à la direction de l'axe; l'autre, NS, dirigée suivant la surface, et qui tendra à faire mouvoir les molécules de l'air le long de cette surface. La force NR, appliquée au point N, extrémité du levier NO, tendra à faire tourner l'axe dans le sens NF. De même en un autre point des autres ailes, par exemple en N', la force $x$'N' aura une composante R'N', perpendiculaire à la surface, par conséquent oblique à l'axe, et qui fera tourner le point N′ dans la direction N′F′, qui est la même que NF.

Smeaton, célèbre mécanicien anglais, a trouvé que [le maximum d'effet était produit lorsque les ailes sont inclinées de 16° à 18° sur l'axe. Ordinairement, au lieu de conserver à toute l'étendue de la surface de l'aile la même inclinaison sur la direction de l'axe, on incline de moins en moins les échelons, de manière que les derniers ne soient plus inclinés que de 7°. D'après Smeaton, les résultats obtenus par cette modification ne sont pas bien plus grands que par l'emploi des ailes planes. Cependant, les inclinaisons qui paraissent être les plus avantageuses sont dans les rapports suivants :

Au $\frac{1}{6}$ de la longueur de l'aile, à partir du centre. . 18°.

Aux $\frac{2}{6}$     —     —     —     19°.

Aux $\frac{3}{6}$     —     —     —     18°.

Aux $\frac{4}{6}$     —     —     —     16°.

Aux $\frac{5}{6}$     —     —     —     $12°\frac{1}{2}$.

Aux $\frac{6}{6}$     —     —     —     7°.

Les ailes larges produisent un plus grand effet, mais leur largeur est limitée, afin que l'air trouve toujours assez d'espace pour s'échapper après les avoir frappées ; plus les ailes sont larges, plus l'inclinaison doit être grande. La forme du trapèze vaut mieux que celle du rectangle.

Dans un temps donné, le travail fait par un moulin est proportionnel au carré de la vitesse du vent. D'ailleurs le maximum du travail est produit lorsque le nombre de tours des ailes en une minute est double du nombre de mètres parcourus par le vent en une seconde.

Lorsqu'on veut arrêter la marche du moulin, il faut serrer les voiles; on les étend de nouveau quand il doit se mettre en mouvement. Quand le vent est faible, il faut tendre toutes les voiles; s'il est trop fort, on diminue leur largeur. Dans les moulins ordinaires, ces opérations exigent un temps assez grand, et présentent souvent des dangers; dans certains moulins anglais, les voiles sont formées par des pièces séparées, maintenues par des rouleaux sur lesquels elles s'enroulent ou se déroulent d'elles-mêmes, quand la vitesse du vent devient supérieure ou inférieure à une certaine limite. Mais, à la place de ce mécanisme assez compliqué, M. Berton a imaginé un système d'ailes formées avec des lattes planes posées dans le sens de la longueur; elles se couvrent en partie les unes les autres, et, à l'aide d'un mécanisme qu'on fait mouvoir de l'intérieur du moulin, on les fait glisser de manière à présenter au vent une surface plus ou moins étendue. Mais ces ailes présentent partout la même inclinaison à la direction du vent.

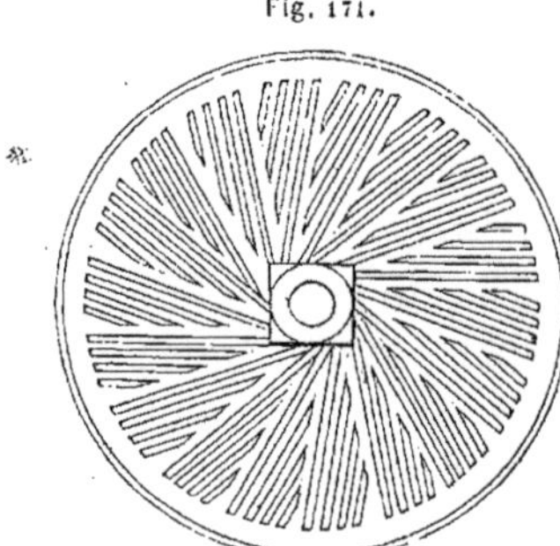

Fig. 171.

**Mouture du blé.** — Une des applications les plus intéressantes des moulins à vent est celle par laquelle on utilise ce moteur pour la mouture des grains. On se sert pour écraser le grain de deux meules en pierre, formées d'un seul bloc ou de plusieurs blocs reliés ensemble à l'aide de cercles de fer. Les surfaces au contact de ces deux meules sont sillonnées d'aspérités, ou mieux de rainures disposées dans des directions différentes des rayons, comme l'indique la figure 171. L'une de ces meules, placée au-dessous, est immobile (*fig.* 172), on l'appelle la meule *dormante;* l'autre, placée au-dessus, et nommée meule *courante*, peut recevoir un mouvement de rotation d'un arbre vertical en fer qui traverse la première; la meule courante n'a d'autre point d'appui que l'extrémité

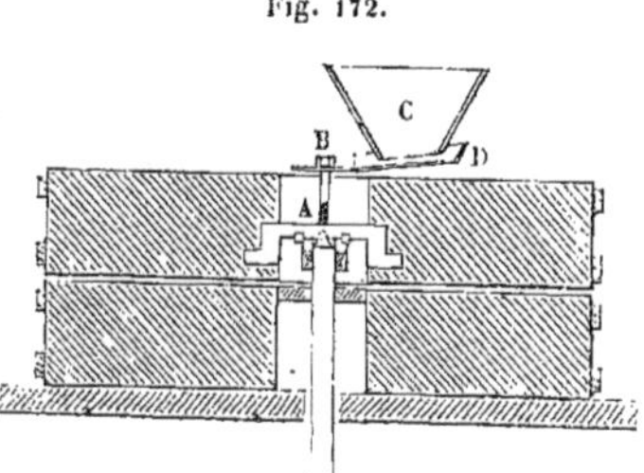

Fig. 172.

de cet arbre, sur lequel elle est fixée en A à l'aide d'une crapaudine. Une vis, placée au-dessus en B, permet de la rapprocher ou de l'éloigner à volonté de la meule inférieure. Autour du point d'appui se trouve un espace ouvert par lequel le grain peut descendre entre les deux meules; là il est entraîné par le mouvement de rotation de la meule courante et broyé entre les deux meules; ce mouvement de rotation donne au mélange de son et de farine provenant du grain une impulsion centrifuge qui le rejette dans un espace annulaire où il s'accumule, pour sortir ensuite par un trou pratiqué en un point du contour, où on recueille ce mélange. De là il est porté au *blutoir*, tamis de forme cylindrique fait d'un tissu qui laisse passer la farine et retient le son.

Le grain qui arrive entre les deux meules est déversé par une *trémie* C, dont l'extrémité aboutit à une petite auge mobile D; celle-ci reçoit, à l'aide de taquets fixés à l'arbre tournant, des impulsions qui lui font verser le grain successivement. Enfin, dans le grain de la trémie plonge un morceau de bois tenu par un cordon qui communique au moyen d'une poulie à un petit appareil destiné à faire tinter une sonnette lorsque, le grain venant à manquer dans la trémie, le morceau de bois se dégage; la sonnette avertit le meunier pour qu'il puisse de nouveau remplir la trémie.

Enfin, le mouvement de l'arbre qui fait tourner la meule est pris, à l'aide d'engrenages, à celui de l'arbre principal, qui est mû, soit à l'aide du vent, soit à l'aide d'une roue hydraulique, soit par la vapeur. Cet arbre fait ordinairement marcher deux paires de meules, et donne aussi leur mouvement aux blutoirs qui servent à tamiser la farine.

## QUESTION 26 DU PROGRAMME.

Résultats d'expériences sur la force motrice et le travail utile
développés par les moteurs animés.

**Définition et mesure du travail journalier des moteurs animés.** — Supposons un moteur animé déplaçant le point d'application d'une certaine résistance, avec une vitesse moyenne $V$ en mètres, l'unité de temps étant toujours la seconde. $P$ kilogram. étant l'effort moyen en kilogrammes qu'exerce le moteur dans le sens propre du chemin parcouru par le point d'application, $PV$ kilom. sera la quantité de travail développée par le moteur en 1 seconde. Si le moteur travaille $T$ secondes par jour, abstraction faite, bien entendu, des *relais* ou *haltes*, le travail mécanique développé sera : $PVT$ kilográmmètres.

$PVT$ est la *quantité d'action journalière* des moteurs animés.

Mais il faut remarquer, pour ne pas se former d'idées fausses à cet égard, qu'un animal est un réservoir de travail, susceptible d'être plus ou moins rapidement épuisé, et qui se reproduit par la nourriture, le repos et le sommeil. Par conséquent, la *quantité d'action journalière* des animaux doit être considérée en tant que n'épuisant pas le moteur. Il faut donc que cette *quantité d'action journalière* soit telle, que l'animal puisse indéfiniment continuer un tel travail. Il est donc très-important de chercher non pas tant la *quantité d'action journalière* qu'on pourrait faire absolument produire à un animal, que la quantité d'action supportable, c'est-à-dire ne donnant lieu qu'à une fatigue modérée.

**Conditions du maximum du travail.** — Il est important de rechercher, dans chaque cas, les conditions nécessaires pour que PVT soit un *maximum*, à égalité de fatigue journalière, et sans excès qui épuise rapidement l'animal. A cet égard, l'expérience seule a pu prononcer.

Il faut d'abord remarquer que les trois facteurs P, V, T sont susceptibles d'un maximum absolu qu'il n'est pas possible aux animaux de dépasser, mais qui s'écartent du maximum d'effet utile relatif à chaque cas.

La limite supérieure de T paraît être de dix-huit heures par jour, c'est-à-dire que quelque faible que fût la tâche journalière d'un moteur animé, il ne pourrait la supporter sans danger s'il devait chaque jour y employer dix-huit heures.

Quant à la limite de l'effort P, elle varie entre le triple et le quintuple de celui qui convient au maximum d'effet, selon les circonstances et la durée plus ou moins prolongée de cet effort.

Enfin, la vitesse limite peut être comprise, suivant les circonstances de durée du travail, pour l'homme entre quatre et six fois, pour le cheval entre douze et quinze fois la vitesse la plus convenable au travail.

Les moteurs animés ont la faculté très-précieuse d'accroître d'une manière considérable le travail PV développé dans une seconde. Mais cela ne peut avoir lieu qu'en dépensant très-rapidement la quantité de force dont ils disposent ; alors il leur faut de fréquents repos. Cette faculté est souvent très-utile dans l'industrie. Cela a lieu toutes les fois que le travail doit être intermittent au lieu d'être continu. Mais si on considère d'une manière absolue les quantités de travail produites dans l'action continue et dans l'action intermittente, il semble résulter des expériences, malgré quelques observations de Coulomb, que le travail continu produit un *travail mécanique* plus considérable que le travail intermittent. Ainsi, par exemple, il paraît que les hommes appliqués à une *sonnette*, exerçant d'une manière intermittente un effort de 18 kilogrammes, produisent un effet journalier moindre que des scieurs de long qui agissent d'une manière continue avec un effort de 5 ou 6 kilogrammes, mais avec une vitesse, il est vrai, plus grande.

Il résulte des expériences de M. Hubert, ingénieur en chef de la marine, que le travail journalier développé par des forgerons frappant jusqu'à 2,560 coups, avec des marteaux de $7^{kil}$,065 mus en avant, s'élevait à 67000 kilogrammètres.

En frappant avec les mêmes marteaux mus avec une vitesse plus grande, les hommes faisant décrire d'arrière en avant une circonférence entière à leur marteau, le nombre des coups ne s'éleva qu'à 1690, et le travail à 65533 kilogrammètres. Enfin, M. Hubert pense que le travail augmente à mesure que le poids du marteau diminue, et que le marteau des cloutiers est celui qui donne le plus de travail journalier, à égalité de fatigue. C'est qu'alors l'action est plus continue, et le travail par seconde moindre. Ainsi, on peut admettre que dans ce cas-là le travail journalier peut s'élever jusqu'à 65533 kilogrammètres.

**Résultats des expériences relatives au travail mécanique des moteurs animés.** — Nous allons donner le tableau du travail journalier développé par les moteurs animés dans diverses circonstances. Ce tableau est dû essentiellement à M. Navier. Les données numériques de ce tableau concernent uniquement les valeurs de la vitesse, de l'effort et du temps qui paraissent le plus avantageux dans chaque cas spécial. Ces résultats ne doivent être regardés que comme des termes moyens susceptibles de s'écarter, en plus ou en moins, de $\frac{1}{4}$ à $\frac{1}{5}$ du travail effectif, selon les diverses circonstances où se trouve placé chaque moteur.

Du reste, on peut, sans changer sensiblement l'effort journalier indiqué dans le tableau, faire varier soit l'effort, soit la vitesse, pourvu que leur produit ne soit pas trop changé, ou que la durée de la journée soit modifiée en conséquence. Il faut remarquer dans ce tableau que les vitesses indiquées dans la troisième colonne sont les vitesses moyennes effectivement observées dans le travail, quand il s'agit d'une action continue ; mais, dans une action intermittente, elles peuvent se trouver réduites à la moitié des vitesses effectives, attendu qu'elles ont été obtenues en divisant le chemin décrit seulement pendant l'action par la durée entière de chaque période comprenant, par exemple, une allée en charge et un retour à vide ; enfin, quand il s'agit de poids élevés, les vitesses et les quantités de travail sont mesurées sur la verticale, tandis que, dans le cas des machines, elles le sont sur la direction du chemin rectiligne ou circulaire décrit par le point même de cette machine auquel le moteur est appliqué.

*TABLEAU des quantités de travail journalier que peuvent fournir les moteurs animés dans diverses circonstances.*

| NATURE DU TRAVAIL. | POIDS élevé ou EFFORT exercé. | VITESSE ou CHEMIN parcouru par seconde. | TRAVAIL par seconde. | DURÉE du TRAVAIL journalier. | QUANTITÉ de TRAVAIL journalier. |
|---|---|---|---|---|---|
| **1° Élévation verticale des poids.** | kilog. | mètres. | k × m | heures. | k × m |
| Un homme montant une rampe douce ou un escalier, sans fardeau, son travail consistant dans l'élévation du poids de son corps . . . . . . . | 65 | 0,15 | 9,75 | 8 | 280800 |
| Un manœuvre élevant des poids avec une corde et une poulie, ce qui l'oblige à faire descendre la corde à vide. . . . . | 18 | 0,20 | 3,6 | 6 | 77760 |
| Un manœuvre élevant des poids en les soulevant avec sa main. . . . . . | 20 | 0,17 | 3,4 | 6 | 73440 |
| Un manœuvre élevant des poids en les portant sur son dos au haut d'une rampe douce ou d'un escalier, et revenant à vide. | 65 | 0,4 | 2,6 | 6 | 56160 |
| Un manœuvre élevant des matériaux avec une brouette, en montant une rampe au 1/12, et revenant à vide.. . . . | 60 | 0,12 | 1,2 | 6 | 43200 |
| Un manœuvre élevant des terres à la pelle à la hauteur moyenne de 1m,60. | 27 | 0,40 | 1,08 | 10 | 38880 |
| **2° Action sur les machines et outils.** | | | | | |
| Un manœuvre agissant sur une roue à cheville ou à tambour : | | | | | |
| 1° Au niveau de l'axe. . . | 60 | 0,15 | 9 | 8 | 259200 |
| 2° Vers le bas de la roue.. | 12 | 0,70 | 8,4 | 8 | 251120 |
| Un manœuvre marchant et poussant, ou tirant hori- | | | | | |

| NATURE DU TRAVAIL. | POIDS élevé ou EFFORT exercé. | VITESSE ou CHEMIN parcouru par seconde. | TRAVAIL par seconde. | DURÉE du TRAVAIL journalier. | QUANTITÉ de TRAVAIL journalier. |
|---|---|---|---|---|---|
| | kilog. | mètres. | $k \times m$ | heures. | $k \times m$ |
| zontalement d'une manière continue. . . . . | 12 | 0,60 | 7,2 | 8 | 207360 |
| Un manœuvre agissant sur une manivelle. . . . . | 6 | 0,75 | 4,5 | 8 | 172800 |
| Un manœuvre exercé poussant et tirant alternativement dans le sens vertical . . . . . . . . . | 8 | 0,75 | 9 | 10 | 162000 |
| Un cheval attelé à une voiture et allant au pas.. . | 70 | 0,90 | 63 | 10 | 2168000 |
| *Id., id.,* allant au trot. . . | 44 | 8,20 | 96,8 | 4,5 | 1568160 |
| Un cheval attelé à un manége et allant au pas. . | 45 | 0,90 | 40,5 | 8 | 1166400 |
| *Id., id.,* allant au trot . . | 30 | 2 | 60 | 4,5 | 972400 |
| Un bœuf attelé à un manége et allant au pas. . | 60 | 0,60 | 36 | 8 | 1036800 |
| Un mulet attelé de même et allant au pas.. . . . | 30 | 0,90 | 27 | 8 | 777600 |
| Un âne *id., id.* . . . . . | 14 | 0,80 | 11,2 | 8 | 322560 |

**Observations générales sur ce tableau**. — On peut se servir de ce tableau, comme nous l'avons déjà remarqué, de manière à obtenir à peu près le même travail journalier, quoique dans des circonstances différentes.

Prenons le cas, indiqué dans le tableau, où un manœuvre agit sur une manivelle. Il exerce un effort de 8 kilogrammes avec une vitesse de $0^m,75$, ce qui produit, par 1 seconde, un travail de $6^{k \times m}$. Si ce travail est continué pendant 8 heures, on aura un travail journalier de $172,800^{k \times m}$. Supposons maintenant qu'on veuille produire sur la manivelle un effort de 14 kilogrammes au lieu de 8 kilogrammes ; en diminuant la vitesse dans la même proportion, elle devra être $0^m,4$ : alors le travail par 1 seconde sera $5^{km},6$. Dès lors, pour avoir à peu près le même travail journalier que dans le premier cas, il faudra augmenter le nombre des relais et réduire le travail à 7 heures : on obtiendra ainsi pour le travail journalier $176\,400^{k\times m}$, résultat qui ne surpasse que de $\frac{1}{48}$ le résultat porté au tableau.

Le tableau précédent nous fournit aussi un moyen de voir quelle est la meilleure manière d'utiliser la force de l'homme.

Ainsi, on y verra que le travail fourni par le manœuvre employé à élever des terres à la pelle est le plus faible de tous. Il est la moitié de celui fourni par le manœuvre qui élève des poids avec une corde ou une poulie, ou en les soutenant avec la main. Cela se conçoit *à priori*, le pelleur étant dans une position forcée, qui absorbe inutilement une grande partie de ses efforts. On explique de même pourquoi Coulomb, examinant le travail journalier fourni par l'homme qui laboure la terre à la bêche, l'a trouvé égal à $34\,330^{k\times m}$, c'est-à-dire moindre encore que celui du pelleur.

Enfin, ce tableau nous fait voir que la plus grande quantité journalière de travail, fournie à égalité de fatigue, consiste dans l'élévation seule que fait l'homme de son propre corps. Elle est de $280\,800^{k\times m}$, c'est-à-dire sept fois plus grande que celle du pelleur. On a utilisé effectivement cette quantité de travail disponible, en se servant de la descente de l'homme de la hauteur à laquelle il s'est élevé par un escalier ou une échelle, pour élever un fardeau égal à son poids. M. Coignet a appliqué cette méthode aux travaux de terrassement du fort de Vincennes, au moyen d'un appareil fort simple. Il consiste dans l'emploi d'une corde passant sur une grande poulie, et armée, à ses extrémités, de deux plateaux dont l'un porte l'homme et l'autre le poids à monter.

On voit encore combien l'action de l'homme agissant par son propre poids est la plus avantageuse de toutes, en exerçant son action par les roues à chevilles ou à tambour mentionnées dans le tableau précédent. L'homme agit ici essentiellement à l'aide de son poids, soit en grimpant ou montant sur les chevilles comme sur une échelle ordinaire, soit en cheminant vers le bas et dans l'intérieur du tambour, sur la rampe légèrement inclinée offerte par son plancher qui, à cet effet, est armé de liteaux en saillie pour empêcher les pieds de glisser.

On a en Angleterre fréquemment employé la force des prisonniers de cette manière, en modifiant l'appareil ci-dessus indiqué. On armait extérieurement des roues de $1^m,3$ à $1^m,5$ de diamètre, mais très-larges, de véritables marches ou planchettes comprises entre deux couronnes circulaires, et sur lesquelles les hommes montaient souvent au nombre de vingt, en s'appuyant des mains contre une perche placée à la hauteur de la poitrine.

On peut dire qu'en général la manière la plus avantageuse d'utiliser la force de l'homme, c'est d'employer son propre poids et de faire agir la force musculaire de ses jambes.

**Comparaison entre le travail réel des chevaux et celui du cheval fictif des machines à vapeur.** — Ce furent Watt et Boulton qui introduisirent le cheval-vapeur, dont la valeur ou le travail mécanique est, d'après leur estimation primitive, à peu près de $75^{km}$ par seconde, ce travail étant censé continuer uniformément pendant 24 heures.

Quant aux chevaux réels, notre tableau nous donne celui d'un cheval employé au manège. Un très-grand nombre d'expériences diverses ont confirmé un tel résultat. En admettant donc le chiffre de $40^{k \times m}$ pour l'effet utile, par 1 seconde, des chevaux attelés au manège, et observant qu'il est seulement relatif à 8 heures de travail sur 24 heures, on trouvera que le cheval des machines à vapeur équivaut à 5,56 de ceux dont il s'agit.

Au contraire, en établissant la comparaison avec le cheval attelé aux voitures ordinaires, on arrivera à un résultat beaucoup plus avantageux et presque double ; ce qui tient à ce que, dans ce cas, le tirage se fait à l'air libre, d'une manière directe, et suivant l'allure la plus naturelle aux animaux.

**Du transport horizontal des fardeaux.** — Le transport horizontal des fardeaux par les moteurs animés va nous fournir une nouvelle occasion de revenir sur la notion de travail mécanique, et de bien faire sentir la nécessité de ne pas confondre l'*effet utile* de plusieurs travaux industriels avec ce que nous avons spécialement appelé *travail* mécanique. Ainsi, un individu qui transporte son fardeau ne développe pas de travail mécanique, puisque l'effort est perpendiculaire au chemin parcouru. Cependant, il y a dans ce cas-là un effet utile, qu'il est convenable de mesurer, puisqu'il se paye.

Lorsque les moteurs animés effectuent au moyen d'une traction un transport horizontal, il y a bien un travail mécanique développé, mais il diffère beaucoup de l'effet utile. Le perfectionnement même de ce genre de transport consiste essentiellement à diminuer de plus en plus le travail mécanique, qui correspond à un effet utile déterminé.

Aussi, Coulomb et d'autres observateurs se sont proposés de mesurer ce genre de travail, mais en mesurant alors l'effet utile, et non pas le travail mécanique produit; on a pris pour unité le poids d'un kilogramme transporté à un mètre de distance, et l'effet utile est alors mesuré par le produit du poids entier et du chemin par heure. Nommant ici P le poids dont il s'agit, V le chemin moyennement décrit dans chaque seconde, et T le nombre total de secondes employé chaque jour, l'effet utile journalier sera mesuré par le produit P. V. T, comportant le même signe d'observation (km) que le travail mécanique véritable.

Nous allons donner un tableau, emprunté à M. Navier, des effets utiles produits dans le transport horizontal des fardeaux, par les moteurs animés, dans diverses circonstances.

*TABLEAU des effets utiles que peuvent produire l'homme et les animaux, dans le transport horizontal des fardeaux, considéré en diverses circonstances.*

| NATURE DU TRANSPORT. | POIDS TRANS-PORTÉ. | VITESSE ou CHEMIN parcouru par seconde. | EFFET UTILE par seconde, exprimé en kilog. transportés à 1 mètre. | DURÉE de L'ACTION journalière. | EFFET UTILE PAR JOUR. |
|---|---|---|---|---|---|
| | kilog. | mètres. | $k \times m$ | heures. | $k \times m$ |
| Un homme marchant sur un chemin horizontal, sans fardeau, son travail consistant dans le transport du poids de son corps | 65 | 1,50 | 97,5 | 10 | 3510000 |
| Un manœuvre transportant des matériaux dans une | | | | | |

| NATURE DU TRANSPORT. | POIDS TRANS-PORTÉ. | VITESSE ou CHEMIN parcouru par seconde. | EFFET UTILE par seconde, exprimé en kilog. transportés à 1 mètre. | DURÉE de L'ACTION jour-nalière. | EFFET UTILE PAR JOUR. |
|---|---|---|---|---|---|
|  | kilog. | mètres | k × m | heures | k × m |
| petite charrette ou camion à 2 roues, et revenant à vide chercher de nouvelles charges. . . . | 100 | 0,50 | 50 | 10 | 1800000 |
| Un manœuvre transportant des fardeaux dans une brouette, et revenant à vide chercher de nouvelles charges. . . . . | 60 | 0,50 | 30 | 10 | 1080000 |
| Un homme voyageant en portant des fardeaux sur son dos. . . . . . . | 40 | 0,75 | 30 | 7 | 756000 |
| Un manœuvre transportant des matériaux sur son dos, et revenant à vide chercher de nouvelles charges. . . . . . . . | 65 | 0,50 | 32,5 | 6 | 702000 |
| Un manœuvre transportant des fardeaux sur une civière et revenant à vide chercher de nouvelles charges. . . . . . . | 50 | 0,33 | 16,5 | 10 | 594000 |
| Un manœuvre employé à jeter de la terre au moyen de la pelle, à 4 m. de distance horizontale. . . | 2,7 | 0,68 | 1,8 | 10 | 64800 |
| Un cheval transportant des fardeaux sur une charrette, et marchant au pas, continuellement chargé. | 700 | 1,10 | 770 | 10 | 27720000 |
| Un cheval attelé à une voiture, et marchant au trot, continuellement chargé. | 350 | 2,20 | 770 | 4,5 | 12474000 |
| Un cheval transportant des fardeaux sur une charrette au pas, et revenant à vide chercher de nouvelles charges . . . . . | 700 | 0,60 | 420 | 10 | 15120000 |
| Un cheval chargé sur le dos et allant au pas. . . . . | 120 | 1,10 | 132 | 10 | 4752000 |
| Un cheval chargé sur le dos et allant au trot . . . . | 80 | 2,20 | 176 | 7 | 4435000 |

On voit, d'après ce tableau, que dans ce genre de travail la meilleure manière d'employer l'homme, c'est de lui faire traîner une charrette à deux roues, après quoi c'est la brouette qui offre le plus d'avantages [1].

[1] Ce que nous avons dit sur le travail des moteurs animés est emprunté à M. Poncelet. Du reste, les emprunts faits à ses œuvres sont trop nombreux pour que nous ayons dû le citer chaque fois.

# QUESTIONS 27, 28, 29, 30, 31 ET 32 DU PROGRAMME.

## MACHINES A VAPEUR.

Machines à vapeur. — Description sommaire des principaux systèmes en usage. — Action de la vapeur. — Effets de la détente, de la condensation. — Description et effets utiles 1° de la machine à basse pression de Watt; 2° de la machine à détente et à condensation à un ou deux cylindres; 3° des machines à haute pression à détente et sans condensation; 4° des machines à haute pression sans détente ni condensation. — Quantités de charbon brûlées par force de cheval, dans ces diverses machines. — Des machines locomotives.

La force expansive de la vapeur d'eau constitue, depuis une centaine d'années, l'un des moteurs les plus puissants et les plus répandus de l'industrie. Son emploi, d'abord limité à un très-petit nombre d'opérations, s'est étendu d'une manière si générale et si féconde que les machines à vapeur constituent maintenant la plus importante des forces utilisées dans la mécanique. Nous allons essayer de faire connaître, avec tous les détails que comporte l'étendue de ce cours, les divers systèmes employés jusqu'à ce jour. Mais, pour bien faire comprendre l'importance de chacune des modifications que nous avons à étudier, nous examinerons successivement les divers perfectionnements qui s'y sont introduits, en conservant autant que possible leur ordre historique. Nous pourrons ensuite décrire d'une manière plus spéciale l'ensemble des machines qui sont maintenant en usage.

I. Rappelons d'abord succinctement les principes de physique relatifs à la formation de la vapeur et à sa force élastique.

Lorsqu'un liquide est exposé dans un espace vide ou déjà rempli d'un gaz quelconque, une partie de ce liquide entre en vapeur et sature l'espace qui lui est offert ; la quantité de vapeur qui se produit dépend uniquement de la température ; elle se produit très-vite dans un espace vide, plus lentement dans un espace rempli d'un autre gaz ; mais la quantité de vapeur qui se dégage à une certaine température reste la même, et sa force élastique y acquiert un maximum, appelé *maximum de tension* ; l'espace est alors *saturé*. Il faut, bien entendu, pour être certain que l'espace est saturé, ou que la vapeur a son maximum de tension, qu'il y ait du liquide en excès et qu'il ne se forme plus de nouvelle vapeur. Lorsque l'espace est vide, la pression exercée sur les parois de l'enceinte est uniquement due à la tension de la vapeur pour la température à laquelle on opère ; s'il s'y trouve déjà un autre gaz, la force élastique du mélange est égale à la somme des forces élastiques du gaz et de la vapeur.

Lorsque l'espace est vide, la vapeur s'y produit instantanément avec ébullition ; lorsqu'il est soumis à une pression due à l'atmosphère gazeuse qui est au-dessus de lui, il arrive une certaine température pour laquelle la tension de la vapeur devient égale à la pression qu'il supporte ; le liquide entre alors seulement en ébullition : pour l'eau, l'ébullition a lieu à 100°, sous la pression atmosphérique normale ou équivalente à $0^m,76$ de mercure ; on conçoit dès lors qu'en augmentant convenablement la pression, on puisse retarder à volonté le point d'ébullition du liquide.

La tension maximum de la vapeur d'eau ne croît pas proportionnellement à la température ; elle croît, au contraire, très-rapidement à mesure que la température s'élève. Il faut donc construire des tables si on veut connaître la tension de la vapeur d'eau aux diverses températures. Ces tables, construites d'abord par Dalton et Gay-Lussac, ont été ensuite étendues avec soin par Dulong et Arago, et revues par M. Regnault jusqu'à la pression de 28 atmosphères. Voici les résultats tels qu'ils sont aujourd'hui adoptés.

| TEMPÉRATURES. | TENSION DE LA VAPEUR. | TEMPÉRATURES. | TENSION DE LA VAPEUR. |
|---|---|---|---|
| 100 | 1 | 198,8 | 15 |
| 120,6 | 2 | 201,9 | 16 |
| 133,9 | 3 | 204,9 | 17 |
| 144 | 4 | 207,7 | 18 |
| 152,2 | 5 | 210,4 | 19 |
| 159,2 | 6 | 213 | 20 |
| 165,3 | 7 | 215,5 | 21 |
| 170,8 | 8 | 217,9 | 22 |
| 175,8 | 9 | 220,3 | 23 |
| 180,3 | 10 | 222,5 | 24 |
| 184,5 | 11 | 224,7 | 25 |
| 188,4 | 12 | 226,8 | 26 |
| 192,1 | 13 | 228,9 | 27 |
| 195,5 | 14 | 230,9 | 28 |

La pression d'une atmosphère, représentée par une colonne de mercure de 76 centimètres de hauteur, donne, en l'évaluant en unités de poids, $1^k,03$ par centimètre carré de surface ou 103 kilogrammes pour un décimètre carré; il est donc facile d'évaluer au moyen de ce nombre la pression supportée par une surface sur laquelle presse de la vapeur à une température connue.

Enfin, on sait que si, dans un espace saturé de vapeur à une certaine température, cette température vient à s'abaisser, la vapeur, ne pouvant plus conserver le même maximum de tension, se condense en partie jusqu'à ce que

celle qui reste n'ait plus que la tension correspondante à la
température la plus basse. Il suffit, pour que cette condensation ait lieu, qu'un seul point de l'enceinte ait cette température plus basse, ou que cette enceinte soit mise en
communication avec un espace plus froid; la vapeur prendra finalement la tension correspondante au point le plus
froid de l'enceinte ou des enceintes avec lesquelles elle
communique.

II. Denys Papin, physicien français, proposa le premier une machine où il utilisait les effets mécaniques de
la vapeur d'eau, combinés avec la pression atmosphérique,
dans le but de produire une force propre à élever un poids à
une certaine hauteur. Son appareil, inapplicable dans l'industrie, n'en doit pas moins être cité comme étant la première tentative faite pour employer la vapeur d'eau comme
moteur.

Un cylindre A B (*fig.* 173) contient à sa partie infé-

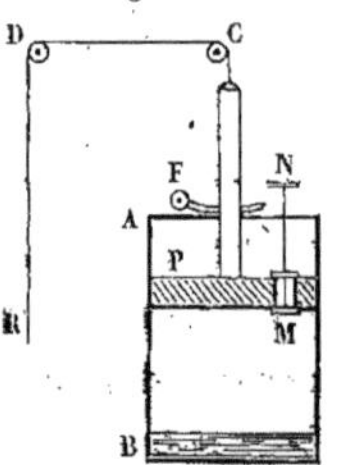


rieure une petite couche d'eau; un
piston P, muni d'une ouverture M
qu'on ouvre à l'aide d'une tige N, peut
glisser dans le cylindre. En ouvrant
M, l'air s'échappe par cette ouverture
et l'on peut faire descendre le piston
jusqu'à la couche d'eau. Si l'on approche alors un réchaud, l'eau contenue dans le cylindre dégage de la vapeur, et quand la
tension de cette vapeur est devenue supérieure à celle de
l'atmosphère, le piston est soulevé jusqu'au plus haut
de sa course. On arrête alors le piston par un taquet F,
on éloigne le réchaud, la vapeur se condense, et il se fait
le vide au-dessous du piston. Si maintenant on enlève
le taquet F, le piston abandonné à lui-même et sous la

pression de l'atmosphère se précipite au bas du cylindre en entraînant une chaîne CDR, à l'aide de laquelle on peut soulever des poids. On peut ainsi recommencer autant de fois qu'on veut la même opération.

Savery, ingénieur anglais, appliqua la force produite par la tension de la vapeur à l'élévation de l'eau dans les mines. Mais, au lieu du moteur universel proposé par Papin, la machine de Savery ne peut s'appliquer qu'au cas spécial de l'élévation d'une colonne d'eau. La vapeur d'eau agit directement par la pression sans l'intermédiaire d'un piston, et l'effet produit ne peut pas être transformé comme le mouvement de va-et-vient du piston. Une chaudière A (*fig.* 174) produit de la vapeur qui vient presser la surface de l'eau contenue dans un vase métallique B, communiquant avec un tube FE, qui plonge dans le réservoir de l'eau qu'on veut élever de F en E. L'eau du vase B presse sur une soupape *a*, s'ouvrant de bas en haut, et la maintient fermée ; elle soulève au contraire la soupape *b*, et s'élève dans le tube vers le réservoir supérieur. Lors-

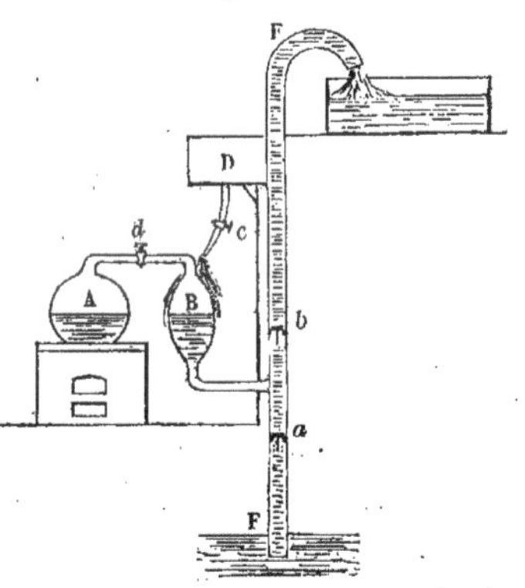

Fig. 174.

que l'eau de B s'est ainsi écoulée, on ferme le robinet *d*, qui le met en communication avec la chaudière ; un robinet *c* laisse couler de l'eau froide d'un réservoir D : la vapeur de B se condense, le vide se fait, la pression atmosphérique fait monter le liquide de F dans le tube en soulevant la soupape *a*, et le réservoir B se remplit ainsi de nouveau. En ouvrant ensuite *d*, on recommence la même opération. On voit bien que ce système, que nous ne citons que pour lui conserver la place qu'il occupe dans l'histoire de l'invention des machines à vapeur, ne pouvait pas conduire à des applications générales où l'on pût utiliser la production de la force motrice de la vapeur.

La même question de l'élévation de l'eau dans les mines donna lieu à l'invention de la pompe à feu de Newcomen. Une chaudière M (*fig.* 175) donne de la vapeur à un cy-

Fig. 175.

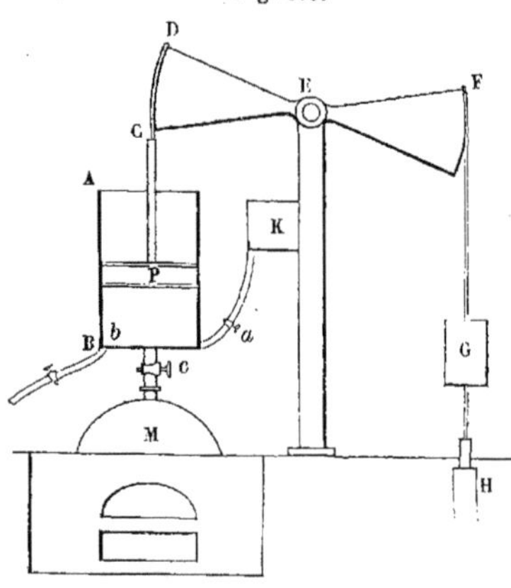


lindre AB dans lequel se meut un piston P ; celui-ci est attaché à une chaîne qui s'enroule sur un lourd balancier CDF, pouvant tourner autour d'un point d'appui E. En F est attachée une chaîne avec un contre-poids, laquelle est reliée au piston de la pompe destinée à l'épuisement de l'eau dans la mine.

Lorsque la vapeur arrive sous le piston P, sa force élastique le soulève et le contre-poids s'abaisse. On fait alors arriver, par un canal *a*, de l'eau froide dans le cylindre ; la vapeur se condense, le vide se fait, et la pression atmosphérique agissant sur le piston le force à redescendre ; l'eau provenant de la condensation de la vapeur s'écoule par le canal *b*; il suffit donc de fermer et d'ouvrir alternativement les robinets *c* et *a*, pour faire arriver de la vapeur et la condenser. Tel est le principe de la machine de Newcomen dans laquelle l'effet dépend surtout de la pression atmosphérique exercée sur le piston, et peut, par conséquent, être rendu aussi grand que l'on veut en agrandissant la surface de ce piston.

James Watt, ingénieur anglais, auquel était réservée l'invention de la véritable machine à vapeur moderne et de la plupart des perfectionnements qui l'ont rendue si universellement applicable, avait vu que dans la machine de Newcomen, qu'il s'était d'abord appliqué à perfectionner, une grande quantité de force n'était pas employée, et que, par suite, une énorme quantité de combustible était consommée en pure perte. Lorsqu'on amène, en effet, l'eau froide pour produire la condensation, le cylindre se trouve refroidi, et, par suite, la vapeur qui y arrive de nouveau de la chaudière est en partie condensée à son entrée dans le cylindre, jusqu'à que celui-ci ait pris une température assez élevée. Il imagina alors de condenser la vapeur en dehors du cylindre, de manière que celui-ci ne fût plus refroidi par cette condensation. L'introduction de ce condenseur diminua aussitôt de plus de moitié la dépense du combustible. Sa première machine, appelée *à simple effet*, construite d'après ce nouveau principe, peut être théoriquement représentée de la manière suivante.

Soit AB (*fig.* 176) le cylindre, dans lequel se meut un piston P qui peut être soulevé, comme dans la machine de Newcomen, par un contre-poids ; le cylindre communique par une ouverture *a* avec la chaudière où se produit

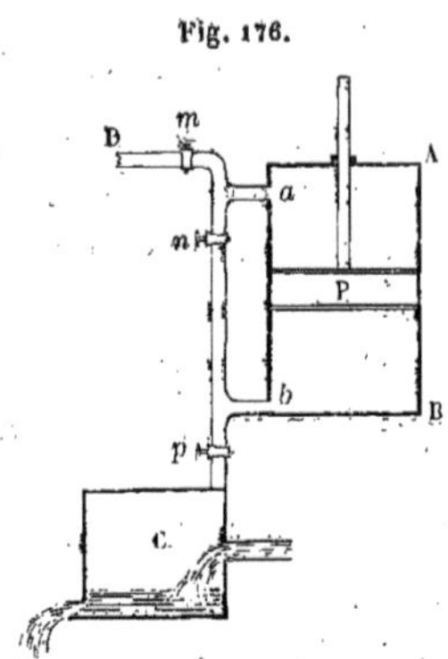

Fig. 176.

la vapeur, et par une autre ouverture *b* avec le condenseur C, dans lequel est constamment entretenu un courant d'eau froide. Un tuyau de communication entre *a* et *b* est fermé à l'aide d'un robinet *n*. Supposons d'abord *m* et *p* ouverts ; la vapeur arrive à la partie supérieure du piston P, l'air ou la vapeur contenus à la partie inférieure sont rejetés dans le condenseur ou réfrigérant C. Le piston descend ; lorsqu'il est au plus bas de sa course, on ferme *m* et *p* et l'on fait communiquer *a* et *b* en ouvrant le robinet *n* ; la vapeur se répand tout aussi bien au-dessous du piston qu'au-dessus, la pression est la même dans les deux sens, le contre-poids fait remonter le piston. On ferme *n*, on ouvre de nouveau *m* et *p*, et la marche du piston recommence comme dans la première opération. La difficulté pour le moment est de fermer et d'ouvrir les robinets *m*, *n*, *p*, car c'est d'eux seuls que dépend tout le jeu de la machine ; nous verrons plus tard par quel mécanisme ingénieux on a pu se servir du mouvement même du piston, pour fermer et ouvrir ces robinets qui dans le principe étaient manœuvrés à la main.

Mais il y avait encore dans cette machine une interruption d'effet manifeste, qui aurait empêché son application comme moteur dans les autres travaux de l'industrie. Une série de découvertes de l'illustre ingénieur, et en première ligne l'invention de la machine *à double effet*, amenèrent bientôt la solution satisfaisante du problème.

Quatre ouvertures, A, B, A′, B′ (*fig.* 177), font communiquer la partie supérieure du piston et la partie inférieure avec la chaudière et le condenseur. Le canal G amène la vapeur de la chaudière, le canal R établit la communication avec le condenseur. Supposons ouverts les deux robinets A et B′, et fermés les deux robinets B et A′; la vapeur arrive à la partie supérieure du

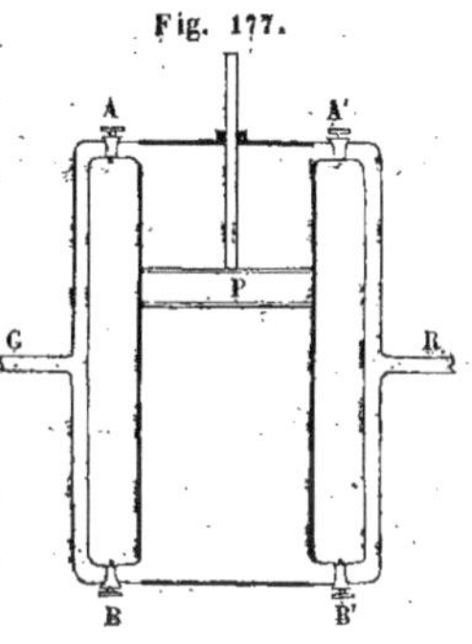



piston et la partie inférieure communique avec le condenseur ; dès lors le vide se fait à la partie inférieure du cylindre par la condensation de la vapeur et le piston est poussé vers le bas. Ouvrons ensuite B et A′, et fermons A et B′ ; la vapeur arrive au-dessous du piston, et la partie supérieure communique avec le condenseur ; la pression de la vapeur pousse alors le piston de bas en haut ; et l'on continue ainsi en ouvrant alternativement A et B′, B et A′. Dans cette machine ce n'est plus la pression de l'air ni le contre-poids qui agissent sur le piston ; c'est la vapeur qui produit tout le travail ; il n'y a plus qu'à trouver le moyen de faire manœuvrer d'eux-mêmes les robinets A, A′, B, B′, et à transformer le mouvement ascendant et descendant du piston. Nous ne nous occupons pour le moment que des effets mécaniques produits par la vapeur, nous verrons bientôt les organes divers qui servent à la transformation du mouvement.

Une des dernières inventions de Watt fut l'emploi de la *détente* dans les machines à vapeur, au moyen de laquelle on peut arriver à produire les mêmes effets avec la moitié et même le tiers de la vapeur employée jusqu'ici. Cette invention peut donc être mise pour son importance au même rang que celle du condenseur.

Lorsque la vapeur arrive de la chaudière par le robinet A, par exemple, comme elle agit constamment avec la même force sur la surface du piston, celui-ci a une vitesse de plus en plus grande et arrive au bas de sa course avec une vitesse maximum. Il en résulte un choc et un ébranlement dans la machine à chaque coup de piston, et de plus la marche de ce piston ne s'effectue pas avec régularité. Au lieu de cela, si on ne laisse pénétrer la vapeur que pendant la moitié ou le tiers de la course du piston, et qu'on intercepte alors la communication avec la chaudière, la vapeur, agissant toujours dans l'espace où elle est enfermée, poussera encore le piston par sa force expansive ou sa *détente*, et celui-ci continuera à se mouvoir dans le même sens; la vitesse du piston n'ira plus en augmentant; l'effet dynamique ne sera plus aussi grand, mais les chocs n'auront plus lieu et la quantité de vapeur dépensée sera beaucoup moindre. On agira avec le robinet B, comme on a fait avec le robinet A. L'emploi de la détente consiste donc à ne pas laisser pénétrer la vapeur pendant tout le temps de la course du piston, ou à en laisser pénétrer une quantité moindre; ce procédé aura de plus l'avantage de régulariser la marche du piston.

Après Watt, la dernière modification au moyen de laquelle on a pu réaliser une nouvelle économie de combustible et produire de plus grands effets avec une quantité moindre de vapeur est celle de Woolf, dans laquelle on uti-

lise encore la détente de la vapeur. On emploie deux cylindres M et N (*fig.* 178), le diamètre du second est plus

Fig. 178.

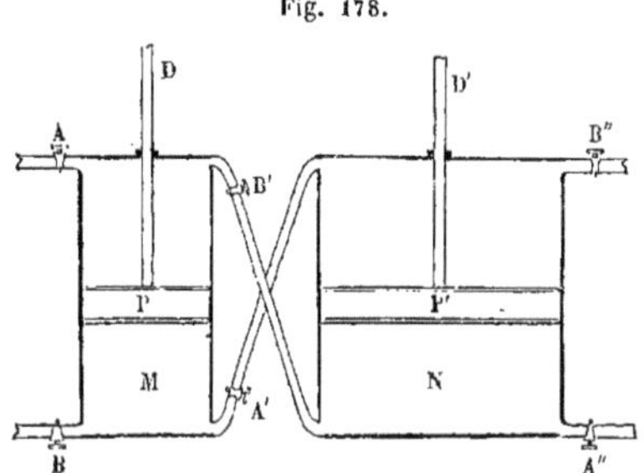

grand que celui du premier. Les pistons P et P′ sont
maintenus par leurs tiges à la même hauteur, de manière
à s'élever ou à s'abaisser ensemble et à produire, par conséquent, le même effet. On ouvre en même temps A, A′, A″ :
la vapeur arrive de la chaudière par A et presse la partie
supérieure du piston P ; en même temps la vapeur qui est
au-dessous passe par A′ sur le piston P′ dans le cylindre N,
où, en continuant à agir par sa détente, elle presse P′. Cette
vapeur enfermée dans l'espace compris entre les deux pistons agit bien, il est vrai, pour empêcher P de descendre
en le pressant de bas en haut, et si les surfaces de P et de P′
étaient égales, ce qu'on gagnerait en P′ on le perdrait en P ;
mais la surface de P′ étant plus grande, l'effet total qui est
produit est égal à celui qui s'exerce de haut en bas sur P,
plus une pression de haut en bas sur P′, égale à la différence de pression sur les deux surfaces inégales. En même
temps, la vapeur qui est au-dessous de P′ se rend par A″
dans le condenseur. En fermant A, A′, A″, et en ouvrant
B, B′, B″, il se produira sous les pistons le même effet qui
s'est produit en dessus, à l'aide de la vapeur qui arrive de

la chaudière par B et se rend par B'' dans le condenseur ;
par cette disposition la même quantité de vapeur donne
lieu à la production d'une plus grande quantité de travail.

Les machines à double effet de Watt peuvent marcher
à une pression égale ou même inférieure à celle d'une
atmosphère, ce sont alors des machines à *basse pression*.
Dans les machines à *haute pression*, on fait agir la vapeur
à une pression plus forte qui peut aller jusqu'à huit atmosphères. Le plus souvent, dans les machines à détente,
la pression primitive étant de cinq atmosphères, on dispose
la machine de manière que le volume primitif occupé par
la vapeur, qui arrive de la chaudière, s'étende jusqu'à devenir à peu près cinq fois plus grand, de sorte que la pression de la vapeur à la fin de la course du piston est descendue à une pression atmosphérique.

Enfin, pour plus de simplicité, et surtout dans les machines locomotives qui marchent à une haute pression, on
peut supprimer le condenseur. Dans ce cas, la vapeur chas-
sée par le piston se rend directement dans l'atmosphère.
La partie du piston opposée à celle où la vapeur exerce sa
pression se trouvant en communication avec l'atmosphère,
l'effort exercé est égal à celui de la vapeur, diminué de la
pression atmosphérique qui agit en sens inverse. Cette disposition, si elle fait perdre une partie de la force produite
par la vapeur, n'en offre pas moins de grands avantages
sous le rapport de la simplicité de la machine, et par la
suppression du réservoir d'eau fraîche nécessaire pour
alimenter constamment le condenseur.

Il résulte de ce qui précède qu'on peut classer ainsi les
différents systèmes de machines à vapeur, en ayant égard
aux diverses modifications dont nous avons parlé : *machines
à simple effet et à double effet, machines à haute et à basse*

*pression, avec détente ou sans détente, avec condenseur ou sans condenseur.*

### III. Des organes principaux des machines à vapeur.

— Maintenant que nous avons exposé la théorie générale des machines à vapeur, nous devons, avant de donner la description complète de chacun des systèmes employés, décrire le mécanisme de quelques organes principaux communs aux diverses machines, et qui se rapportent soit à la distribution de la vapeur, soit à la communication du mouvement.

*Tiroirs.* — Jusqu'ici nous avons supposé, dans les diverses explications que nous avons données, qu'on amenait la vapeur dans les corps de pompe et qu'on la faisait communiquer avec le condenseur, à l'aide de robinets qui étaient alternativement ouverts et fermés ; mais on comprend bien qu'un pareil procédé ne serait pas praticable. La partie du mécanisme qui supplée à l'emploi des robinets constitue le *tiroir* ; voici en quoi il consiste :

Le tiroir est un demi-cylindre vertical creux représenté en plan, *fig.* 180 et en coupe *fig.* 179 et *fig.* 181 ; ce cylindre peut se mouvoir dans un espace concentrique de H en K, au moyen d'une tige *t*, qui le fait manœuvrer dans les deux sens ; et dans ce mouvement la paroi intérieure MN glisse contre celle du corps de pompe, la vapeur arrive de la

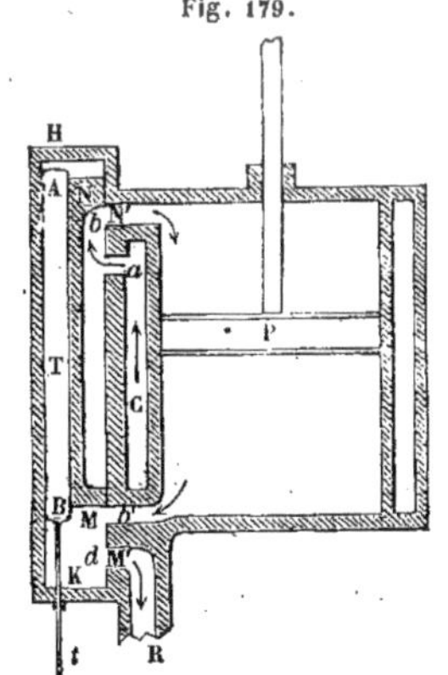


chaudière par un conduit qui aboutit en C, dans une ca-

vité qui entoure le corps de pompe où se meut le piston,
afin de maintenir ce corps de pompe à une température élevée, et de diminuer ainsi la perte de force qui serait occasionnée par la condensation d'une partie de la vapeur arrivant

Fig. 180.

dans un espace froid. Dans la position indiquée par la figure 179, cette vapeur passe par l'ouverture $a$, et ne trouve d'autre issue que le conduit $b$ qui aboutit à la partie supérieure du piston; le piston descend, et la vapeur qui est au-dessous est poussée par l'ouverture $b'$ dans la partie vide K, d'où elle se rend, par le canal $d$, dans le condenseur R.

En même temps que le piston descend, la tige $t$ tire le tiroir et le fait aussi descendre; considérons-le dans la position la plus basse (*fig.* 181). Les rebords métalliques NM de la paroi du tiroir, lesquels étaient d'abord respectivement au-dessus des points N', M', sont venus se placer vis-à-vis de ces points : dans cette position, la vapeur arrivant par C passe par l'ouverture $a$, descend en $b'$ et pénètre à la partie inférieure du corps de pompe; le piston est soulevé, et en même temps la

Fig. 181.

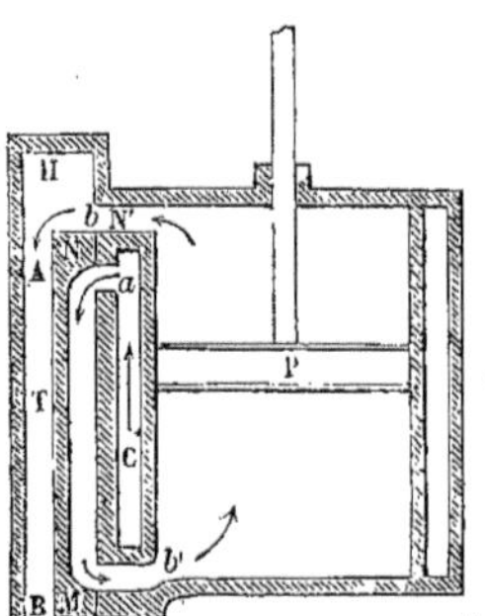

vapeur qui est à la partie supérieure peut sortir par $b$, passer dans la partie creuse du tiroir AB et communiquer par $d$ avec le réfrigérant R.

On conçoit maintenant comment, à l'aide du tiroir, on peut produire le même effet que le jeu des robinets par lesquels nous avons primitivement expliqué le mouvement de la vapeur. Ce tiroir suivant constamment la marche du piston, et l'impulsion étant une fois donnée, les mêmes alternatives devront se reproduire indéfiniment.

Voici comment on opère pour faire mouvoir la tige $t$ qui tire le tiroir. On verra bientôt que le mouvement de va-et-vient du piston est transformé en un mouvement de rotation qui fait tourner un volant et un arbre, dont nous supposons (*fig.* 182) une section représentée en P. A cet ar-

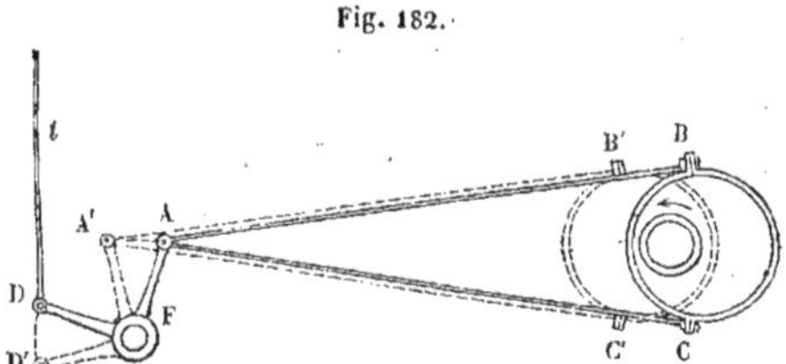

Fig. 182.

bre est fixé un excentrique BC, auquel est lié, à l'aide d'un collier dans lequel il tourne, un triangle formé par des tringles métalliques ABC ; l'extrémité A est attachée à un levier coudé AFD pouvant tourner autour d'un point fixe F. Après une demi-révolution, l'excentrique aura amené le collier dans une position B′C′, et la tringle prendra la position A′B′C′ : le point A′ fera tourner le levier coudé, et l'extrémité D viendra en D′ ; après une révolution complète, D sera revenu à la même place, et la tige $t$ sera ainsi alternativement tirée et poussée par ce point D.

Les modifications apportées à ce mécanisme ont pour but de faire transporter plus brusquement le tiroir d'une position à l'autre ; car, lorsque ce mouvement s'effectue d'une manière uniforme, la plaque métallique, qui intercepte la communication de la vapeur avec la chaudière et la rétablit successivement, empêche dans les premiers moments la vapeur de passer en assez grande quantité par les ouvertures en partie fermées ; cette vapeur ne passe librement que dans les positions extrêmes du tiroir, et par suite il en résulte une perte de force. Mais on peut, sans employer les autres systèmes d'excentriques qu'on a imaginés pour obvier à cet inconvénient, la détruire en partie en faisant les ouvertures très-étroites dans le sens de la course du tiroir, et en faisant parcourir à celui-ci un espace plus grand qu'il n'est nécessaire pour établir les communications.

Dans les machines à haute pression, on a imaginé des procédés plus ou moins compliqués pour faire agir la vapeur avec détente. Il s'agit de ne faire arriver la vapeur dans le corps de pompe que pendant une partie seulement de la course du piston. Le procédé le plus simple consiste dans l'emploi du tiroir à détente de Clapeyron. Le ti-

Fig. 183.

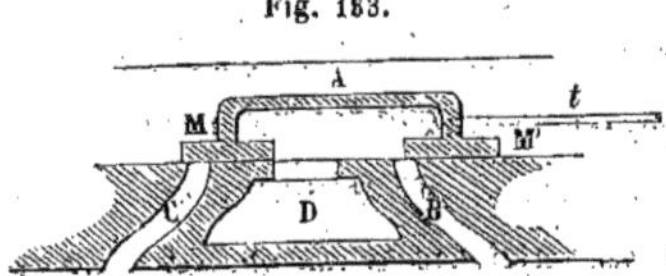


roir A (*fig.* 183), tiré par la tige *t*, que meut un excentrique circulaire, est entouré d'un espace où arrive la vapeur de la chaudière. Les bords du tiroir portent des plaques M, M', plus larges que les ouvertures des canaux B et C, qui communiquent avec le haut et le bas du piston ; l'intérieur du tiroir communique par l'intermédiaire de l'espace vide D avec le réfrigérant. Si la plaque M était tirée par la tige *t*, et laissait l'orifice C ouvert, la vapeur s'introduirait à pleine pression par le canal C sous le piston ; pendant ce temps le canal B, qui communique avec la partie supérieure, laisserait passer la vapeur en D et de là dans le condenseur. Mais, avant que C ne s'ouvre à la vapeur, la plaque M', passant au-dessus de B, ferme cette ouverture ;

et C n'est pas encore ouvert à la vapeur; que B étant encore fermé pendant ce temps, la vapeur qui est entrée par B, et qui est au-dessus du piston, n'étant plus en communication ni avec le condenseur ni avec la chaudière, agit par sa détente. De sorte qu'en réglant les plaques M et M′ et les ouvertures d'une manière convenable, on peut faire agir la vapeur à pleine pression pendant une partie de la course du piston, et à détente pendant l'autre partie.

*Régulateur à force centrifuge.* — Pour la régularité du mouvement de la machine, il est important que la vapeur arrive toujours en égale quantité ; or, la quantité de vapeur qui se produit en un temps donné dépendant de l'intensité du foyer qui chauffe la chaudière, il est presque impossible d'obtenir un courant constant de vapeur, sans adapter à la machine un appareil qui marche avec elle et lui permette de se régler d'elle-même. On obtient ce résultat au moyen du *régulateur à force centrifuge.* Soit (fig. 184) une tige AB

Fig. 184.

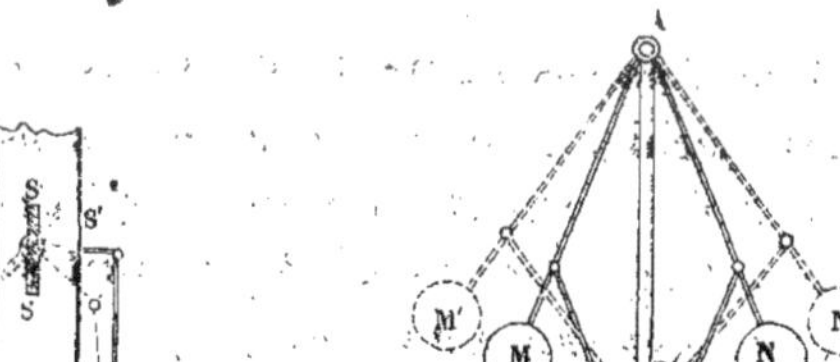

tournant en même temps que l'arbre et dont la vitesse de rotation dépendante de la vitesse du piston varie par conséquent avec l'abondance de vapeur qui y arrive : on fixe au point A deux tiges à l'extrémité desquelles sont deux boules métalliques M, N. Sur ces deux tiges sont articulées deux autres branches qui soutiennent un manchon annulaire D, entourant la tige AB ; celui-ci est attaché à un levier DF tournant autour du point O. Enfin, F en s'élevant ou en s'abaissant peut faire tourner une soupape SS, dans l'intérieur du tuyau où arrive la vapeur. Si le mouvement de rotation devient plus rapide, en vertu de la force centrifuge, les boules M', N' s'écartent, le manchon D s'élève en D', le levier DF tourne en D'F' et la soupape se place en S'S', de manière à intercepter une partie du tuyau par où arrive la vapeur. Par suite, la vapeur arrive en moins grande quantité, la vitesse diminue et le manchon D redescend ; de sorte que le mouvement de la machine reprend sa régularité.

Telles sont les pièces principales qui président à la distribution de la vapeur ; disons maintenant quelques mots sur la manière dont le mouvement du piston est transformé dans les diverses machines, pour produire le mouvement utile.

**Parallélogramme articulé de Watt.** — Dans la plupart des machines, il faut transformer le mouvement de va-et-vient du piston en un mouvement de rotation ; voici le procédé ingénieux imaginé par Watt pour opérer cette transformation de mouvement.

Un balancier OD (*fig.* 185) peut osciller autour d'un centre fixe O. En deux points C et D de ce balancier sont articulés deux côtés d'un parallélogramme ABCD formé par des tiges métalliques liées ensemble par des charnières ou tourillons, de manière à pouvoir prendre toutes les formes possibles. A l'un des angles A est articulée la tige verticale du piston AP ; l'autre sommet B est attaché à une tige rigide dont l'extrémité T est fixe et qui peut tourner autour de ce point T; dans le mouvement du balancier au-

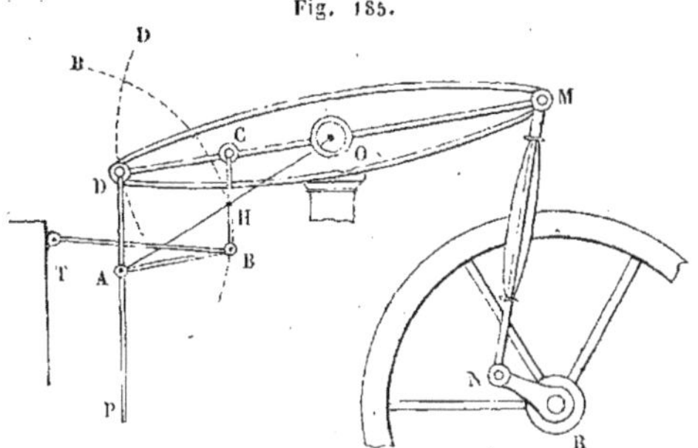

Fig. 185.

tour du point O, l'extrémité D décrit un arc de cercle DD, et la tige BC étant emportée par ce mouvement, le point B décrit un autre arc BB dont le centre est au point T. L'extrémité A se trouve donc soumise à deux tractions, l'une venant du point B, l'autre du point D ; elle décrit alors une certaine courbe qui est telle que, dans une portion de son étendue, elle se confond sensiblement avec une ligne droite verticale. Réciproquement, le mouvement vertical du point A pourra produire le mouvement d'oscillation du balancier autour du point O.

Il existe encore sur le côté BC, au point de rencontre avec la ligne qui joint A et O, un point H, qui a la propriété de se mouvoir verticalement en ligne droite comme le point A ; on en profite pour y attacher la tige du piston d'une pompe dont on a besoin dans les machines fixes.

Le mouvement d'oscillation du balancier est transmis à une bielle MN qui, à l'aide d'une disposition semblable à la pédale du rémouleur, communique un mouvement de rotation à l'arbre et au volant ; cette bielle est articulée à une manivelle NR liée au centre du volant. Le mouvement oscillatoire du balancier fait descendre le point N au-dessous du centre R, et, en vertu de la vitesse acquise, lui fait dépasser les *points morts*, c'est-à-dire ceux où la bielle et la manivelle sont en ligne droite; il remonte alors, et donne ainsi à l'arbre et au volant leur mouvement de rotation. Les irrégularités de ce mouvement produit par la manivelle se répartissent dans la grande masse du volant et sont ainsi atténuées; de plus, la vitesse acquise par cette masse augmente la force avec laquelle la manivelle entraîne le point V au delà des points morts.

Dans un grand nombre de machines, le balancier est supprimé, l'extrémité de la tige du piston (*fig.* 186) est alors

Fig. 186.

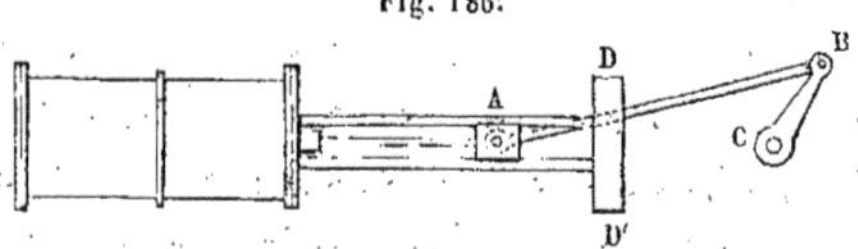

unie à une bielle AB qui peut osciller dans un espace DD' et communiquer à une manivelle BC un mouvement qui fait tourner l'axe fixé en C. Dans ce cas, l'extrémité A éprouvant de la part de la bielle des pressions obliques qui pourraient la faire dévier, on fixe cette extrémité entre deux coulisses où elle peut glisser de manière à se maintenir toujours en ligne droite.

Enfin, on construit des machines appelées *oscillantes*, dans lesquelles la tige du piston est directement articulée sur la manivelle : c'est alors le cylindre même où se meut le piston qui oscille sur deux tourillons fixes qui le supportent; la vapeur entre par l'un de ces tourillons et s'échappe par l'autre.

**IV. Description des diverses machines à vapeur.** — Après avoir exposé les principes généraux sur lesquels repose la théorie de la machine à vapeur et avoir

décrit les principaux organes servant à la distribution de
la vapeur et à la transmission du mouvement, il nous
reste à étudier l'ensemble des machines principales dont
on se sert dans l'industrie.

Elles se divisent naturellement en *machines fixes* et en
*locomotives*; nous allons successivement décrire un type de
ces deux espèces de machines, en nous occupant d'abord
de l'appareil générateur, c'est-à-dire de la *chaudière* où se
produit la vapeur.

**Chaudières à vapeur.** — Depuis l'origine de l'emploi
des machines à vapeur, la forme des chaudières a souvent
varié, et, quoiqu'on soit arrivé à un grand degré de per-
fection, elles subissent encore, tous les jours, des modifications qui ont principalement pour but de satisfaire aux trois
conditions suivantes : utiliser le mieux possible la chaleur
produite par la combustion, assurer une bonne circulation
de la vapeur, et employer tous les préservatifs qui peuvent
faire éviter les explosions.

Quant au premier point, le principe qui doit présider à
l'établissement d'une chaudière, c'est que la quantité de
vapeur qui se produit dans un temps donné soit proportionnelle à la surface qui est en contact avec le foyer et
qu'on appelle la *surface de chauffe*. La surface de chauffe
directe est celle qui reçoit directement la chaleur rayon-
née par le foyer où se fait la combustion ; la surface indirecte est celle où viennent seulement circuler les produits
de la combustion.

Les chaudières dont on se servait autrefois étaient chauf-
fées par la paroi inférieure, qui avait une forme concave
vers le foyer et par une partie des parois latérales ; elles
étaient construites en cuivre rouge. Les chaudières qu'on

emploie maintenant sont en tôle de fer, et composées de plusieurs compartiments entourés presque entièrément par l'air qui vient du foyer. Ces compartiments sont appelés des *tubes bouilleurs*, ou simplement des *bouilleurs*. Voici la disposition le plus communément adoptée dans les machines fixes :

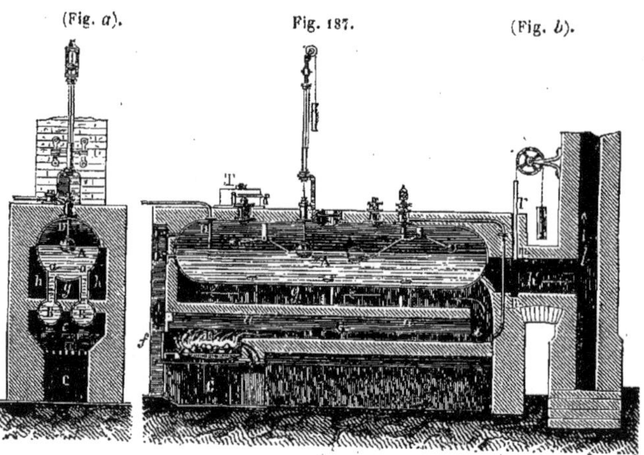



La chaudière A (*fig.* 187), vue (*fig. a*) en coupe transversale, et (*fig. b*) en coupe longitudinale, est formée d'un cylindre terminé par deux calottes sphériques ; elle repose sur un massif qui l'entoure sur une partie de sa surface supérieure. Le cylindre communique par deux ouvertures *a*, *a*, à deux cylindres plus petits B, B, qu'on appelle les bouilleurs, qui sont placés au-dessous, et dont la partie inférieure reçoit directement la chaleur du foyer F. Celui-ci est fermé par une porte *f*, par laquelle on fait passer le combustible, qui vient brûler sur une grille au-dessous de laquelle se trouve le cendrier. Les bouilleurs sont entièrement remplis d'eau. Le niveau de l'eau doit toujours être maintenu dans la chaudière au-dessus de la surface de chauffe. L'air entre par la grille, opère la combustion, suit le conduit *e* au-dessous des bouilleurs, passe à leur partie supérieure à l'extrémité *c*, circule dans l'espace *g* situé entre la chaudière et le dessus des bouilleurs, puis revient en sens inverse par *h*, en chauffant les parois latérales de la chaudière et la partie latérale supérieure des bouilleurs; enfin, arrivé en *h'* il passe par l'ouverture *mn* dans la cheminée *l*. Le tirage est réglé par un registre *r*, qui peut fermer une partie plus ou moins grande de l'ouverture *mn*. La vapeur se forme dans la chambre D à la partie supérieure de la chaudière, et se rend par un tuyau V sous le piston. Une ouverture T, appelée le *trou de l'homme*, est assez grande pour qu'un ouvrier puisse s'y introduire et réparer l'intérieur de la chaudière. Enfin, un tuyau *xy* amène l'eau dans la partie inférieure.

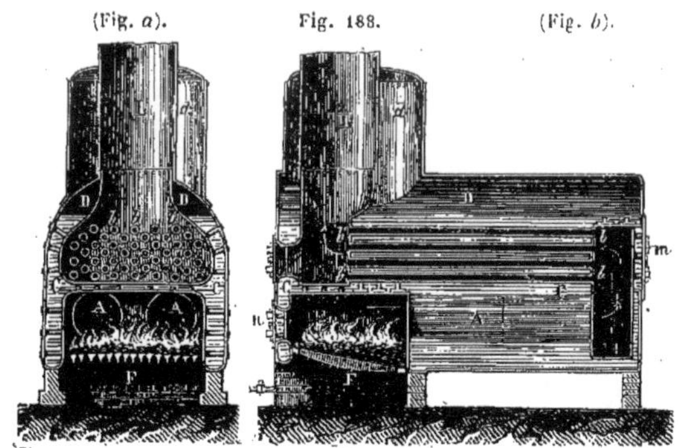

(Fig. *a*).     Fig. 188.     (Fig. *b*).

Dans les chaudières auxquelles on ne peut pas donner de grandes dimensions ni un poids trop considérable, par exemple dans les chaudières des machines des bateaux à vapeur, on adopte maintenant la forme suivante (*fig*. 188) (*fig. a*, *fig. b*). L'air chauffé du foyer F passe par deux

grands conduits A, A, représentés en coupe longitudinale
et transversale, et qui sont entièrement entourés par l'eau
de la chaudière. Cet air se réfléchit en *m*, pour entrer dans
des tubes *b, b, b*, en assez grand nombre, qui circulent
dans l'eau de la chaudière et viennent déboucher dans la
cheminée *l*; de cette manière, les tubes étant partout en
contact avec le liquide, la surface de chauffe est considérablement augmentée. La vapeur se rend dans la partie
supérieure D, D.

Les chaudières des locomotives sont construites d'après
ce système ; la partie antérieure, qu'on nomme la *boîte à
feu*, communique par 150 ouvertures (comme dans une
machine de Stephenson) avec la boîte à fumée placée dans
la partie opposée, au moyen de tubes qui traversent toute
l'eau de la chaudière. De plus, un jet de vapeur arrive dans
la cheminée par un tube appelé d'*échappement*, et donne
au tirage une activité extrêmement nécessaire dans ces
sortes de machines, quand on a à produire de grandes
vitesses. La vapeur est prise dans le dôme *d* par un conduit *h*, communiquant à un tube *k*, où il existe un régulateur que le machiniste peut faire agir à la main. De là
la vapeur passe par le tube *kpq* qui traverse la boîte à
fumée et se rend sous les pistons.

**Appareils de sûreté.** — Lorsqu'il se produit trop
rapidement une grande masse de vapeur en un point de
la chaudière par la surchauffe accidentelle des parois, ou
que la quantité de vapeur produite dans un temps donné
excède la dépense qui se fait dans le même temps, il résulte
une augmentation de pression intérieure assez considérable
pour occasionner des explosions redoutables : il importe
donc d'étudier les diverses causes qui peuvent amener ces

circonstances, et de trouver les moyens de les prévenir.

*Premier cas.* La surchauffe accidentelle des parois peut provenir d'une mauvaise circulation de la vapeur, d'un abaissement trop grand du niveau du liquide dans la chaudière, ou d'une incrustation.

1° Lorsque la vapeur remplit la partie supérieure de la chaudière, et qu'elle passe de là dans les cylindres où se meut le piston, il se fait un vide dans la chambre à vapeur ; l'ébullition du liquide, arrêtée d'abord par la pression de la vapeur, se fait alors très-rapidement, et l'augmentation de pression qui en résulte peut projeter l'eau dans les tuyaux et les autres parties de la machine. Pour éviter cet inconvénient, il faut que la capacité où s'accumule la vapeur soit quatre ou cinq fois plus considérable que celle des cylindres. De plus, si l'ouverture des conduits qui font communiquer la vapeur des bouilleurs avec la chaudière était trop étroite, et que ces bouilleurs en produisissent en trop grande quantité, ces conduits restant constamment pleins de vapeur, l'eau de la chaudière ne pourrait pas venir remplacer dans les bouilleurs celle qui s'est vaporisée, ils resteraient vides, leur surface exposée au feu du foyer rougirait ; si alors, par une cessation momentanée du travail, l'eau arrivait sur ces parois surchauffées, il s'y produirait instantanément une énorme quantité de vapeur qui occasionnerait l'explosion. Il faut donc ménager des ouvertures assez larges pour que la vapeur puisse passer, et laisser en même temps un passage à l'eau de la chaudière.

2° Il y a également danger lorsque, par un défaut d'alimentation de l'eau de la chaudière, le niveau peut descendre au-dessous de celui de la surface de chauffe ; cette partie de la surface, n'étant plus au contact du liquide, se chauffe trop fortement et occasionne la vaporisation trop rapide de l'eau qui est plus tard amenée dans la chaudière. Il faut donc maintenir toujours le niveau au-dessus de la surface de chauffe, et pour cela régler convenablement l'alimentation.

3° Enfin, l'eau en s'évaporant laisse sur les parois intérieures de la chaudière un dépôt calcaire qui s'épaissit et peut produire une incrustation intérieure qui est très-nuisible, en ce que son peu de conductibilité ne laisse pas pénétrer rapidement et uniformément la chaleur; de plus, la paroi extérieure, n'étant pas en contact avec le liquide, peut s'élever à une très-haute température, et si l'incrustation vient à tomber, l'eau se trouve subitement en contact avec cette paroi surchauffée, et l'explosion est inévitable.

On prévient, avons-nous vu, la surchauffe accidentelle par une construction convenable de la machine. On prévient les incrustations de diverses manières : soit en se servant d'eau distillée qui ne renferme point de sels ; on tire pour cela l'eau qui alimente la chaudière d'un appareil où, après avoir été chauffée par le fourneau même de la machine, elle vient se condenser, et est prise de là par la pompe d'alimentation; soit en jetant dans la chaudière des pommes de terre ou une argile assez fine pour empêcher les sels d'adhérer, et les forcer à se maintenir à l'état de boue épaisse qu'on retire de temps en temps. Dans les chaudières alimentées par l'eau de mer, on fait d'heure en heure l'extraction de l'eau sursaturée de sel, pour la remplacer par d'autre.

Plusieurs procédés sont employés pour éviter l'abaissement de niveau. On adapte à la partie extérieure de la chaudière (*fig.* 189) un tube en cristal deux fois recourbé, dont l'orifice inférieur *b* s'ouvre dans l'eau de la chau-

dière, au-dessous du niveau, et l'orifice supérieur $a$ dans
la vapeur. Le niveau de l'eau est in-
diqué en $c$ dans le tube ; quelquefois
ce sont deux robinets placés en $a$ et $b$
que le mécanicien ouvre de temps en
temps, pour voir si le robinet supérieur donne de la vapeur et si le robi-
net inférieur donne de l'eau. Il peut ainsi s'apercevoir
de l'abaissement du niveau.

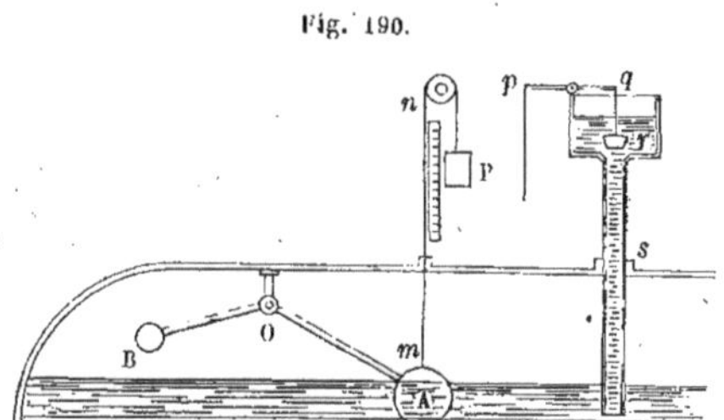

Fig. 190.

Le *flotteur indicateur* (*fig*. 190) se compose d'une boule
creuse en métal A, fixée à l'extrémité d'un levier coudé
AOB, qui peut osciller très-librement autour d'un point
fixe O. Une boule B lui fait équilibre. Un fil métallique
$mn$ est attaché à la boule A, passe dans une boîte à
étoupe et soutient un poids P. Ce poids et celui des deux
boules sont combinés de manière que la boule A flotte aux
trois quarts immergée dans le liquide. Si le niveau s'é-
lève ou s'abaisse, le mécanicien en est averti par le mouvement du poids P. Quelquefois l'extrémité $n$ est fixée à
un levier $nq$, qui porte une tige avec un tampon $r$, lequel
peut ouvrir ou fermer un tube qui amène l'eau à la chaudière. Si le niveau s'abaisse, $r$ s'élève et donne passage
à l'eau qui peut rétablir le niveau.

Le *flotteur d'alarme* est construit à peu près comme le précédent (*fig.* 191), seulement le levier s'appuie en *a*

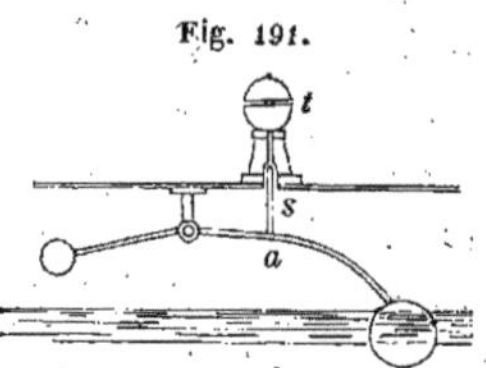

contre une soupape *s*, qui reste fermée tant que le niveau n'est pas trop bas. Si le niveau s'abaisse, le flotteur descend, ouvre la soupape, et la vapeur se précipite dans un sifflet *t* qui produit un son éclatant. Ce sifflet est formé par un hémisphère métallique dont le bord est taillé en biseau : la vapeur en se brisant sur ce biseau produit le son.

*Deuxième cas.* L'excès de pression et le danger d'une explosion peuvent encore provenir de la surchauffe générale. Celle-ci peut avoir lieu quand le feu est très-actif, ou qu'il se forme plus de vapeur qu'il ne s'en dépense. Il se produit alors un accroissement progressif de température dans toute la masse; la vapeur peut alors atteindre une tension supérieure à celle que la chaudière est en état de supporter. On emploie trois procédés pour prévenir les dangers provenant de cette circonstance : les thermomètres, les manomètres et les soupapes de sûreté.

Le *thermomètre*, enfermé dans un tube pour ne pas recevoir directement l'action de la vapeur, porte, outre sa graduation ordinaire, les indications des pressions correspondantes aux diverses températures d'après les tables connues; on peut donc lire à chaque instant quelle est la pression de la vapeur.

Les *manomètres* à air libre et à air comprimé, et le manomètre métallique de Bourdon, décrits dans le Cours de Physique et gradués avec soin, sont mis directement en communication avec la vapeur de la chaudière, et peuvent indiquer constamment les variations de cette pression.

Enfin, les *soupapes de sûreté* n'ont pas seulement pour but, comme les deux appareils précédents, de signaler le danger, elles doivent encore le prévenir en donnant issue à la vapeur lorsqu'elle a atteint une tension trop forte, de manière à en laisser échapper une certaine quantité, et à ramener ainsi la pression intérieure à la pression normale. D'après les dimensions de la chaudière et la pression maximum qu'elle doit supporter, on connaît la pression qui s'exerce sur une certaine surface; d'après cela (*fig.* 192), la soupape *s*, recevant l'action de la vapeur, exerce, au moyen d'une tige *st*, un effort sur un levier AB attaché en A, et portant en B un poids P; le moment P $\times$ AB doit être supérieur au moment de la pression *ps* $\times$ *t*A, *p* étant la pression sur l'unité de surface. Si la pression intérieure dépasse ce point maximum, le poids P est soulevé, la soupape s'ouvre et la vapeur s'échappe.

Fig. 192.

L'étendue de la soupape n'est pas quelconque ; on conçoit que plus la surface de chauffe est grande, plus il se produit de vapeur dans un temps donné ; par conséquent, plus la soupape doit être étendue pour donner passage à cette vapeur. Il ne faut pas cependant qu'elle soit trop large ; car si l'on ouvrait un trop grand orifice, non-seulement la vapeur sortirait, mais encore le liquide pourrait être projeté et produire même sur les parois de la chaudière un choc considérable ; pour un mètre de surface de chauffe et pour 3 atmosphères de pression, le diamètre de la soupape doit être de 1$^{\text{cent. c}}$,214.

Par exemple, une chaudière a 30$^{\text{mc}}$ de surface de chauffe et marche à 6 atmosphères; le diamètre de la soupape est de 6 centimètres, sa surface de 28$^{\text{cent. q}}$,26; il faut qu'elle soit maintenue par la pression atmosphérique, plus un poids équivalent à 5 atmosphères, ou $5 \times 1^{kil},033 = 5^{kil},165$, par centimètre carré, soit 141 kilogrammes; si la tête de la soupape est à 1 décimètre du point fixe et le poids à 5 décimètres, cela fait un poids de $28^{kil},5$ qu'il faut mettre sur le levier (Pouillet, *Physique*).

On s'est encore servi, comme soupapes de sûreté, de rondelles fusibles. Ce sont des plaques fermant une ouverture, et faites par des combinaisons de métaux qui fondent à diverses températures. Si la pression et par suite la température dépassent un certain point, la rondelle fond et la vapeur s'échappe. Mais la difficulté de fermer l'ouverture laissée libre par la fusion de la soupape et le peu de certitude du point de fusion ont fait presque entièrement rejeter ce moyen.

Nous empruntons à la *Physique* de M. Pouillet les résultats suivants, auxquels on doit toujours satisfaire dans la construction des chaudières des machines à vapeur.

Une chaudière ayant $0^m,50$ de diamètre et marchant à deux atmosphères doit avoir une épaisseur de $3^{mm},90$; à cinq atmosphères $6^{mm},60$; à huit atmosphères $9^{mm},30$. Si la chaudière a 1 mètre de diamètre, à deux atmosphères l'épaisseur doit être $4^{mm},80$, à cinq atmosphères $10^{mm},20$, à huit atmosphères $15^{mm},60$.

La force d'un cheval dans une machine correspond à 30 kilogrammes de vapeur par heure; il faut $1^m,25$ de surface de chauffe par force d'un cheval; il faut, pour la même force d'un cheval, 5 décimètres carrés de grille, et par décimètre carré de grille on brûle 1 kilogramme de charbon par heure; la section des conduits de fumée et de la cheminée doivent être de 1 décimètre carré par force d'un cheval.

Outre les diverses causes d'explosions que nous avons énumérées, des observations et des expériences récentes paraissent devoir faire attribuer encore à une autre cause les explosions qui surviennent même alors que toutes les précautions sont prises et que la chaudière est convenablement construite. Cette cause est un développement énorme d'électricité qui se produit dans le corps même de la chaudière pendant la vaporisation de l'eau. Mais elle a encore été peu étudiée et n'a donné lieu à aucune invention qui puisse servir de préservatif contre cette nouvelle cause de danger.

**Principales machines à vapeur.** — Les machines à vapeur se classent ordinairement en machines à *basse* ou à *haute pression*; mais il est plus logique de les diviser en machines à condenseur ou sans condenseur, avec ou sans détente.

Dans les machines à basse pression, le piston peut être mû par de la vapeur ayant une pression égale et même inférieure à l'atmosphère ; on l'emploie cependant aussi à une atmosphère et demie et deux atmosphères. Dans ces machines l'emploi du condenseur est absolument nécessaire ; en effet, la condensation alternative de la vapeur des deux côtés du piston, amenant sa force élastique à être inférieure à celle de l'ébullition de l'eau, permet à la vapeur qui est du côté opposé de produire toute son action mécanique. Ces machines, dont nous allons décrire l'ensemble, exigent un grand emplacement et une grande quantité d'eau pour alimenter le condenseur ; elles sont surtout utiles lorsqu'il s'agit de produire une force considérable ; mais elles perdent beaucoup de leurs avantages quand on n'a besoin que d'une force inférieure, par exemple, à quinze ou vingt chevaux ; ou bien lorsque les nécessités du travail à produire exigent des organes trop compliqués pour transmettre le mouvement effectif. Une machine à basse pression et à condenseur ordinaire, sans détente, consomme environ 6 kilogrammes de houille par heure et par force d'un cheval ; mais on diminue considérablement la dépense du combustible, en y appliquant le principe de la détente, soit par le tiroir à détente, dans un seul cylindre, soit au moyen de deux cylindres ; la quantité de charbon brûlée peut alors descendre à 3 kilogrammes pour les mêmes circonstances, c'est-à-dire pour un cheval et par heure de travail.

Les machines à haute pression exigent un moindre emplacement ; là vapeur agissant à plusieurs atmosphères, on peut, en faisant communiquer directement cette vapeur avec l'air extérieur, faire suffisamment abaisser la pression sur une des faces du piston pour que la pression opposée soit encore capable de produire le mouvement ; on a ainsi la faculté de les employer avec ou sans condenseur ; mais dans la plupart des cas elles agissent sans condenseur. Elles sont surtout utiles quand on veut produire une force peu considérable, mais elles ne présentent d'avantages réels que par l'emploi de la détente ; elles sont simples, faciles à construire, exigent peu de place et sont disposées de manière à supprimer autant que possible tous les organes intermédiaires destinés à transmettre le mouvement. La tige du piston est souvent employée directement à faire tourner l'arbre ou le volant, ou même à exécuter immédiatement le travail qu'on se propose, comme par exemple à faire marcher des marteaux, à couper ou à tarauder le fer, à faire mouvoir les pistons des machines soufflantes ou des pompes à eau. Le cylindre est quelquefois fixe et vertical; quelquefois il est mobile sur deux coussinets comme dans les machines oscillantes; ou bien encore le cylindre est horizontal, ou bien enfin il est directement lié à l'arbre qu'il entraîne dans un mouvement de rotation sans l'intermédiaire d'aucun autre organe, comme dans les machines rotatives et à grandes vitesses.

Les machines à haute pression sans détente ni condensation sont les plus faciles à construire, mais elles sont naturellement privées des divers avantages des trois autres systèmes dont nous avons parlé, et l'emploi du combustible est beaucoup plus considérable; cependant, leur bas prix, leur simplicité et l'exiguïté de l'emplacement dont on peut disposer dans certaines industries les font souvent préférer aux autres systèmes.

Nous allons maintenant donner la description complète de la machine à basse pression et à condenseur de Watt: elle est représentée dans la figure 193 par une coupe faite dans le plan longitudinal.

La vapeur arrive de la chaudière par le tuyau $t$, se répand entre le cylindre C, C, où se meut le piston, et le cylindre $c'$, $c'$, qui lui sert d'enveloppe; de là elle passe dans le tiroir T supposé au plus haut de sa course, pénètre par S dans le conduit $u$ qui lui donne accès à la partie supérieure du piston P'; la vapeur qui est au-dessous passe par le conduit $v$, $v'$, $v''$ dans le condenseur $k$.

$p$ est la pompe appelée *pompe à air*, parce qu'en même temps qu'elle aspire l'eau du condenseur, elle aspire l'air qui y est apporté par l'eau qui alimente ce condenseur, et dont la tension, s'il venait à s'accumuler, détruirait une partie de la force motrice. Cette eau et l'air qui l'accompagne s'élevant en $f$, l'air s'échappe en soulevant un clapet $f'$, et l'eau tombe dans un réservoir $r$, où une pompe aspirante et foulante $p'$ la prend encore chaude pour la pousser de nouveau vers la chaudière.

Fig. 193.

Une troisième pompe $p''$ aspire l'eau froide d'un réservoir R, attenant à la machine, et dont le niveau $n$ s'élève au-dessus d'une ouverture $e$, par où elle pénètre constamment dans le réfrigérant ou condenseur ; là elle est prise de nouveau par la pompe à air, au moyen de la soupape E. Cette ouverture $e$ est successivement ouverte et fermée par une tige $ll'$, qui vient s'attacher au levier coudé NPQ et qui lui donne, ainsi qu'au tiroir, un même mouvement alternatif.

Voyons maintenant comment le mouvement est transmis : la tige du piston est articulée au parallélogramme MLON, qui transmet son mouvement au balancier LL′ tournant autour de l'axe X. Le balancier met en mouvement la bielle E, qui, au moyen d'un levier G, donne le mouvement de rotation à l'arbre de couche Y et par suite au volant VV. La rotation de l'arbre entraîne l'excentrique triangulaire *mm*, qui, agissant sur le levier coudé NPQ, dont nous avons parlé, produit le mouvement alternatif du tiroir et par suite le jeu de la machine.

Les tiges des diverses pompes sont articulées sur le balancier et sont soulevées ou abaissées en même temps que celui-ci. Enfin, une courroie *hh* fait tourner une roue qui, au moyen d'un engrenage *i*, donne le mouvement à la tige *j* du régulateur à force centrifuge ZZ. La tige, partant de ce régulateur, et aboutissant au tiroir par où arrive la vapeur, règle, comme nous l'avons expliqué, la quantité de vapeur qui entre dans le cylindre.

**Machines locomotives.** — Les *locomotives* sont des machines destinées à produire la traction sur les chemins de fer. Elles se composent essentiellement : du *châssis* ou cadre en bois supporté par les roues, et portant lui-même toute la machine, de la *chaudière* avec la *boîte à feu*, de deux *cylindres* à vapeur horizontaux, dont les pistons communiquent aux roues le mouvement de rotation, de la *boîte à fumée* avec la *cheminée*, par où s'échappe la vapeur et la fumée du foyer, enfin, d'une voiture appelée *tender*, qui suit immédiatement la locomotive, et dans laquelle se trouvent le combustible et l'eau nécessaires à l'alimentation de la machine. La chaudière est à tubes intérieurs comme celle que nous avons déjà décrite ; les cylindres à vapeur sont à haute pression et sans condenseur; ils marchent d'ordinaire à une pression de 4 à 5 atmosphères; le mouvement se transmet sans bielle ni volants, les tiges des pistons mettent directement en mouvement l'arbre des deux roues au moyen de manivelles croisées, c'est-à-dire disposées de telle sorte que, quand l'une est à son *point mort* ou dans la position dirigée suivant le prolongement de la tige du piston où elle exerce l'effet minimum, l'autre se trouve dans une direction perpendiculaire et a son maximum d'effet.

La surface de chauffe de la chaudière est, toute réduction faite, de 17 mètres, et la force correspondante serait de 17 chevaux; mais, en donnant plus d'activité au feu, elle peut, dans certaines machines, atteindre une force de 60 à 70 chevaux.

La course du piston est de 40 à 45 centimètres; sa vitesse est à peu près trois fois plus grande que dans les machines ordinaires, elle est d'environ 3 mètres par seconde; le mouvement du piston fait tourner les roues motrices qui, par leur adhérence sur les rails, sont forcées de développer leur circonférence, comme une roue dentée sur une crémaillère. Cette translation de la roue donne celle de tout le système. On peut obtenir avec de telles machines une vitesse très-grande, elles peuvent même gravir des rampes qui ne sont pas très-inclinées. Nous allons indiquer chacune des parties d'une locomotive de Stephenson, qui est celle qu'on adopte le plus communément sur les chemins de fer.

La chaudière en tôle (*fig.* 194) relie la boîte à feu *gg* à la boîte à fumée *ff* dans laquelle s'ouvre la cheminée *i''*. Cette chaudière est traversée par un grand nombre de tubes en cuivre rouge et qui s'ouvrent d'un côté dans le

foyer et de l'autre dans la boîte à fumée; ils sont entièrement immergés dans l'eau. Le foyer est dans le bout d'arrière de la machine : c'est là que se tient le mécanicien et
que se trouve l'ouverture *i* par où l'on introduit le charbon.

Fig. 194.

La vapeur s'accumule dans la partie supérieure *cc'* de la
chaudière. Dans le dôme *k* se trouve l'ouverture des tuyaux
*k'* où a lieu la prise de la vapeur. Cette vapeur passe par
un conduit *m* qui traverse toute la longueur de la chaudière, et qui est fermé ou ouvert à volonté par une soupape
*ll'*, que le mécanicien peut ouvrir ou fermer par un levier
extérieur *l''*. De *m* la vapeur se partage en deux conduits
*m'* qui la font arriver aux deux cylindres *a* placés sous la
boîte à fumée. Des cylindres, la vapeur passe dans un
tube *j* qui s'ouvre dans la cheminée par où elle s'échappe
en augmentant le tirage.

Le mouvement du tiroir est produit par deux tiges mises en mouvement par des excentriques attachés à l'arbre des roues. Ces deux tiges sont disposées en sens inverse, de telle sorte que, quand l'une tire, l'autre pousse. D'après cela, le tiroir étant au milieu de sa course, si on interrompt le mouvement de celle qui pousse pour faire agir celle qui tire, la distribution de la vapeur se fera en sens inverse, et par suite le mouvement du piston : on pourra ainsi à volonté faire rebrousser chemin à la machine.

La tige du piston fait mouvoir la bielle à fourchette $c$, qui, au moyen de l'essieu coudé $d$, fait tourner les roues.

Enfin, l'alimentation se fait à l'aide de deux pompes aspirantes, dont les pistons sont mis en mouvement par le va-et-vient des pistons des cylindres à vapeur, et qui, à l'aide d'un tube $b'$, prennent l'eau dans le tender. Un robinet $b''$, sous la main du mécanicien, sert à régler l'alimentation.

**Bateaux à vapeur.** — Nous dirons, en terminant, un mot sur les bateaux à vapeur. Les machines des bateaux à vapeur sont ordinairement à basse pression. On emploie cependant aussi, pour la navigation des rivières, des machines marchant à 4 et 5 atmosphères. Il y a ordinairement deux machines à vapeur distinctes agissant simultanément sur un balancier placé à la partie inférieure, et qui fait tourner les roues. Ce sont des roues à palettes qui, en tournant, exercent une pression sur l'eau et donnent au navire une propulsion en sens inverse.

La force perdue au moment où les palettes pénètrent dans l'eau, et l'adhérence qu'elles conservent avec le liquide en sortant, ont fait introduire dans la construction de ces roues un mécanisme qui consiste à faire prendre aux palettes une position verticale au moment où elles pénètrent et où elles sortent, pour reprendre ensuite la position horizontale.

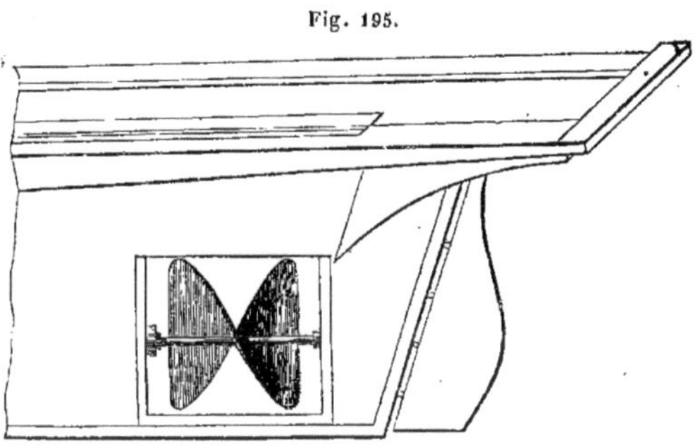

Fig. 195.

On a encore substitué aux roues, qui présentent de grands inconvénients par l'espace qu'elles occupent et par leur détérioration trop facile, le propulseur à hélice dont voici le mécanisme : supposons l'hélice d'une vis engagée dans un terrain horizontal, comme dans son écrou ; si on lui imprime un mouvement de rotation, le frottement de l'hélice dans son écrou la fait avancer horizontalement; or, c'est la même chose qui arrive lorsque l'hélice tourne dans l'eau. On lui donne ordinairement la forme de la figure 195 : elle est placée en avant du bateau et au-dessous de la ligne de flottaison, son axe est mis en mouvement par la machine à vapeur.

FIN.

# TABLE DES MATIÈRES.

## DEUXIÈME PARTIE.

### DES FORCES ET DE LEURS EFFETS.

## TROISIÈME PARTIE.

### DES MACHINES.

Pages.

FIN DE LA TABLE DES MATIÈRES.

# TABLE DES MATIÈRES

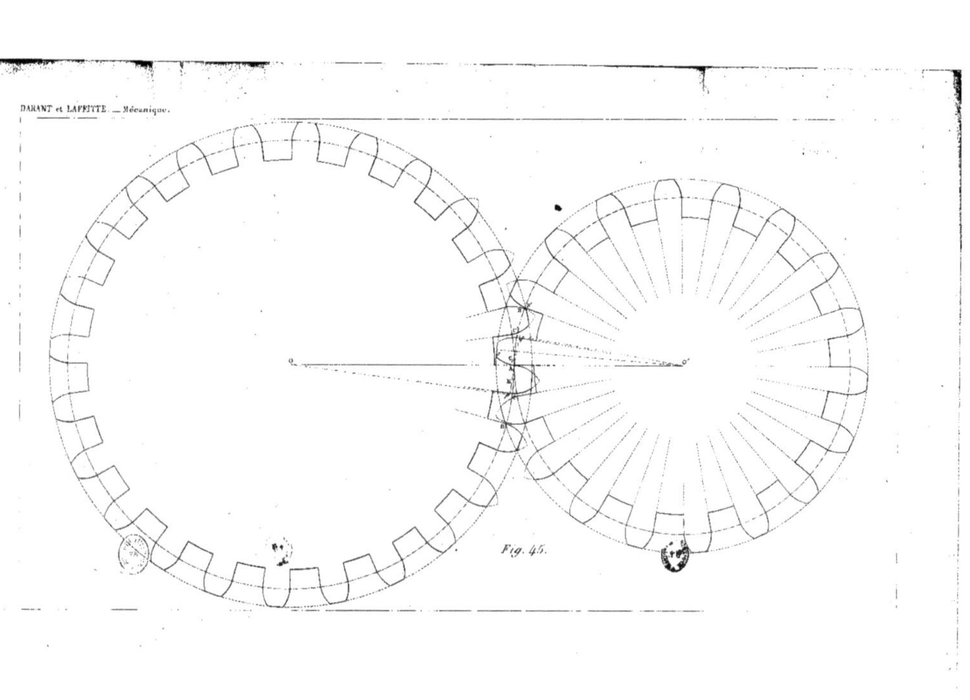

Fig. 45.

www.ingramcontent.com/pod-product-compliance
Ingram Content Group UK Ltd.
Pitfield, Milton Keynes, MK11 3LW, UK
UKHW021504090726
13657UKWH00001B/27